Um manifesto pelo
PROGRESSO SOCIAL

Dados Internacionais de Catalogação na Publicação (CIP)
(Câmara Brasileira do Livro, SP, Brasil)

Um manifesto pelo progresso social : ideias para uma sociedade melhor / Marc Fleurbaey...[et al.] ; tradução de Bruno Mendes dos Santos. – Petrópolis, RJ : Vozes, 2022.
Título original: A manifesto for social progress.
Outros autores: Olivier Bouin, Marie-Laure Salles-Djelic, Ravi Kanbur, Helga Nowotny e Elisa Reis.
ISBN 978-65-5713-687-4
1. Democracia 2. Igualdade 3. Política econômica 4. Política social I. Fleurbaey, Marc. II. Bouin, Olivier. III. Salles-Djelic, Marie-Laure. IV. Kanbur, Ravi. V. Nowotny, Helga. VI. Reis, Elisa.

22-112378   CDD-361.25

Índices para catálogo sistemático:
1. Progresso social e democracia   361.25
Eliete Marques da Silva – Bibliotecária – CRB-8/9380

MARC FLEURBAEY

com

Olivier Bouin • Marie-Laure Salles-Djelic •
Ravi Kanbur • Helga Nowotny • Elisa Reis

Um manifesto pelo

PROGRESSO SOCIAL

*Ideias para uma
sociedade melhor*

Tradução de Bruno Mendes dos Santos

EDITORA
VOZES

Petrópolis

© Cambridge University Press, 2018

Tradução realizada a partir do original em inglês intitulado *A manifesto for social progress*.
Esta tradução é publicada mediante acordo com a Cambridge University Press.

Direitos de publicação em língua portuguesa – Brasil:
2022, Editora Vozes Ltda.
Rua Frei Luís, 100
25689-900 Petrópolis, RJ
www.vozes.com.br
Brasil

Todos os direitos reservados. Nenhuma parte desta obra poderá ser reproduzida ou transmitida por qualquer forma e/ou quaisquer meios (eletrônico ou mecânico, incluindo fotocópia e gravação) ou arquivada em qualquer sistema ou banco de dados sem permissão escrita da editora.

CONSELHO EDITORIAL

Diretor
Gilberto Gonçalves Garcia

Editores
Aline dos Santos Carneiro
Edrian Josué Pasini
Marilac Loraine Oleniki
Welder Lancieri Marchini

Conselheiros
Francisco Morás
Ludovico Garmus
Teobaldo Heidemann
Volney J. Berkenbrock

Secretário executivo
Leonardo A.R.T. dos Santos

Editoração: Maria da Conceição B. de Sousa
Diagramação: Sheilandre Desenv. Gráfico
Revisão gráfica: Nilton Braz da Rocha
Capa: Ygor Moretti

ISBN 978-65-5713-687-4 (Brasil)
ISBN 978-1-108-44092-9 (Reino Unido)

Este livro foi composto e impresso pela Editora Vozes Ltda.

Sumário

Apresentação, 7
Amartya Sen

Prefácio, 9

Agradecimentos, 13

Introdução – O futuro está em nossas mãos, 15

Parte I – Fontes de preocupação, razões para esperança, 37
1 Êxitos globais e catástrofes iminentes, 39
2 Globalização e tecnologia: escolhas e contingências, 63
3 O crescente círculo de respeito de dignidade, 89
4 O grande desafio, 112

Parte II – Agindo pelo progresso social, 135
5 Em busca de uma nova "terceira via", 137
6 Reformando o capitalismo, 160
7 Do Estado de Bem-estar ao Estado emancipador, 184
8 Da polarítica à política, 214

Conclusão – Mobilizando agentes de mudança, 239

Apêndice: Repensando a sociedade para o século XXI – Relatório do Painel Internacional sobre Progresso Social (conteúdo), 263

Referências, 271

Índice remissivo, 279

APRESENTAÇÃO

Amartya Sen

A justiça social pode ser cultivada? O progresso social pode ser aprimorado por meio de pesquisas dedicadas e sua aplicação? Este manifesto – com sua visão poderosa e recomendações práticas – baseia-se em pesquisas individuais e colaborativas de mais de 300 cientistas sociais. Os resultados das investigações foram reunidos com clareza e força por uma equipe liderada por Marc Fleurbaey.

Se a mensagem epistêmica subjacente ao Manifesto Comunista publicado há 170 anos era o diagnóstico de que "a história de todas as sociedades existentes até agora tem sido a história das lutas de classes", a principal mensagem deste manifesto de progresso social é que a justiça certamente pode ser cultivada e o progresso social pode ser substancialmente aprimorado, combinando uma visão construtiva com mudanças nas instituições e convenções de modo bem planejado. Nos debates contemporâneos sobre economia política pode ter sido gasto tempo demais em argumentos a favor *ou* contra a economia de mercado. Precisamos avançar para o reconhecimento de que as instituições de mercado são necessárias, mas estão longe de ser suficientes como base de uma sociedade justa – uma sociedade que garanta equidade e dignidade humana, bem como sustentabilidade e robustez. O capitalismo contemporâneo vai além de fazer uso da economia de mercado – frequentemente com aplicação acrítica – ao impor certas prioridades e exclusões, todas elas abertas a questionamento e exame cuidadoso. É esse senso de questionamento e exame que identifica, neste manifesto, as mudanças institucionais e comportamentais que o justo progresso social exige.

Seria um equívoco pensar que a necessidade de um manifesto desse tipo tenha surgido apenas das recentes manifestações de desigualdade e fragilidade que o mundo vê hoje. Conforme Adam Smith observou há mais de dois séculos, a economia de mercado precisava – mesmo na época – tanto de apoio quanto de ceticismo. Ele defendia permitir que os mercados funcionassem em circunstâncias normais, mas também defendia organizar instituições que restringissem as atividades mercadológicas contraproducentes de "pródigos e projetores" e que permitissem que o Estado fizesse aquelas coisas essenciais que o Estado sozinho pode fazer da melhor maneira. Se tal equilíbrio era necessário no século XVIII, no início do capitalismo moderno, é totalmente essencial no mundo próspero e ainda injusto em que vivemos hoje.

Tenho muita esperança de que este manifesto, baseado em resultados de extensas pesquisas, gere iniciativas que sejam capazes de mudar a face do globo. Mudanças radicais são necessárias no mundo assolado e injusto em que vivemos e há boas razões para pensar que a visão positiva e as propostas construtivas apresentadas neste manifesto contribuirão enormemente para essa transformação tão necessária. É difícil exagerar a importância global de um manifesto de longo alcance desse tipo.

PREFÁCIO

As décadas recentes testemunharam um declínio da pobreza mundial e uma ampliação da democracia em muitos países ao redor do mundo. No entanto, muitas pessoas têm a sensação de que este também tem sido um período de retrocessos sociais e há um clima geral de ceticismo quanto à possibilidade de um progresso social substancial de longo prazo, para não falar de uma transformação mais profunda que reverta as injustiças sociais prevalecentes. A maioria dos intelectuais esquiva-se não apenas do pensamento utópico, mas de qualquer análise prospectiva de longo prazo das estruturas sociais. A crise da social-democracia após o colapso do império soviético parece, no Ocidente, ter gerado um declínio de esperança por uma sociedade justa, ao passo que as condições de vida de centenas de milhões de pessoas em economias emergentes melhoraram drasticamente. Esses países, no entanto, também abandonaram a busca por um caminho diferente para o desenvolvimento: a tendência agora é imitar os países desenvolvidos, ao invés de inventar um novo modelo, e dificuldades sociais que lembram a fase inicial do capitalismo ocidental são generalizadas nesses países.

No entanto, nem o colapso das ilusões nem o capitalismo pujante nos países em desenvolvimento deveriam significar o fim da busca por justiça. Dada a sua competência especial, os cientistas sociais devem pensar sobre a transformação da sociedade, juntamente com os estudiosos das humanidades e das ciências exatas. Se a esperança por progresso for possível, eles devem fornecê-la. Se não for possível, eles devem explicar o porquê.

Paradoxalmente, os cientistas sociais nunca estiveram tão bem equipados para assumir tal responsabilidade, graças ao desenvolvimento de todas as disciplinas relevantes desde a Segunda Guerra Mundial. Mas a expansão das disciplinas, sua crescente especialização e a globalização da produção acadêmica tornaram impossível, mesmo para a mente mais brilhante, compreender, por si só, a complexidade dos mecanismos sociais e fazer propostas sérias para mudanças nas instituições e nas estruturas sociais. Tal tarefa agora deve ser coletiva e interdisciplinar.

Painel Internacional sobre Progresso Social

O IPSP (International Panel on Social Progress) – www.ipsp.org – foi desenvolvido para tratar dessa tarefa. Reuniu mais de 300 acadêmicos (de todas as regiões, perspectivas e disciplinas relevantes do mundo) dispostos e capazes de se envolver em um verdadeiro diálogo interdisciplinar sobre as dimensões-chave do progresso social. Com base em estudos de ponta, esses cientistas sociais avaliaram a desejabilidade e a possibilidade de todas as formas relevantes de mudança social de longo prazo, exploraram os desafios atuais e sintetizaram seus conhecimentos sobre os princípios, possibilidades e métodos para melhorar as principais instituições das sociedades modernas.

O Painel é um esforço verdadeiramente colaborativo, tanto em sua organização quanto em seu financiamento de fontes múltiplas. Procura trabalhar de forma fiel aos valores-chave e princípios subjacentes à sua missão: bem-estar e liberdade, segurança e solidariedade, bem como pluralismo e inclusão, justiça distributiva e equidade, preservação ambiental, transparência e democracia[1]. O grupo produziu um importante relatório de três volumes – *Rethinking Society for the 21st Century* (Repensando a sociedade para o século XXI) – que cobre as principais dimensões socioeconômicas, políticas e culturais do progresso social e explora os valores, as oportunidades e as restrições que sustentam o conhecimento de ponta sobre possíveis melhorias de instituições e políticas. O relatório cobre tanto questões globais quanto regionais e considera o futuro de diferentes partes do mundo – a diversidade de desafios e sua interação.

Todos os capítulos do relatório do IPSP enfocam um determinado conjunto de questões a partir da dupla perspectiva de discernir (1) quais são atualmente os principais riscos e desafios e (2) como as instituições e políticas podem ser melhoradas se as pragas da desigualdade, da segregação, da intolerância, da exclusão e da violência precisam ser combatidas. O sumário completo e os autores podem ser encontrados no apêndice deste livro.

O propósito deste livro

Este livro foi escrito para um público mais geral, a fim de compartilhar a mensagem de esperança do relatório maior: *Uma sociedade melhor é de fato possível, seus contornos podem ser amplamente descritos e tudo de que precisamos é juntar forças no sentido de concretizar essa visão.* Embora se baseie amplamente no relatório, ele é complementar e oferece sua própria perspectiva original em uma análise coerente. Não busca resumir o relatório com toda a sua riqueza de tópicos e não pretende refletir a total diversidade de visões dos

---

1. Uma discussão detalhada de valores e princípios do progresso social é fornecida no IPSP (2018a, cap. 2).

membros do painel. É um convite para levar essas questões a sério e explorá-las mais profundamente com a ajuda do relatório completo.

A equipe que escreveu este livro estava no núcleo do trabalho do IPSP e é composta por acadêmicos comprometidos tanto com a pesquisa científica quanto em fazer com que as ciências sociais sirvam ao bem comum:

- Olivier Bouin, secretário-geral da Rede Europeia de Institutos de Estudos Avançados; ex-diretor do Collège d'Études Mondiales (FMSH), Paris.

- Marie-Laure Salles-Djelic, professora e codiretora da Escola de Administração, na Sciences-Po, Paris.

- Marc Fleurbaey, professor R.E. Kuenne em Economia e Estudos Humanísticos, na Princeton University, e membro do Collège d'Études Mondiales (FMSH), Paris.

- Ravi Kanbur, professor T.H. Lee de Relações Internacionais, professor internacional de Economia Aplicada e professor de Economia, na Cornell University.

- Helga Nowotny, professora emérita de Estudos de Ciência e Tecnologia, ETH Zurich, e ex-presidente do Conselho Europeu de Pesquisa.

- Elisa Reis, professora de Sociologia, na Universidade Federal do Rio de Janeiro.

Os leitores estão convidados a acompanhar o trabalho, assistir aos vídeos e participar dos eventos públicos do IPSP. Todas as informações estão disponíveis em www.ipsp.org e no YouTube, Facebook e Twitter.

AGRADECIMENTOS

Muitas pessoas ajudaram no processo de elaboração deste livro e merecem um agradecimento especial. Uma excelente assistência de pesquisa foi feita por Damien Capelle, Brian Jabarian e Flora Vourch. Ottmar Edenhofer deu conselhos muito úteis sobre a tributação do carbono e do rentismo, bem como Jean-Paul Vallée sobre iniciativas de base. Comentários foram feitos generosamente em vários estágios de preparação do texto por Nico Cloete, David de la Croix, Fernando Filgueira, Nancy Folbre, Jeff Hearn, Nora Lustig, Wolfgang Lutz, Anne Monier, Fabian Muniesa, Gian Paolo Rossini, Saskia Sassen, Erik Schokkaert, Simon Schwarzman, Noah Scovronick, Greg Shaffer, Christiane Spiel, Alexander Stingl, Lorraine Talbot, Peter Wallensteen, Finn Wölm e três revisores anônimos. As instituições que apoiaram todo o projeto IPSP também merecem aqui grato reconhecimento, especialmente o Center for Human Values da Princeton University, o Collège d'Études Mondiales (FMSH, Paris) e o Institute for Futures Studies (Estocolmo), entre mais de trinta. Por último, mas não menos importante, o apoio da equipe da Cambridge University Press (em particular de Karen Maloney, Stephen Acerra, Adam Hooper, Gail Welsh e Kristina Deusch) foi muito importante para tornar realidade este projeto, juntamente com o relatório mais amplo.

INTRODUÇÃO
O futuro está em nossas mãos

Muitas pessoas, hoje em dia, perderam a esperança no futuro e acreditam que a próxima geração ficará em situação pior. Não apenas veem as dificuldades se acumulando na vida cotidiana, como também não acreditam mais nas ideologias que ofereciam promessas para o futuro e inspiravam os movimentos sociais e políticos do século XX. O comunismo perdeu sua alma no gulag e, em nenhum lugar agora, nem mesmo na China, ele mantém vivo o sonho de uma sociedade radicalmente diferente e muito melhor. As ideias libertárias ressurgiram sob o rótulo de "neoliberal" e foram muito influentes nas últimas décadas em muitos países, até que a Grande Recessão abalou a fé no livre-mercado, para muitos observadores.

A morte das ideologias deve ser saudada. Ela oferece uma janela de oportunidade para abandonar os velhos dogmas e repensar o caminho a seguir. Depois da competição devastadora entre o comunismo e o livre-capitalismo, o que podemos inventar? Essa janela de oportunidade também é, ao que parece, a última chance de ajustar nosso pensamento e ação antes que catástrofes iminentes irrompam na forma de um colapso dos sistemas sociais e ecológicos. Este livro é animado por um senso de urgência e gravidade. Pesquisadores[1],

---

1. Cf. IPSP (2018c, cap. 22) para uma visão geral de como a formulação de políticas foi influenciada por ideias provenientes das ciências sociais.

cidadãos, agentes de mudança, todos nós temos uma responsabilidade de estar à altura dos desafios do nosso tempo e encontrar soluções antes que os problemas acumulados se transformem em crises vitais.

Este capítulo introdutório resume as mensagens principais e a narrativa principal do livro. Ele esclarece nossa concepção de progresso social e expõe alguns dos erros comuns na sabedoria convencional de nosso tempo que devem ser dissipados a fim de abrir o caminho para um pensamento melhor. Lendo-o, o leitor apressado obterá as principais conclusões.

O que é progresso social?

Este livro foi escrito por pesquisadores, mas vai além de apresentar fatos e ciência. Ele toma posições no debate sobre a direção que as políticas e os agentes de mudança devem adotar, porque, de acordo com alguns pressupostos básicos do que seria uma boa sociedade, há algumas coisas que claramente devemos e não devemos fazer e algumas ideias promissoras a serem exploradas e experimentadas.

A ideia central de uma boa sociedade parte da ideia de que todo ser humano tem direito à plena dignidade, independentemente de gênero, raça, religião, educação, talento e capacidade produtiva. Esse ideal de dignidade inclui a possibilidade de participar da vida social em pé de igualdade com os outros e de estar no controle das dimensões importantes da própria vida. Embora a igual dignidade às vezes seja vista como uma noção mínima, seguimos a Agenda 2030 das Nações Unidas associada aos seus Objetivos de Desenvolvimento Sustentável (SDGs, em inglês Sustainable Development Goals) e entendemos dignidade como uma palavra poderosa com implicações práticas substanciais. Na verdade, sempre que aparecerem desigualdades estruturais nas relações sociais, a dignidade está em perigo. Se você observar a sociedade ao seu redor e se perguntar "Será que todos realmente têm igual dignidade?", verá repetidos exemplos de dignidade desigual decorrentes de enormes ou sutis desigualdades em *status*, recursos e poder.

Visto que o esforço para construir uma sociedade melhor deve ser amplo e inclusivo, este livro não se compromete com uma teoria precisa de justiça social e mantém valores e princípios que podem ser acomodados na maioria das culturas do mundo. É preciso admitir, no entanto, que o ideal de igual dignidade entra em conflito com certas concepções que atribuem a gêneros, grupos étnicos ou pessoas com orientação sexual diferente um nível diferente de inclusão e dignidade. Se você acredita que o papel das mulheres é servir a seus maridos e criar seus filhos, que existe uma hierarquia natural de raças ou que os homossexuais são inferiores ou repugnantes, este livro entrará em conflito com seu ponto de vista. Se você acredita que igual dignidade é algo bom, mas que toda comunidade deve manter sua pureza e evitar migrações e miscigenação, este livro também vai contra seu ponto de vista porque coloca a dignidade e a prosperidade da pessoa acima da preservação de grupos ou nações – enquanto tenta evitar formas estreitas de individualismo.

Os principais valores e princípios subjacentes a este livro incluem o bem-estar e a liberdade, a segurança e a solidariedade, bem como o pluralismo e a tolerância, a justiça distributiva e a equidade, a preservação ambiental, a transparência e a democracia[2]. Qualquer projeto que subjugue severamente algum desses valores e princípios é considerado contestável aqui.

---

2. Uma discussão detalhada de valores e princípios do progresso social é fornecida no IPSP (2018a, cap. 2).

Falsas ideias e equívocos comuns

Não se espera que todo leitor se convença completamente com os argumentos deste livro, mas tomara que todo leitor se sinta impelido a abandonar alguns elementos de sabedoria convencional que aprisionam a mente das pessoas hoje em dia e se tornaram sérios obstáculos na estrada para uma sociedade melhor.

A primeira falsa ideia que deve ser confrontada foi popularizada por Margaret Thatcher, que promoveu vigorosamente uma agenda de livre-mercado: "Não há alternativa" (Tina, em inglês "There is no alternative"). Ela também foi disseminada por meio da tese do "fim da história", de Fukuyama (1992), segundo a qual a democracia liberal e o sistema capitalista foram o toque final das realizações humanas. É irônico que essa ideia tenha sido impulsionada por Thatcher, uma agente de políticas que fez importantes movimentos de política estratégica com consequências transformadoras de longo prazo. Na verdade, existem muitas possibilidades diante de nós para o futuro, mesmo sem inovar ou experimentar novas ideias. Já existem muitas variantes do capitalismo em vigor e algumas são muito melhores do que outras em promover a prosperidade humana. A tese da Tina é enganosamente atraente porque se baseia no evidente fracasso das alternativas socialistas que foram tentadas na ex-URSS, na China e na ex-Iugoslávia. De fato, ela contém uma ponta de verdade: não há alternativa que não inclua um papel central para o mercado como um mecanismo econômico (com as devidas salvaguardas). O grande equívoco, entretanto, é acreditar que manter um papel para as transações de mercado signifique adotar o capitalismo irrestrito. Na realidade, conforme muitos pensadores têm argumentado ao longo das gerações, o mercado *é* compatível com a ideia de que as pessoas é que deveriam dominar as coisas e não o contrário. A mão de obra pode contratar capital, em vez de ser contratada e servir ao capital. Nesse sentido, este livro chega a argumentar que uma economia de mercado não precisa fazer parte de uma sociedade capitalista. Assim, tornam-se possíveis muito mais alternativas do que as variantes atuais do capitalismo. De fato, elas já são experimentadas aqui e ali e podem ser ampliadas. Em resumo, duas ideias falsas, e não apenas uma, foram identificadas aqui: (1) que não há alternativa ao sistema atual – na realidade, não existe sequer *um* sistema atual, mas muitas variantes ao redor do mundo; (2) que a economia de mercado e o capitalismo são a mesma coisa e que endossar a primeira implica aceitar a segunda – na realidade, o mercado é necessário, mas o capitalismo pode ser transcendido.

Uma ideia falsa e perniciosa relacionada, especialmente difundida na mídia, é que as causas sociais tradicionais foram substituídas por contestações mais complexas e mais elusivas do *status quo*, relacionadas a problemas culturais e identitários ou a crises ambientais e não mais gerando conflitos sociais e políticos massivos. Esse erro se deve à confusão entre o declínio de movimentos particulares e o aparente desaparecimento dos problemas sociais subjacentes e é influenciado pela ideia de que, se não há alternativa, então todos os movimentos que pressionam por alternativas se tornaram irrelevantes e podem simplesmente ser ignorados. Portanto, que fique claro de uma vez por todas: a tarefa de libertar mulheres, trabalhadores e vários grupos étnicos de seu estado de subordinação há séculos ainda não terminou. A tarefa de levar as pessoas com deficiência à plena inclusão também está inacabada. O mesmo ocorre com a integração de migrantes com uma formação cultural diferente daquela de sua nova comunidade. Essas causas tradicionais permanecem essenciais e tão urgentes como sempre. É verdade que a difícil situação das pessoas LGBTQIA+ cresceu recentemente em nossa consciência coletiva e merece ser adicionada a essa lista, e é definitivamente verdade que a devastação de ecossistemas e outras espécies atingiu uma escala que exige uma ação urgente. A recente ascensão do movimento #MeToo (#EuTambém) contra o assédio sexual de mulheres levou a um momento crítico de epifania em diversas culturas e continentes. Mas, no geral, a complacência dos especialistas em relação ao sofrimento social tradicional é inescrupulosa.

Outra ideia falsa, mas difundida, é que a salvação vem da política e da mudança da política governamental. A maioria das pessoas pensa que há ou demasiada ou pouca intervenção governamental na economia e na sociedade, e que a principal solução para nossas dificuldades atuais consiste em mudar isso. O que este livro argumenta é que, no longo prazo, as mudanças sociais são iniciadas por camadas muito mais profundas da sociedade, por meio de transformações de métodos e convenções, normas e hábitos, e a política governamental muitas vezes chega mais tarde a estabilizar e coordenar o novo normal. Portanto, embora o jogo político continue sendo importante, não é de modo algum a única forma de esperar por mudanças e trabalhar por elas. Não é preciso se tornar um político ou um ativista político para ser um agente de mudanças.

Existem muitas outras ideias falsas que serão atacadas neste livro – por exemplo, que o progresso tecnológico segue um determinado caminho que não podemos influenciar, que a globalização implica convergência de economias e conflitos de civilizações, ou que o progresso social requer crescimento econômico acompanhado de destruição ambiental. Trataremos deles no devido momento, nos próximos capítulos.

Narrativa

Em suma, eis a história que este livro conta. O advento do Antropoceno, ou seja, uma nova época geológica em que o principal fator de mudança do planeta é a atividade humana[3], coloca a humanidade no comando do planeta e nos tornamos coletivamente cientes de que, se continuarmos assim, cairemos em um penhasco porque várias tensões decisivas irão irromper em cataclismos. As desigualdades e a falta de coesão social estão se tornando insuportáveis em todos os continentes e dentro dos países, gerando conflitos, migrações, convulsão social e instabilidade política; a degradação ambiental está alcançando escala planetária, com um clima mutável e mais volátil e o sério risco de uma nova extinção em massa.

A ideia ocidental de que as instituições capitalistas democráticas liberais alcançaram sua forma final e representam a finalidade última (o "fim da história") para todas as nações do mundo deve ser rejeitada com firmeza. As conquistas nas políticas sociais e nas instituições democráticas podem ser eliminadas em um golpe eleitoral e substituídas por políticas autoritárias e destrutivas em termos sociais e ambientais. A história continua e precisamos explorar novas instituições para garantir a sustentabilidade socioambiental. Há interessantes ideias e inovações em todos os continentes que podem levar a novas formas de participação popular, uma maior harmonia com a natureza ou uma gestão de conflitos mais eficaz. Em todo o mundo, uma grande diversidade de desenvolvimentos econômicos, políticos e sociais mostram o poder da imaginação e uma impressionante gama de ideias que prometem uma sociedade melhor.

O desafio para o nosso tempo é encontrar maneiras de alcançar simultaneamente a *equidade* (não deixar ninguém para trás, tanto inter quanto intranacionalmente, criando uma sociedade inclusiva),

---

3. O Antropoceno ainda é uma ideia debatida, e alguns sugerem que começou no início da agricultura, há mais de 10.000 anos, ou mais recentemente, na primeira explosão nuclear durante a Segunda Guerra Mundial. Mas o termo capta muito bem a ideia de que a humanidade agora tem uma grande responsabilidade.

a *liberdade* (econômica e política, incluindo o estado de direito, os direitos humanos e amplos direitos democráticos) e a *sustentabilidade ambiental* (preservando o ecossistema não só para as futuras gerações de seres humanos, mas também para si próprio, se quisermos respeitar todas as formas de vida). A liberdade é entendida aqui de forma abrangente, o que inclui não apenas os direitos humanos e a integridade individual, mas também o direito de participar nas decisões coletivas de forma democrática, gozando dos direitos de liberdade de expressão e associação e recebendo formação e conhecimento adequados para a plena participação. Liberdade e democracia são, portanto, inseparáveis e não devem se opor. Somente quando as instituições democráticas são malconcebidas e mal-implementadas é que a democracia pode suprimir a liberdade.

A globalização e a inovação tecnológica são os principais fatores das transformações socioeconômicas. Especialistas (que nem sempre tomam a decisão, infelizmente) conhecem as virtudes e os perigos daquela, mas há muita incerteza sobre como esta irá afetar a qualidade de vida e as desigualdades sociais. Um ponto importante é que a globalização e a inovação tecnológica não são processos naturais que a sociedade deva suportar ou interromper. Muito pelo contrário, as formas particulares nas quais a globalização e a inovação se desdobram podem ser moldadas por políticas e é importante guiá-las na direção da inclusão social. Portanto, não devemos apenas nos certificar de apoiar aqueles que perdem com a economia globalizada e com as disrupções* tecnológicas e facilitar sua adaptação e transição às novas oportunidades oferecidas por esses desenvolvimentos, mas

---

* O termo "disrupção" (*disruption*) se refere a uma ruptura que, por um lado, pode levar ao colapso de determinado segmento, mas por outro lado provoca a adaptação do sistema à nova situação e, portanto, o estabelecimento de novos paradigmas, às vezes revolucionários [N.T.].

podemos também trabalhar para que as próprias mudanças ocorram de uma forma que gere menos perda e mais ganho para todos.

Outro fator importante de mudança é a virada cultural que expande o "círculo de respeito e dignidade", ou seja, o conjunto de pessoas, estilos de vida e seres vivos que são tratados com o devido respeito e dignidade (*igual* dignidade no caso de todos os seres humanos, incluindo a plena participação em todos os órgãos de decisão relevantes; para os seres vivos não humanos, respeito e dignidade são mais difíceis de enquadrar no ideal de igualdade, mas permanecem valores relevantes, todavia). Essa parece uma tendência universal e irreversível, apesar de muitos contratempos e resistências. Essa tendência, que inclui uma expansão na aprovação de valores democráticos, é um elemento muito promissor da sociedade melhor que agora deve ser imaginada.

Como se pode imaginar um conjunto melhor de instituições e políticas? Seria extremamente insuficiente vislumbrar o progresso social em termos de tomar o poder político central a fim de implementar políticas sociais e econômicas de cima para baixo. Em vez disso, devem-se tratar as desigualdades de recursos, mas também, e de modo mais importante, as de poder e *status*, que permeiam todas as instituições, organizações e grupos, desde a família até a corporação transnacional, da comunidade local ao grupo regional de governos, da ONG local ao partido político. A reforma de todas essas instituições e organizações na economia, na política e na vida social não acontecerá simplesmente fazendo com que partidos mais "progressistas" cheguem ao governo, mas envolverá iniciativas de base (*grassroots*) e mudanças na governança de muitas organizações, em particular e crucialmente dentro das principais instituições econômicas em todos os níveis, de pequenos negócios a organizações internacionais.

O conjunto de ferramentas que pode nos ajudar a conceber uma sociedade melhor inclui as duas principais instituições econômicas que estruturam a produção e as finanças: o mercado e a corporação. Eles geram muitos dos problemas atuais (em particular por meio de externalidades[4] e desigualdades), mas, se bem administrados, são essenciais para qualquer sociedade de sucesso concebível, porque o mercado é a pedra angular da liberdade e a corporação é uma instituição colaborativa fundamental que preenche as lacunas do mercado. O mercado deve ser tratado de uma forma que restrinja suas muitas falhas, e a corporação deve ser transformada em uma associação real de produtores unindo diferentes ativos (capital, trabalho) e dividindo poder, recursos e *status* de uma forma muito mais horizontal do que é comum na economia "capitalista" (e incluindo, em sua governança, outros *stakeholders**, como comunidades locais e fornecedores). Infelizmente, mesmo nas sociedades supostamente mais avançadas, o trabalhador ainda não adquiriu total *status* e totais direitos democráticos no "círculo de respeito e dignidade" e a forma tradicional da empresa privada é completamente anacrônica na era do respeito e da democracia. Muitos empreendedores e líderes empresariais entendem isso e o movimento pela "libertação corporativa" já está a caminho[5]. A reforma do propósito da corporação para ampliar sua função social para além do enriquecimento dos acionistas tem que acontecer em conjunto com a reforma de

---

4. As externalidades são efeitos colaterais das atividades econômicas (tal como a poluição) para as quais as transações de mercado não oferecem incentivos apropriados porque aqueles que sofrem os efeitos não podem negociar com os emissores.

* O termo *stakeholder*, também compreendido como "parte interessada" ou "interveniente", refere-se a grupos ou indivíduos que podem afetar ou ser afetados pela realização dos objetivos da empresa [N.T.].

5. Muitos exemplos de empresas que transformaram sua governança para liberar seus funcionários são fornecidos em Carney e Getz (2016).

sua governança. As firmas produtivas dos mais diversos tipos (corporações, cooperativas, empresas sociais, empresas de benefícios públicos, plataformas de compartilhamento...) podem evoluir conjuntamente e ocupar diferentes nichos da economia e do mercado de trabalho, desde que cumpram o requisito de respeitar a plena dignidade de seus membros, incluindo direitos democráticos, e definir a sua missão social apropriadamente.

Essa compreensão dos mecanismos sociais e da necessidade de contar com o mercado e com a corporação permite reformular o papel do Estado e imaginar uma nova forma de Estado de Bem-estar Social mais adaptada à economia globalizada do século XXI. O Estado de Bem-estar Social-democrata é uma séria opção a se reconsiderar. É uma fórmula comprovada que tem mostrado sua capacidade de trabalhar em economias abertas e promover uma gestão eficiente dos recursos, preservando um alto grau de solidariedade social. De fato, ele usa a disciplina do mercado aberto para manter a produtividade e a lucratividade em alto nível, promove a produção eficiente ao investir pesadamente em capital humano por meio de ampla escolarização e serviços de saúde, e incentiva a difusão de tecnologia moderna, reduzindo as desigualdades salariais entre profissões e entre indústrias, forçando todas as empresas a serem produtivas o suficiente para pagar bons salários. Ao mesmo tempo, os cidadãos se beneficiam do empoderamento proporcionado pela educação, pela proteção social, pela alta cobertura sindical e por um conjunto eficiente de instituições centrais de serviços sociais e negociação coletiva. Ao proteger as pessoas, não os empregos, essa fórmula combina a flexibilidade do mercado com a segurança econômica de que as famílias precisam. E o sistema de assistências sociais recebe forte apoio do eleitorado devido à sua ampla cobertura da população por meio de seus serviços universais.

No entanto, o Estado de Bem-estar Social-democrata sofre de limitações que podem ter reduzido sua capacidade de ser a fórmula principal para o século XXI. Em primeiro lugar, requer uma forma de negociação fortemente centralizada que não se adapta bem às tradições descentralizadas de muitos países. Em segundo lugar, envolve um forte senso de responsabilidade e solidariedade em nome das partes que negociam, uma "ética de cooperação" no nível da sociedade, o que também pode ser difícil de exportar para países com populações mais diversas. A negociação centralizada e a cooperação também podem não ser familiares para firmas transnacionais estrangeiras que investem no país. Em terceiro lugar, empodera os cidadãos individuais apenas até certo ponto, porque os protege e, portanto, lhes oferece melhores posições de negociação, mas no nível local eles não têm necessariamente muita voz. Em termos sistêmicos, a receita social-democrata é uma "grande negociação" entre capital e mão de obra, mas não trata realmente do desequilíbrio estrutural na economia capitalista.

Uma forma mais profunda de progresso social envolve uma forma mais direta de empoderamento, ou, mais precisamente, de emancipação, que envolve direitos de controlar a própria vida e de participar, com o devido conhecimento e informação, das decisões que afetam a vida do indivíduo em todos os grupos, associações, comunidades e organizações das quais se é membro. Esse ideal de emancipação requer um Estado de Bem-estar que não apenas acompanhe a formação do capital humano e a determinação dos salários, mas também busque impor um equilíbrio de poder mais equitativo em todas as organizações e em todos os níveis.

Esse novo tipo de Estado de Bem-estar será, portanto, menos sobre transferência de recursos e mais sobre a garantia de direitos de poder, *status* e conhecimento em todas as instituições nas quais as pessoas estão envolvidas. Isso inclui o *status* e os direitos de membro pleno em associações de famílias e da sociedade civil, de associado pleno à companhia de produção, de cidadão pleno em processos participativos na política local, nacional e supranacional. Curiosamente, essa abordagem já é promovida nos países em desenvolvimento por muitos atores, o que mostra que não é adequada apenas em um estágio muito avançado de desenvolvimento, mas pode realmente ajudar a acelerar o desenvolvimento, especialmente quando as instituições não estão maduras para o complexo mecanismo de compromisso subjacente à negociação social-democrata[6]. Ao reorganizar os processos de decisão para empoderar *stakeholders* locais, essa abordagem também pode ser capaz de contornar a dificuldade, para a social-democracia, de envolver corporações transnacionais na negociação coletiva.

A economia baseada nos *stakeholders*, que essa abordagem vislumbra, contribuiria para impulsionar a inovação tecnológica em uma direção mais inclusiva, em particular na escolha de tecnologias mais amigáveis à mão de obra. Se os atores-chave da economia internalizassem melhor o impacto humano de seu comportamento por meio de sua própria governança inclusiva, a globalização e a inovação teriam naturalmente uma face mais humana. As organizações democráticas naturalmente também têm disparidades menores entre os salários mais baixos e os mais altos em sua folha de pagamento, reduzindo assim a necessidade de redistribuição pelo Estado. *Quanto mais "pré-distribuição" se tem, menos redistribuição se precisa.*

Isso não significa que o novo Estado de Bem-estar Social – não exatamente um Estado de "Bem-estar", mas sim um Estado "emancipador" não precise fornecer segurança econômica na forma de uma

---

6. Cf. a apresentação da filosofia de ação da Associação de Mulheres Autônomas (Índia) no cap. 5.

rede de proteção. A economia de mercado gera riscos demasiados para os ganhos individuais. É uma forma de libertação e uma proteção na negociação com associados e parceiros comerciais, que sejam garantidos a subsistência e os serviços básicos independente do que houver, como mostra a fórmula social-democrata. Mas em vez de distorcer a economia impondo uma carga tributária primariamente na mão de obra, o Estado pode aumentar a eficiência da economia e obter receitas tributando ou atribuindo preços a externalidades[7] e a rendas geradas pelo patrimônio. É improvável que isso seja suficiente, mas pode reduzir substancialmente o papel dos impostos distorcivos. Isso, mais uma vez, contribuiria para orientar a inovação tecnológica em uma direção socialmente mais útil, porque os preços das *commodities* (incluindo impostos) refletiriam melhor os impactos sociais das decisões sobre processos e produtos. A tributação de rendas geradas pelo patrimônio pode contribuir para essa abordagem de aumento da eficiência. Rendas geradas pelo patrimônio (*rents**) são receitas que recompensam não a contribuição produtiva, mas apenas a posse de recursos escassos ou posições exclusivas no mercado. A redução do valor líquido da posse desses ativos por meio de tributação contribuiria para a redução das atividades perdulárias de *rent-seeking*, ou "busca de renda", nas quais os agentes econômicos se esforçam para garantir essas posses.

Essa nova economia de mercado democrática é compatível com as fronteiras abertas ao comércio e ao investimento de capital, mas

---

7. Uma vez que os preços de mercado não incentivam espontaneamente as decisões privadas, um preço artificial é necessário, seja na forma de um imposto ou na forma de um mercado *ad hoc* de licenças.

* Na linguagem financeira, o termo em inglês *rents* tem significado mais abrangente do que o uso comum ("aluguel"). Aqui ele é usado para definir tanto as rendas provenientes de juros e dividendos de aplicações financeiras quanto de locações e arrendamentos de modo mais amplo [N.T.].

pode parecer altamente vulnerável ao oportunismo de outros países que ofereçam negócios mais vantajosos para investidores, gerentes e trabalhadores altamente qualificados. No entanto, a única restrição real, no que diz respeito à fuga de capital, é garantir o mesmo nível de lucratividade que em qualquer outro lugar, e essa restrição pode ser tratada da mesma forma que um imposto por qualquer firma produtiva que solicite investimento de capital ou qualquer banco que tome empréstimos em mercados internacionais. Até mesmo executivos acostumados ao poder e a vantagens extravagantes podem facilmente se acostumar com os novos desafios e alegrias mais profundas da gestão democrática, assim como não haveria oferta escassa de políticos em democracias, apesar de seus privilégios serem diminuídos consideravelmente, em comparação com os de tiranos. A expansão da cultura democrática já está tornando a situação dos CEOs antiquados desconfortável em muitos lugares. De modo semelhante, trabalhadores altamente qualificados podem ser tentados por salários mais altos no exterior, mas existem vantagens reais em um ambiente de trabalho amigável e uma sociedade socialmente coesa, e isso vai convencer muitos a ficarem.

Esse Estado emancipador é compatível com instituições descentralizadas, ao contrário do tipo social-democrata, e não impõe controle político sobre a economia. É também bastante o oposto da abordagem autoritária socialista. Em vez disso, infunde política por todas as instituições e associações, tornando cada cidadão mais envolvido nas decisões em todos os níveis. O mesmo movimento de emancipação teria que transformar a "política" padrão. A política-padrão continuará sendo uma importante esfera da sociedade que precisa de algumas reformas-chave, na atual situação de deterioração das chamadas "democracias avançadas". Essa deterioração está ligada à crise social e à crescente desconfiança da população. Populistas acusam a democracia representativa de não dar voz suficiente aos que se sentem deixados para trás. Busca-se o remédio em uma democracia mais direta, sem ver o perigo. A democracia direta tende a enfraquecer em vez de fortalecer a democracia, pois corre o risco de marginalizar ou silenciar as opiniões das minorias e, portanto, pode abrir a porta para regimes autoritários. Outra tendência preocupante vem com a pervasividade da mídia, incluindo as mídias sociais. A política tornou-se um palco público, dirigido por manchetes e mensagens no Twitter criadas para chamar atenção.

Pode-se identificar os elementos-chave das reformas que visam a democratização das democracias. Eles têm a ver com financiamento político, mídia, regras de votação, formação de partidos e distribuição de poder dentro e entre as instituições do Estado. Tais reformas, em particular, restringiriam a atual tendência de polarização da política e investiriam pesadamente no aprimoramento da qualidade de deliberação em vez da política. Também é importante reconhecer que a qualidade da política democrática e o grau de coesão social são fortemente interdependentes. Trabalhar em prol de uma sociedade mais inclusiva dá grande avanço à causa de uma democracia funcionalmente melhor. As instituições políticas são altamente vulneráveis à corrupção induzida pela desagregação social, e a melhor salvaguarda dos princípios democráticos é uma sociedade aberta coesa com desigualdades limitadas.

A visão defendida aqui implica que a oposição entre ideologias pró-mercado e pró-governo é equivocada. São necessários tanto um mercado vibrante quanto fortes salvaguardas, garantidas pelo governo e pela sociedade civil, para limitar o efeito de falhas do mercado e empoderar as pessoas – assim como é necessário uma democracia política vibrante e salvaguardas contra as falhas da política democrática e da ação governamental. Mais importante, a oposição imaginada entre mercado e governo esconde o papel central da empresa, que não é um conjunto de mercados nem uma instituição pública, mas desempenha um papel fundamental no tecido social, ao lado de outras instituições da sociedade civil. A empresa privada tradicional tem sido historicamente um fator importante de progresso econômico e social, mas também tem sido a fonte de muitas dificuldades sociais e de excessivas externalidades negativas. Ela pode ser transformada em um fator muito mais positivo de progresso social.

Como essa visão de uma sociedade melhor pode se tornar realidade? Muito pode ser feito por meio de iniciativas locais. Por exemplo, muitas cidades desenvolveram mecanismos participativos, muitas empresas têm estruturas de gestão horizontais e mesmo democráticas, e o mesmo pode ser dito sobre a mudança das normas de comportamento nas famílias, ONGs e comunidades religiosas. O enorme potencial oferecido pela coleta responsável e cuidadosa de dados e seu processamento, algo que está se tornando rapidamente a fonte para as empresas desenvolverem novos modelos de negócios e expandirem seus serviços, ainda não foi explorado para incluir cidadãos e não apenas consumidores e clientes. O Estado também precisa mudar se quiser se tornar um Estado emancipador, e isso levanta questões difíceis em uma economia globalizada em que as corporações transnacionais e os mercados financeiros exercem forte pressão sobre a política nacional. É por isso que a força do movimento de base será essencial para desencadear uma mudança real nas instituições, com o Estado, em última instância, garantindo a todos os direitos de que muitos já gozarão informalmente, graças à iniciativa local de baixo para cima. A virada cultural invocada anteriormente é um fator-chave desse movimento e precisa ser encorajada. Os Objetivos de Desenvolvimento Sustentável da ONU são estruturados muito cuidadosamente em torno da noção de uma "vida de dignidade", mas permanecem bastante vagos no que diz respeito à reforma institucional. Este livro é uma tentativa de tornar esse conjunto visionário de objetivos uma força verdadeiramente transformadora.

Pontos para levar para casa

Seguindo a narrativa deste livro, conforme resumido na seção anterior, as mensagens-chave podem ser formuladas da seguinte forma.

1 No auge das possibilidades, estamos diante de um abismo – Os últimos séculos tiraram da pobreza uma porção considerável da humanidade, o que é notável, mas nas próximas décadas, caso tudo continue como está (*business as usual**), o cenário é catastrófico. Desigualdades e degradação ambiental geram crescentes danos físicos, institucionais e morais, além de consequências e conflitos políticos cada vez mais destrutivos. O Antropoceno é uma era em que os negócios normais podem disparar uma reação em cadeia negativa que leve à destruição de muitas de nossas conquistas coletivas e, possivelmente, à extinção de nossa espécie. O tempo está se esgotando e uma ação coletiva significativa precisa ser empreendida muito em breve. Além disso, temos tremendas oportunidades de melhorar as instituições e fazê-las funcionar em benefício da população. Essas oportunidades vêm tanto de um melhor conhecimento do que funciona quanto de melhores tecnologias, tornando a coordenação e o compartilhamento de informações muito mais fácil e suave do que no passado.

---

* *Business as usual*: literalmente, "negócios como de costume"; expressão idiomática em inglês que expressa certa resignação diante da normalidade de um estado imutável de coisas, apesar dos esforços para mudá-las. Os autores ironizam o domínio dos "negócios" na tomada de decisões, em detrimento da precária situação social e ecológica [N.T.].

2 Devemos aproveitar a globalização e a tecnologia para o benefício de todos – A globalização e a mudança tecnológica são fatores importantes das mudanças atuais. Em particular, elas interferem em muitas vidas, oferecendo grandes oportunidades para alguns e prejudicando o sustento de outros. Além disso, a economia saiu do controle porque, desde a década de 1980, as instituições reguladoras têm sido influenciadas por um grande impulso pró-mercado (mais atores privados, menos regulamentação, supervisão deficiente) e não estão à altura da escala da ação econômica. Agora, muitos cidadãos são tentados por sereias autoritárias ou pela promessa demagógica de fazer o relógio voltar atrás, reerguendo barreiras e estimulando conflitos interculturais. A inovação tecnológica também oferece a perspectiva assustadora de tecnologia invasiva e vigilância onipresente, bem como esforços duvidosos para mercantilizar ou transformar humanos. A mensagem principal aqui é que a direção e as formas de globalização e mudança tecnológica são moldadas por instituições e políticas, bem como por coletivos de atores desse sistema, e podem ser reorientadas para as necessidades humanas, servindo desse modo ao progresso social, ao invés de prejudicá-lo.

3 Devemos colocar as pessoas de volta no comando – Os modelos tradicionais da economia de mercado e do Estado de Bem-estar não estão funcionando bem porque os mercados falham de muitas maneiras que não são tratadas e as políticas de governo buscam proteger os cidadãos sem realmente empoderá-los, mantendo pessoas demais em situação de grande dependência no que diz respeito ao mercado de trabalho, ao seu empregador e aos serviços sociais. A dignidade é proclamada na maioria dos países como um direito igual dos cidadãos, mas muitas pessoas ainda experienciam graves desigualdades raciais, de gênero, religiosas e socioeconômicas e vivem na humilhação e no medo. Vale a pena desenvolver uma nova forma de economia de mercado democrática que combine proteção e serviços básicos universais, governança dos *stakeholders* em todas as organizações econômicas e especialmente corporações (ajudando-as a internalizar melhor seus impactos, mudando o propósito da corporação) e uma gestão abrangente das falhas do mercado (tributar externalidades e rendas geradas pelo patrimônio, ao invés de tributar a mão de obra, pode gerar receita e, ao mesmo tempo, aumentar a eficiência). O enorme potencial inerente às novas tecnologias, tais como a inteligência artificial e a aprendizagem de máquina (*machine learning*), modelos de simulação baseados em agentes e outras formas de lidar com sistemas complexos, ainda precisa ser apropriado para outros propósitos que não o aumento do lucro de grandes corporações que estão perto de adquirir o monopólio sobre seu uso. As instituições políticas, que agora estão sob pressão excessiva de interesses constituídos, podem igualmente ser reformadas para melhor colocar os cidadãos em uma posição de sólida política deliberativa. Isso se encaixa na tendência, em andamento há séculos, de aumentar a autonomia individual e responde ao nosso maior entendimento dos problemas de ação coletiva.

4 Um movimento de base é necessário – O papel do Estado-nação continua importante, mas não podemos mais contar apenas com o Estado e a política nacional. A pressão popular é uma condição importante para a transformação vislumbrada, porque os interesses arraigados são fortes. Além disso, como a finalidade desta nova sociedade democrática é colocar todo mundo no controle de suas próprias vidas, isso deve ser logicamente, em grande parte, uma revolução do tipo "faça você mesmo". Todos podem mudar seu comportamento, como membro da família, como consumidor, como investidor, como trabalhador, como cidadão, e promover estilos de vida e organizações que tenham mais consideração pelas externalidades e mais respeito pela dignidade e pela autonomia de todos (está em curso uma grande virada cultural que vai nessa direção). Além disso, a conectividade agora possibilita a circulação do conhecimento e a coordenação de pessoas, organizações e comunidades em todo o mundo, multiplicando a efetividade das ações da sociedade civil. Educação, mídia aberta e deliberações democráticas generalizadas serão essenciais para permitir que os cidadãos desempenhem um papel central na transformação das sociedades.

Parte I

Fontes de preocupação, razões para esperança

1
ÊXITOS GLOBAIS E CATÁSTROFES IMINENTES

Em muitos aspectos, os três quartos de século após 1945 foram um período de ouro para o mundo. É claro que não houve nenhuma conflagração global equiparável à Segunda Guerra Mundial. No longo prazo, há uma tendência de crescimento da renda média, impulsionado por um aumento no comércio e na inovação tecnológica. O aumento da renda foi acompanhado pelo declínio da pobreza no mundo como um todo. A China registrou a experiência mais espetacular de redução da pobreza de renda na história humana. Os indicadores globais de desenvolvimento humano, como matrículas na educação, mortalidade infantil, mortalidade materna e expectativa de vida, melhoraram drasticamente em comparação com sete décadas atrás. Houve uma contínua expansão da democracia, com a descolonização na primeira metade do período e a queda do comunismo e de muitas ditaduras na segunda. A posição das mulheres nas estruturas de governança melhorou, ainda que lentamente, e os direitos civis avançaram em muitas partes do mundo.

Mas o bom desempenho global, no todo e na média, esconde profundos bolsões de progresso lento e até reverso. O número absoluto de pobres na África aumentou, pois o crescimento econômico não acompanhou o crescimento da população. A pior crise econômica desde os anos de 1920 atingiu o mundo em 2008, um choque do qual a economia mundial ainda está apenas se recuperando. Embora a desigualdade entre os indivíduos no mundo como um todo tenha diminuído, devido ao rápido crescimento da China, a desigualdade em países avançados como os Estados Unidos aumentou de modo acentuado, em especial nos últimos trinta anos. Esse aumento na desigualdade combina acréscimos acentuados bem no topo da distribuição de renda com acentuadas quedas relativas no meio e na base, conforme muitas indústrias e ocupações tradicionais foram ficando sob pressão. Essas duas características, o rápido crescimento de alguns países pobres e o rápido aumento da desigualdade nos países ricos, estão ambos relacionados ao avanço da globalização e da tecnologia e à forma como atores e instituições têm orientado esses processos. A disparidade relativa entre países ricos e pobres diminuiu, novamente por causa do rápido crescimento de países como China, Índia, Vietnã e outros, mas a disparidade absoluta é grande e continua a aumentar.

A degradação ambiental e o uso excessivo da água aumentaram e as mudanças climáticas estão adicionando ainda mais estresse aos ecossistemas, num ritmo intenso. Enquanto a democracia formal avançou e as guerras em larga escala diminuíram, os conflitos em menor escala aumentaram, alguns deles ocasionados por estresse de recursos. O aumento do terrorismo na sequência desses conflitos desestabilizou a mentalidade política normalmente tranquila de muitos países. Uma combinação de conflitos, degradação ambiental e desigualdades entre as nações aumentou enormemente a pressão migratória de refugiados em busca de segurança e de migrantes econômicos em busca de uma vida melhor. Esse aumento da pressão, por sua vez, produziu uma reação nos países que recebem migrantes, especialmente aqueles em que as rendas média e baixa foram espremidas pelas forças do comércio e da tecnologia. Em democracias estabelecidas, os processos políticos formais têm trazido à tona lideranças e discursos movidos pela xenofobia e com forte viés autoritário. Comentaristas não têm se intimidado em fazer comparações com a turbulenta década de 1930, quando a insegurança em face das rápidas mudanças levou ao surgimento do fascismo em alguns países. Mesmo nos Estados Unidos, não pertence mais à ficção científica o cenário de um governo protofascista, racista e xenófobo com forte simpatia por regimes autoritários ao redor do mundo e uma diplomacia volátil aumentando drasticamente o risco de um conflito nuclear.

Há, portanto, turbulência e apreensão palpáveis na população à medida que entramos na terceira década do século XXI, não obstante todas as conquistas dos últimos três quartos de século. O temor é que o progresso de longo prazo da humanidade possa descarrilar nas próximas décadas, à medida que as pressões crescentes sobre a equidade, a sustentabilidade e a democracia se alimentem mutuamente, e as tensões resultantes destruam o tecido econômico, político e social. Os êxitos dos últimos 75 anos não devem mascarar que estamos agora à beira de um precipício. Se conseguirmos superar esse precipício, há uma boa chance de que sejamos capazes de continuar no longo caminho do progresso social. Mas é importante perscrutar o abismo para descobrir como cruzá-lo.

Êxitos globais

Antes de olhar para o abismo, vamos primeiro olhar brevemente de volta para o progresso passado. No último milênio, o PIB *per capita* global real aumentou mais de quinze vezes. A figura 1.1 mostra o PIB mundial nos anos 1000, 1600 e, a seguir, a cada quatro anos de 1820 a 2008. A primeira arrancada veio com a Revolução Industrial no século XIX, mas a verdadeira aceleração veio após a Segunda

Guerra Mundial. As três décadas após a guerra foram rotuladas como "a era de ouro do capitalismo", mas para o mundo como um todo as seis décadas até a crise de 2008 também são uma era de ouro. Demorou mil anos para que o PIB *per capita* mundial se multiplicasse por quinze, mas levou apenas sessenta anos para se multiplicar por quase quatro entre 1950 e 2008.

Figura 1.1 Mil anos de crescimento econômico global
Nota: O ajuste da paridade do poder de compra (PPC) segue o valor real das moedas nos mercados nacionais.
Fonte: https://ourworldindata.org/economic-growth

Os números para os países individuais ilustram o padrão global de êxito. Em 1945, o PIB *per capita* do Reino Unido era mais de quinze vezes seu valor em 1000, graças à Revolução Industrial no século XIX. Em apenas sessenta anos após 1945, o PIB *per capita* mais do que triplicou. Em 1978, no início do processo de reforma, o PIB *per capita* da China era quase o dobro do nível no ano 1000. Mas, trinta anos depois, era seis vezes o valor de 1978. Na independência em 1947, o PIB *per capita* da Índia estava 20% acima de seu valor 1.000 anos antes. Durante os sessenta anos seguintes de independência, aumentou quase cinco vezes[1].

---

1. Cf. IPSP (2018a, cap. 4) para uma análise retrospectiva do crescimento no mundo.

O PIB *per capita* é obviamente criticado porque é uma média, escondendo a desigualdade e a pobreza. Infelizmente, não dispomos de dados de distribuição mais antigos, mas as informações que temos também sugerem um padrão de êxito em nível global nas últimas três décadas. Para o mundo como um todo, houve um declínio bastante espetacular da pobreza (cf. figura 1.2). A taxa de pobreza extrema (i. é, a porcentagem da população com um nível de consumo abaixo de US$ 1,90 por dia) despencou de 42% em 1981 para 11% em 2013. Essa queda acentuada foi impulsionada em grande parte pelo êxito da China, onde a pobreza caiu drasticamente desde o início do processo de reforma. Alguns consideram-no o mais espetacular desempenho de redução de pobreza da história da humanidade, com muitas centenas de milhões de pessoas retiradas da pobreza no espaço de três décadas. Padrões semelhantes podem ser vistos em muitos países asiáticos, como a Índia após 1991, Bangladesh nas décadas de 1990 e 2000 e o Vietnã nos anos de 2000. Evidentemente, essa redução da pobreza não é uniforme (como será discutido a seguir), mas o declínio da pobreza em nível global e em muitos países grandes deve, sem dúvida, ser avaliado como um êxito global das últimas décadas.

Os dados nas figuras 1.1 e 1.2 apresentam uma visão monetária do bem-estar, corretamente criticada por ser muito estreita. Como se saiu o mundo em outros indicadores que captam diferentes dimensões do desenvolvimento humano? A figura 1.3 apresenta dados globais sobre quatro dessas dimensões – conclusão do ensino fundamental, mortalidade infantil, mortalidade materna e expectativa de vida.

É claro que houve uma melhora drástica em todas essas dimensões ao longo do último meio século. A expectativa de vida aumentou de pouco mais de cinquenta anos em 1960 para mais de setenta

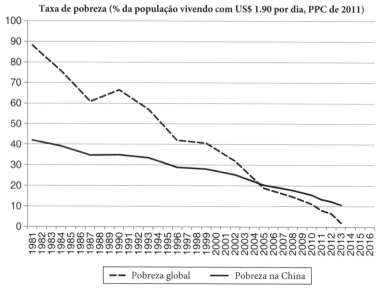

Figura 1.2 Três décadas de redução da pobreza
Fonte: Banco Mundial, Grupo de Pesquisa e Desenvolvimento.

anos meio século depois. Esse aumento foi sustentado por uma redução na mortalidade infantil de cerca de 120 óbitos por 1.000 nascidos vivos para cerca de 30 óbitos por 1.000 nascidos vivos no mesmo período. As estimativas da mortalidade materna estão agora em pouco mais de 200 óbitos por 100.000 nascidos vivos. Ainda é muito alto, mas quase 400 menor que há um quarto de século[2]. Por fim, a tendência da taxa de conclusão do ensino fundamental também é impressionante globalmente. Essa taxa aumentou de 74% em 1970 para 90% na segunda década dos anos de 2000. Em todas essas dimensões do desenvolvimento humano, portanto, o mundo pode relatar êxitos no médio e no longo prazo.

---

2. Uma análise detalhada das tendências globais de saúde pública é feita no IPSP (2018c, cap. 18).

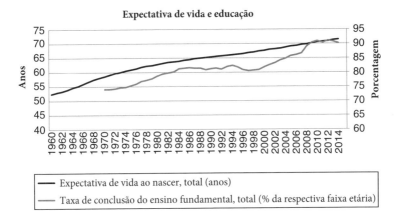

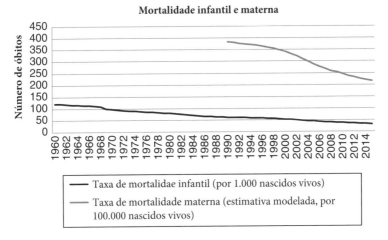

Figura 1.3 Meio século de indicadores sociais
Fonte: Base de dados do Banco Mundial

Os indicadores não referentes à renda, exibidos na figura 1.3, não captam outros aspectos do progresso social, em particular aqueles relacionados à democracia. A figura 1.4 apresenta algumas tendências e padrões nessa dimensão. O primeiro indicador é, de modo bastante simples, o número de países que são membros das Nações Unidas. Esse número passou de cinquenta e um em 1945 para duas vezes esse número 15 anos depois e três vezes esse número trinta anos depois. Ele reflete ondas de descolonização nas décadas após a Segunda Guerra Mundial, certamente um sinal do progresso social global, através da independência e autodeterminação para as ex-colônias.

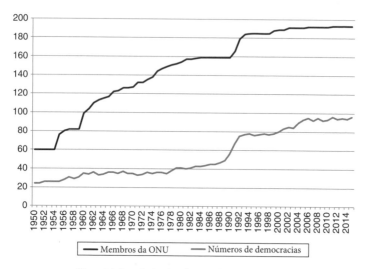

Figura 1.4 Descolonização e democracia
Fonte: www.un.org/en/sections/member-states/growth-united-nations-membership-1945-present/index.html (membros da ONU);
www.systemicpeace.org/inscr/p4v2015.xls (número de democracias).

Mas a independência das antigas potências coloniais não significa necessariamente democracia dentro dos países. Usando a categorização empregada pela Polity, a figura 1.4 mostra o número de democracias no mundo. Ela mostra um aumento contínuo que corresponde às ondas de descolonização também refletidas na quantidade de membros da ONU. Mas uma onda seguinte vem após a queda do Muro de Berlim em 1989, quando o número de democracias saltou de quarenta e nove para cinquenta e seis e, depois, sessenta e sete. Os números continuaram a aumentar conforme a onda se espalhou para a África na década de 1990. Evidentemente, democracia formal não significa necessariamente participação popular no governo, algo que depende de muitas coisas, inclusive do acesso à informação. Contribui para isso, nas últimas duas décadas, a disseminação dos telefones celulares, o que tornou possíveis o contato social e a coordenação crescentes. Costuma-se dizer popularmente que a Primavera Árabe teve ajuda do Facebook e do Twitter. Estimativas sugerem que o número de pessoas usando mídias sociais globalmente era de 1 bilhão em 2010, porém mais que dobrou em cinco anos.

Tendências e padrões alarmantes

Assim, no todo e na média, muitos indicadores de progresso social mostraram tendências positivas no período pós-Segunda Guerra Mundial. Por que, então, há inquietação e apreensão sobre o que está por vir para o mundo? Existem outras tendências e padrões que são muito mais preocupantes e que motivam o trabalho do Painel Internacional sobre Progresso Social. Comecemos com o crescimento da renda *per capita*, que mostrou evoluções tão drásticas e positivas quanto a média global. Ele esconde o fraco desempenho de alguns países, simultâneo ao desempenho espetacular de países como China, Índia e Vietnã. Vários países, particularmente na África, estão mergulhados em conflitos e visivelmente não têm nenhum tipo de crescimento – na verdade, eles não têm nenhum dado de crescimento para apresentar, visto que os serviços de estatística são uma das primeiras perdas da fragilidade estatal.

A figura 1.5 destaca um padrão oculto que pode se perder nas médias globais. Já enfatizamos a redução da fração de pessoas abaixo da linha da pobreza no mundo como um todo, impulsionada espetacularmente pela redução da pobreza na China. A figura 1.5 mostra a evolução da pobreza na África Subsaariana. Ela apresenta uma queda nos últimos vinte anos – novamente uma história de êxito.

Mas olhe para o número total de pessoas em situação de pobreza na África. Embora a fração de africanos em situação de pobreza tenha diminuído, o número total de pobres na África aumentou em mais de 100 milhões no último quarto de século devido ao crescimento populacional. A fração decrescente na pobreza pode ser reconfortante, mas o aumento em números absolutos é preocupante e, além do mais, é uma fonte de pressão migratória e uma plataforma para insatisfação interna.

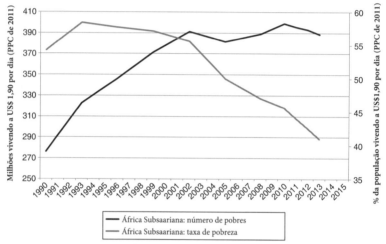

Figura 1.5 Pobreza na África Subsaariana
Fonte: Banco Mundial, Grupo de Pesquisa e Desenvolvimento.

Se a queda na fração da pobreza fosse rápida o suficiente, neutralizaria o aumento da população e o número total de pessoas na pobreza diminuiria. Uma razão pela qual a fração de pessoas na pobreza pode não estar caindo rápido o suficiente, não apenas na África, mas também em outros lugares, é o aumento da desigualdade. Quando a desigualdade aumenta, os frutos do crescimento não são amplamente compartilhados e o poder do crescimento econômico para reduzir a pobreza é prejudicado, às vezes severamente. Existe então um ciclo vicioso quando a pobreza, por sua vez, atrasa a transição demográfica para taxas de natalidade mais baixas. Os padrões de variação da desigualdade em todo o mundo foram bastante diversos nas últimas três décadas[3]. A América Latina tem visto um declínio na desigualdade por causa de intervenções políticas intencionais, embora a desigualdade ainda seja alta para os padrões mundiais. A Ásia, por outro lado, tem visto uma crescente desigualdade em muitos países, incluindo China e Índia. Uma estimativa é que, se o crescimento asiático tivesse ocorrido sem aumento da desigualdade, mais 240 milhões de pessoas teriam saído da pobreza (BANCO DE DESENVOLVIMENTO ASIÁTICO, 2012). Por fim, é claro, a desigualdade cresceu em muitos países ricos, especialmente nos Estados Unidos, onde após um longo período de queda da desigualdade após a Segunda Guerra Mundial a parcela de renda dos 10% mais ricos aumentou de cerca de 35% para perto de 50% ao longo de um quarto de século, a partir da década de 1980 (PIKETTY, 2014).

Os padrões de crescimento nacional e variação da desigualdade legaram um notável padrão de variação na distribuição global, conforme apresentado na figura 1.6. Essa figura mostra o crescimento da renda para cada posição na distribuição de renda global nos vinte anos de 1988 a 2008. A forma da curva capta muito do discurso político atual. Os ganhadores foram os super-ricos globais e o décimo a septuagésimo percentis[4] da distribuição de renda mundial. Os perdedores foram aqueles entre as 75% e 95% maiores rendas da população mundial. Mas essas são precisamente as classes de renda média e média-baixa

---

3. Uma apresentação detalhada das tendências de desigualdade pode ser encontrada no cap. 3 do IPSP (2018a) e, em particular, na versão online, mais longa (www.ipsp.org/download/capítulo-3-2nd-draft-long-version). Cf. tb. o importante relatório publicado por Alvaredo et al. (2018).

4. Um percentil é a fração da população abaixo do nível considerado. Se 75% da população estão abaixo do seu nível, você está no septuagésimo quinto percentil.

dos Estados Unidos, Reino Unido e outros países ricos. A eleição de Trump pela classe trabalhadora branca da *Middle America* (o interior suburbano e rural dos Estados Unidos) e o impulsionamento dos votos a favor do Brexit no Reino Unido por aqueles na extremidade inferior da distribuição de renda estão entre as consequências políticas concretas do famoso "gráfico do elefante" ilustrado na figura 1.6.

A desconexão entre a fração na pobreza e o número total de pessoas na pobreza, como se vê na figura 1.5, é causada, evidentemente, pela alta taxa de crescimento populacional na África. A taxa de crescimento da população mundial está diminuindo, mas não a população mundial. Ela agora está em 7,5 bilhões de pessoas e a projeção é que cresça para 8 bilhões ao longo da próxima década e para 9 bilhões nas duas décadas seguintes[5]. O crescimento da população a longo prazo é uma medida do êxito global – o planeta agora pode suportar bilhões a mais do que antes. Mas há o outro lado da moeda. O crescimento populacional e as principais tendências demográficas são as realidades com as quais o mundo terá de lidar nos próximos anos. As pressões migratórias, ambientais e de recursos, causadas pelo aumento da população, já estão sendo sentidas, particularmente em certas regiões do mundo. Do aumento populacional global de 2 bilhões projetado para os próximos trinta anos, a África será responsável por mais da metade.

O perfil etário da população tem mudado e continuará a mudar rapidamente. A idade média da população mundial era de 22 anos em 1980 e será de 35 anos em 2045. A figura 1.7 mostra que a proporção da população com 65 anos ou mais tem aumentado no mundo como um todo, mas particularmente nos países ricos. O rápido aumento da população idosa em países ricos, em comparação com

---

5. Cf. www.census.gov/population/international/data/idb/worldgrgraph.php e www.census.gov/population/international/data/idb/worldpopgraph.php

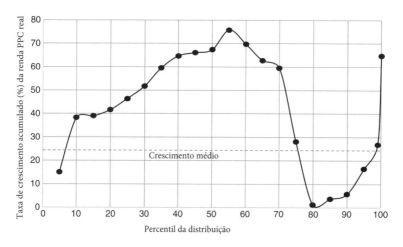

Figura 1.6 Curva da incidência global 1988-2008
Nota: Um ponto na curva representa o crescimento, entre 1988 e 2008, da renda disponível em uma determinada posição na distribuição.
Fonte: Lakner e Milanovic (2015). Dados disponíveis em: http://go.wordbank.org/NWBUKI3JP0

os países mais pobres, afetará a natureza das pressões de migração que já estão sendo sentidas – uma população mais jovem nos países pobres à procura de trabalho e uma população mais velha nos países ricos à procura de cuidados. Nos países ricos, esse aumento também terá impacto no contrato social implícito, à medida que aumenta a razão de dependência entre a população aposentada e a população em idade de trabalho.

O aumento da renda mundial e a queda nas medidas de pobreza baseadas na renda têm sido muito celebradas como uma conquista econômica e um êxito global. Mas o verdadeiro conceito econômico de renda também requer que olhemos para a possível redução de ativos na geração dessa renda e que levemos isso em consideração. Enquanto as contas econômicas nacionais fazem uma tentativa de medir a depreciação do capital físico, as medições-padrão do PIB

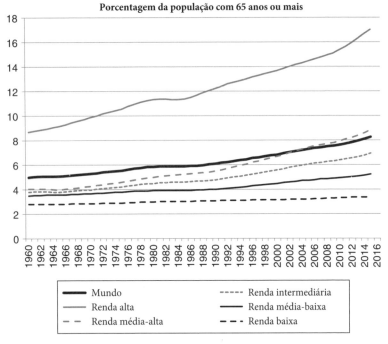

Figura 1.7 Seis décadas de envelhecimento no mundo
Fonte: Base de dados do Banco Mundial

não levam em conta o estado do capital natural. Quando tais tentativas são feitas, correções significativas parecem ser necessárias. Isso não é surpreendente, dados os padrões mostrados na figura 1.8. O mundo tem perdido cobertura florestal continuamente e o estresse hídrico aumentou conforme as águas superficiais e subterrâneas foram sendo extraídas para a agricultura e para a indústria. Outro bem natural é a atmosfera, que está sendo poluída a um ritmo alarmante. A figura 1.8 mostra um aumento de 10% na poluição por material particulado no último quarto de século. As potenciais consequências desse aumento da poluição para a saúde representam uma grande correção para os êxitos globais no crescimento da renda.

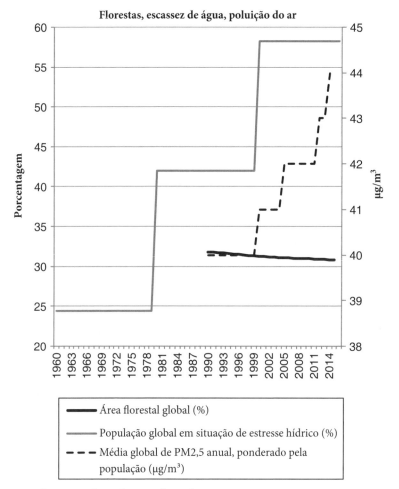

Figura 1.8 Degradação ambiental
Fonte: WDI (área florestal), www.nature.com/articles/srep38495/tables/1 (escassez de água), www.stateofglobalair.org/data (poluição do ar).

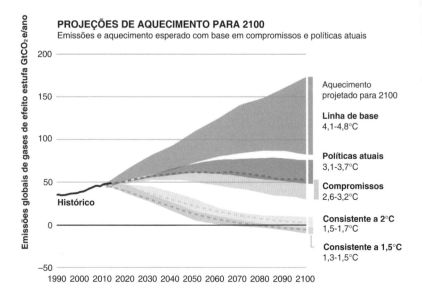

Figura 1.9 Emissões de gases de efeito estufa e variação da temperatura global ao longo do século
Fonte: http://climateactiontracker.org/assets/publications/briefing_papers/TempUpdate2017/CAT-2100WarmingProjections-2017.11.png
© 2016, Climate Analytics, Ecofys e NewClimate Institute.

Evidentemente, o impacto da poluição atmosférica por meio da emissão de gases de efeito estufa vai além das implicações imediatas para a saúde. Essas emissões afetaram os padrões climáticos significativamente e continuarão a afetar de acordo com as tendências atuais, conforme mostrado na figura 1.9. As perspectivas de manter o aumento da temperatura global abaixo do valor crítico de 2 graus Celsius nos próximos cem anos são desoladoras, caso tudo continue como está. E, mesmo após o Acordo de Paris, seguindo a trajetória mais provável, as perspectivas não parecem ser muito boas. Se esse valor crítico for ultrapassado, pode-se desencadear uma espiral global de disrupções ambientais, ameaçando muitas espécies e, talvez, a própria sobrevivência humana.

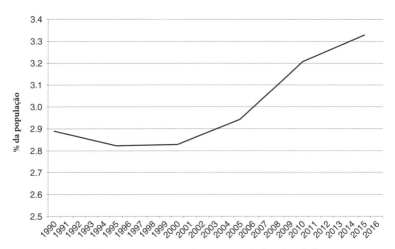

Figura 1.10 Migrantes internacionais (pessoas vivendo fora do país de nascimento, em porcentagem da população mundial)
Fonte: Centro de Análise de Dados de Migração Global.

Muitas das tendências globais discutidas acima estão levando a graves pressões de migração. Dados sobre migrações transfronteiriças reais são apresentados na figura 1.10. O número de pessoas na condição de migrantes internacionais, ou seja, a fração da população mundial que vive em um país diferente de seu país de nascimento, era ligeiramente superior a 3,3% em 2015 – cerca de 240 milhões. Esse número girava em torno de 170 milhões em 2000, o que significa que nos primeiros 15 anos do novo milênio o fluxo migratório era de cerca de 5 milhões por ano[6]. À primeira vista, são números relativamente baixos que contradizem as tensões em torno da migração internacional. No entanto:

> (i) Os migrantes estão concentrados em determinados países de destino e formam uma proporção muito maior nos principais países receptores – 15% nos Estados Unidos, 15% na Alemanha, 17% na Suécia etc.

---

6. Global Migration Trends Factsheet [Ficha de Informações sobre Tendências de Migração Global], Centro de Análise de Dados de Migração Global, 2015.

(ii) Os migrantes se concentram em grandes cidades e os dados mostram que, em muitas delas, os migrantes constituem entre 20% e 40% da população.

(iii) Os números que temos são números oficiais de migrantes registrados; a migração ilegal não é contabilizada.

(iv) Os números representam migrações bem-sucedidas; eles não indicam a demanda por migração, que está sendo reprimida pelos controles de fronteira.

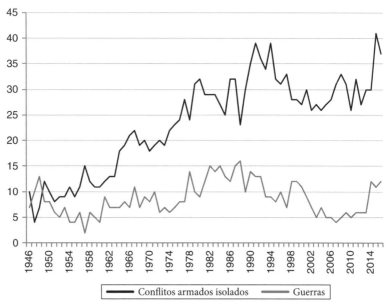

Figura 1.11   Conflitos por intensidade 1946-2016
Fonte: IPSP (2018b).

Um resultado das várias tensões descritas nos parágrafos anteriores – desigualdade crescente, degradação ambiental, pressões migratórias e assim por diante – poderia ser um aumento de conflitos e violência em todo o mundo. A figura 1.11 apresenta informações do Programa de Conflitos de Dados de Uppsala sobre o número de conflitos armados. Esses números podem ser lidos de várias maneiras. Pode-se ver neles uma ampla tendência de aumento de conflitos desde a Segunda Guerra Mundial. No entanto, olhando para trás, da perspectiva de meados dos anos de 2000, pode-se ver um declínio em relação ao pico dos anos de 1980 e meados dos anos de 1990. De fato, foi essa a perspectiva apresentada de diferentes maneiras por Pinker (2011) e Goldstein (2011). No entanto, conforme notam Wallensteen, Wieviorka et al. (IPSP, 2018b, p. 413-414):

> [Esta figura] demonstra a dificuldade de fazer previsões: ao mesmo tempo, um conjunto de novos conflitos armados estava se formando e, nos anos seguintes, mudaram a perspectiva global: grupos jihadistas islâmicos fizeram notáveis avanços militares resultando em grandes ganhos territoriais (Estado Islâmico no Iraque e na Síria, Boko Haram na Nigéria, outros afiliados na Líbia, Mali e Iêmen, al-Shabaab na Somália). Os contornos de um movimento transnacional coordenado baseado na capacidade militar e na atividade terrorista sugeriam um desafio real à ordem mundial existente.

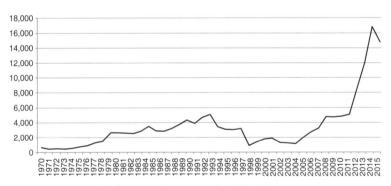

Figura 1.12   Incidentes terroristas no mundo 1970-2015
Fonte: www.start.umd.edu/gtd/contact

De fato, a figura 1.12 mostra o aumento acentuado no número de incidentes terroristas em todo o mundo desde o início dos anos de 2000. Assim, o estado de conflito no mundo é mais uma das grandes preocupações a se contrastar com os êxitos globais no âmbito econômico.

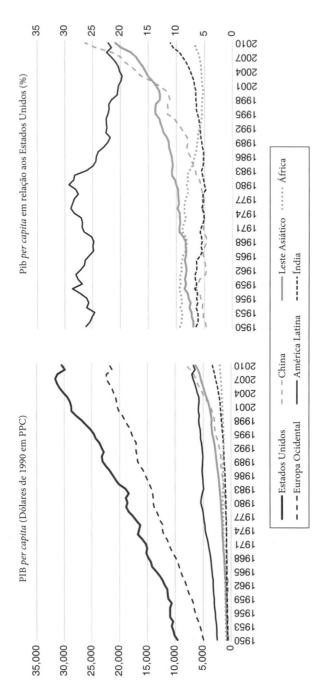

Figura 1.13 Disparidades absolutas e relativas entre países
Fonte: Maddison Project.

Efeitos retroativos e monstros atrás da esquina

As seções anteriores identificaram algumas das tendências e padrões preocupantes que devem fazer soar o alarme. Deve-se, em particular, ter cuidado com a falsa sensação de progresso contínuo que as tendências passadas podem fornecer. Por exemplo, a figura 1.3 mostra um aumento contínuo na expectativa de vida, mas esconde o fato de que ela diminuiu na ex-URSS após a transição, em partes da África durante o pico da pandemia de HIV e agora nos Estados Unidos para alguns grupos sociais atingidos por disrupções no mercado de trabalho. As ameaças maiores ao progresso social hoje são ameaças à coesão social, à sustentabilidade ambiental, à paz e à democracia. Como vimos, o progresso em cada uma dessas frentes está agora em xeque.

Mas particularmente preocupantes são os efeitos retroativos entre essas dimensões, que podem piorar a espiral. Com esses efeitos retroativos, o progresso social está diante de um abismo iminente que pode engolir os avanços dos últimos três quartos de século desde a Segunda Guerra Mundial. Esta seção discute alguns desses ciclos retroativos perigosos.

Em primeiro lugar, as perspectivas ambientais dependem das disparidades de desenvolvimento e das reações que elas induzem. Embora, em termos relativos e em média, os países mais pobres tenham aumentado suas rendas mais rapidamente do que os países ricos, a disparidade em termos absolutos ainda é muito alta (figura 1.13). Em 2015, a renda *per capita* da Índia era de 1.600 dólares, enquanto a dos Estados Unidos era de 56.000 dólares[7]. O fator de proporcionalidade de trinta e cinco é suficientemente nítida, mas a diferença absoluta de mais de US$ 54.000 é igualmente reveladora. Mesmo que a Índia cresça 10% em um ano, uma perspectiva heroica, o aumento de sua receita será menor do que a dos Estados Unidos se crescessem apenas 1%. A comparação em dólares PPC, com a Índia a US$ 5.700 e os Estados

---

7. Cf. http://data.worldbank.org/indicator/NY.GNP.PCAP.KD

Unidos a US$ 53.400, é apenas um pouco menos nítida. Com essa desigualdade entre as nações ricas e pobres, a demanda por crescimento da renda nas nações pobres continuará alta, e os acordos climáticos globais ficarão reféns dessa desigualdade. Mas se a Índia tivesse a renda *per capita* dos Estados Unidos sem mudança na tecnologia de produção e se essa perspectiva se multiplicasse em todos os países pobres, as emissões de carbono aumentariam dramaticamente, danificando o meio ambiente consideravelmente e ameaçando os pontos de virada (*tipping points*) que levariam a mudanças climáticas irreversíveis.

O efeito retroativo na outra direção, da mudança climática à desigualdade entre os países, também é revelador. O aumento da temperatura ampliará o período de cultivo em latitudes distantes do equador, onde a maioria dos países ricos está localizada, ao mesmo tempo em que prejudicará as perspectivas para as safras tradicionais em climas atualmente mais quentes, à medida que aquecem. Os impactos da variabilidade de chuvas ou de aumentos do nível do mar talvez sejam mais uniformemente distribuídos entre países e litorais ricos e pobres, mas o fato básico é que a capacidade de lidar com a elevação do nível do mar e com desastres naturais também está correlacionada com a riqueza econômica nacional. Assim, mesmo que ricos e pobres sejam atingidos igualmente pelas consequências das mudanças climáticas, os pobres ficarão mais empobrecidos, alimentando a espiral da desigualdade. A falta de sustentabilidade pode se alimentar ainda mais, à medida que os mecanismos de cooperação local de longa data se rompem diante da pressão ambiental sobre a água ou as florestas.

A degradação ambiental nos países pobres, como consequência da pobreza e da pressão populacional e exacerbada pelas mudanças climáticas, pode levar a graves efeitos retroativos, intensificando a pressão migratória. A escassez de água já está levando à migração através de fronteiras contíguas, causando microconflitos crescentes. Estes se somam às pressões migratórias e aos fluxos de refugiados causados por outros tipos de conflitos e tais pressões estão batendo às portas dos países ricos. Estes, por sua vez, estão levando ao aumento da xenofobia e a um ressurgimento de uma extrema-direita política, ameaçando as estruturas democráticas em países ricos. Na verdade, o fenômeno também está fortemente presente em países em desenvolvimento, como a África do Sul e a Malásia. Aqui, então, temos um efeito retroativo da insustentabilidade sobre a democracia ameaçada.

O crescimento da desigualdade nos países ricos, com o esvaziamento de oportunidades para a classe média estabilizada, conforme discutido no próximo capítulo, também está contribuindo para uma espiral na qual o aumento da renda e da desigualdade de riqueza abastecem políticas para favorecer os interesses dos abastados por meio de incentivos fiscais para indivíduos ricos e corporações. O aumento da desigualdade econômica e política pode, portanto, alimentar-se a si mesmo nas atuais estruturas institucionais. As tendências de crescimento sem empregos, a longo prazo, discutidas no próximo capítulo, estão se espalhando globalmente, deixando em apuros tanto o trabalhador siderúrgico desempregado no meio-oeste dos Estados Unidos quanto os funcionários de empresas estatais na China, e criando dilemas para as nações africanas que não podem pegar carona no modelo de crescimento gerador de empregos do Leste Asiático.

Isso, combinado com as pressões de migração, está levando a um ressurgimento do nacionalismo e do protecionismo e a uma tendência de culpar "os outros" pelos problemas de cada grupo, sejam eles do país ou de fora. A perda de fé nas instituições da democracia é uma consequência provável.

Essa ascensão do nacionalismo torna ainda mais difícil estabelecer acordos sobre emissões de carbono e mudanças climáticas, por conseguinte piorando as perspectivas para a sustentabilidade. Além disso, conforme o contrato social dentro dos países ricos esmaece e os mecanismos de governança global enfraquecem, também diminuirá a capacidade dos Estados-nação de resistirem à concorrência pela regulamentação e pela fiscalização ambiental. Esse nivelamento por baixo nos afundará ainda mais na espiral da degradação ambiental, à medida que as indústrias poluidoras vão se mudando para países com sistemas políticos incapazes de resistir aos incentivos privados e corporativos e dispostos a fechar os olhos para a fiscalização. Essas tendências estarão presentes também na disputa por recursos naturais e na agricultura, como já é notório na "apropriação de terras" que está em curso na África para fins agrícolas. Mas o agravamento da sustentabilidade aperta mais um pouco o parafuso, à medida que se torcem ainda mais os mecanismos descritos acima e a espiral continua.

São esses efeitos retroativos que devem nos alertar sobre a probabilidade de encontrarmos "monstros atrás da esquina", mesmo quando do as tendências observadas parecem benignas quando consideradas isoladamente. Caso tudo continue como está, são cada vez mais possíveis a crescente polarização dentro dos países e entre eles, as falhas fiscais e o colapso dos estados, as crises financeiras globais, as catástrofes ambientais, incluindo ameaças biológicas e a ascensão de ditaduras e repúblicas de bananas, bem como atingirmos os pontos de virada do clima, mesmo que o *business as usual* não pareça tão ruim a cada dimensão escolhida de modo tão limitado, num futuro próximo.

Concluindo, os últimos três quartos de século viram, de modo geral, um progresso social digno, ainda que com reveses e significativos bolsões de nenhum progresso ou mesmo de retrocesso. Mas esse progresso não deve nos ludibriar com uma falsa sensação de segurança. A trajetória ascendente do progresso social das últimas sete décadas está agora ameaçada por uma série de tendências e padrões que avançam rapidamente. Essas ameaças iminentes são como um abismo que se abre no caminho do progresso social. As ameaças nas dimensões da igualdade, da sustentabilidade ambiental, da paz e da democracia são graves por si mesmas, mas, com efeitos retroativos entre si, constituem um desafio sistêmico ao progresso social.

2
GLOBALIZAÇÃO E TECNOLOGIA: ESCOLHAS E CONTINGÊNCIAS

O mundo enfrenta crises iminentes de igualdade, de sustentabilidade ambiental, de paz e de democracia. Forças e tendências – algumas fora de nosso controle, outras produto de instituições que nós mesmos moldamos – estão gerando déficits em todas essas dimensões. Os ciclos retroativos nesses déficits são de tal natureza, que um abismo potencial se abriu no caminho para o progresso social. Esse abismo explica a sensação de insegurança e mau presságio que se sente no mundo hoje, apesar das muitas conquistas dos últimos 75 anos desde o fim da Segunda Guerra Mundial.

Entre as forças que impulsionam a evolução da economia, da política e da sociedade estão as da globalização e da mudança tecnológica. Nenhuma das duas é um fenômeno novo. Mas a escala e a abrangência da onda atual parecem pelo menos tão disruptivas quanto as anteriores. Pode-se argumentar que a humanidade atingiu um ponto de não retorno: as mudanças climáticas e a degradação ambiental colocam todo o planeta sob estresse iminente, bem como as prováveis consequências quando tiverem início as migrações em massa relacionadas ao meio ambiente. Também se tornou óbvio que as respostas institucionais em nível global são lentas e certamente inadequadas. Assim, nos deparamos com a situação paradoxal de que um mundo globalmente interconectado, que atingiu o mais alto nível de desenvolvimento tecnológico da história, está atrasado em sua capacidade institucional de lidar adequadamente com os desafios sem precedentes que o confrontam.

O ponto principal deste capítulo é que a disrupção e o aumento das desigualdades não são consequências inevitáveis dessas tendências transformadoras, e que não apenas as instituições adequadas podem aliviar os impactos negativos, como ainda, na verdade, a direção das tendências é ela própria suscetível a escolhas políticas e à deliberação democrática. A globalização e a mudança tecnológica não devem ser temidas ou interrompidas, mas sim domadas. É bem verdade que tendências e choques fora do controle humano fazem parte deste quadro – apenas a soberba tecnológica e política sustentaria que atingimos um estágio em que tudo está sob nosso controle. Tampouco o progresso social avança de forma unitária e linear. Mas o fatalismo diante da globalização e das tendências tecnológicas deve ser firmemente rejeitado.

Tendências disruptivas

Historiadores observaram a ocorrência de várias ondas de globalização no passado. Dependendo da localização geográfica, pode-se começar com o Império Romano que "globalizou" o mundo mediterrâneo; a descoberta das Américas que levou a transferências sem precedentes de plantas, animais e minerais do "Novo Mundo" para a Europa, bem como a uma primeira onda de exploração colonial; ou a onda mais recente de globalização no final do século XIX, que foi abruptamente encerrada pela Primeira Guerra Mundial. No entanto, o período desde a Segunda Guerra Mundial viu aumentos significativos, se não drásticos, na conectividade global em uma gama de dimensões e é essa onda de globalização que agora está criando tanto oportunidades quanto desafios para o progresso social no mundo.

A globalização é geralmente entendida como a crescente interconexão e integração da economia global através das fronteiras nacionais por meio de comércio, investimento e migração. O que sustenta ou mesmo direciona muitos desses desenvolvimentos é o acentuado aumento da interdependência financeira global, que atingiu níveis sem precedentes. Os fluxos de bens, capital e mão de obra aumentaram no período pós-guerra, de forma mais drástica nas últimas quatro décadas.

As figuras 2.1 e 2.2 registram os aumentos nos fluxos de bens e investimentos através das fronteiras. Existem altos e baixos, evidentemente, algumas situações graves, mas a tendência no geral é inconfundível. Para o mundo como um todo, o comércio como parcela do PIB aumentou de cerca de 25% para cerca de 60% ao longo das cinco décadas de 1960 em diante. O Investimento Estrangeiro Direto (IED) em 1970 estava um pouco acima de 0,5% do PIB mundial. GDP. Ele atingiu o pico bem acima de 5% pouco antes da crise de 2008-2009, mas permaneceu em torno de 2,5% em 2016, cinco vezes o valor de quatro décadas e meia antes. Esse vasto aumento do comércio e do IED foi auxiliado por uma redução geral nas tarifas comerciais no mundo, conforme mostrado na figura 2.3, e um aumento na abertura do mercado de capitais, conforme mostrado na figura 2.4.

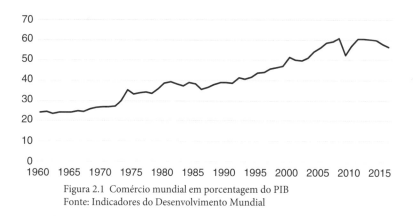

Figura 2.1 Comércio mundial em porcentagem do PIB
Fonte: Indicadores do Desenvolvimento Mundial

65

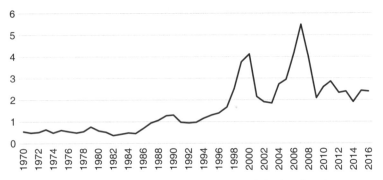

Figura 2.2 Investimento Estrangeiro Direto (IED) mundial - Fluxo de saída em porcentagem do PIB
Nota: IED se refere ao investimento de investidores estrangeiros estabelecendo ou adquirindo o controle de atividades comerciais locais
Fonte: Conferência das Nações Unidas sobre Comércio e Desenvolvimento (Unctad).

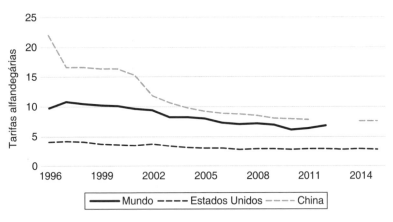

Figura 2.3 Tarifas alfandegárias
Fonte: Indicadores do Desenvolvimento Mundial.

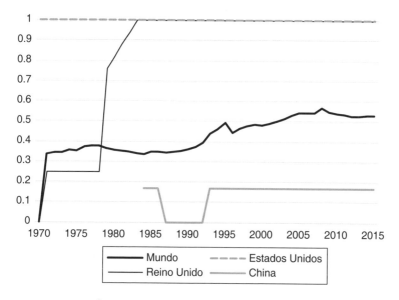

Figura 2.4 Índice de liberalização do fluxo de capital
Fonte: http://web.pdx.edu/~ito/Chinn-Ito_website.htm

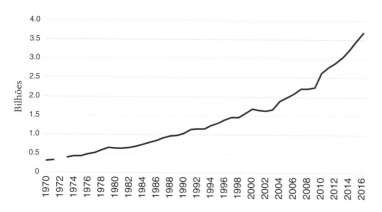

Figura 2.5 Passageiros de transporte aéreo no mundo
Fonte: Indicadores do Desenvolvimento Mundial.

No capítulo anterior já se observou que esse aumento nos fluxos de bens e capitais foi acompanhado por uma migração econômica de pessoas através das fronteiras – o número de pessoas que vivem fora de seu país de nascimento aumentou, nos primeiros 15 anos deste século, de 170 milhões para 240 milhões. A figura 2.5 mostra o aumento acentuado em outro tipo de fluxo de pessoas – viagens internacionais. O número de passageiros aéreos multiplicou-se por cinco entre 1980 e 2015.

Essa crescente integração mundial proporcionou um estímulo ao crescimento global e uma plataforma para o rápido crescimento de países pobres como a China e a Índia. Mas produziu um estresse distributivo em países ricos, com inerentes consequências sociais e políticas. Ela também propiciou um nivelamento por baixo nos padrões ambientais, num momento em que se luta para que as questões ecológicas recebam uma cobertura mais ampla e uma implementação mais rigorosa.

Assim como a globalização, a tecnologia e o progresso tecnológico estão sujeitos a oscilações parecidas com ondas, dando origem a novas trajetórias tecnológicas enquanto outras atingem a satura-

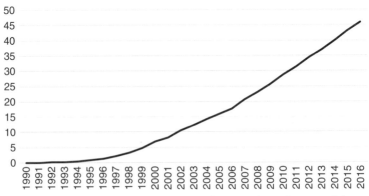

Figura 2.6 Assinantes de internet em porcentagem da população mundial
Fonte: Indicadores do Desenvolvimento Mundial.

ção ou declínio. Elas são iniciadas quando ocorre uma inovação verdadeiramente radical ou algum grande avanço científico-tecnológico que acabe mudando a maneira como toda a economia e a sociedade funcionam. A mudança tecnológica nos últimos 75 anos tem sido espetacular.

Historicamente, a mudança tecnológica nos meios de comunicação e transporte – do transporte marítimo a cabos subaquáticos, de ferrovias e eletricidade a aviões e drones, de contêineres a satélites – abriu novas rotas drasticamente enquanto mudava a natureza das mercadorias transportadas, bem como a mobilidade de pessoas. Isso, é claro, está relacionado às mudanças descritas nas figuras 2.1 a 2.3. Mais drasticamente ainda, nas últimas quatro décadas, a informatização e a digitalização espalharam-se por praticamente todos os setores da atividade econômica e pela maior parte dos aspectos da vida quotidiana. Ao longo do último quarto de século, a penetração da internet estourou (figura 2.6), assim como o uso de telefones celulares (figura 2.7). Quase metade da população mundial agora está conectada à internet e as contas de celular atualmente ultrapassam 100 a cada 100 pessoas. Esses aumentos têm acompanhado quedas acentuadas no preço das telecomunicações.

Obviamente, a nova tecnologia da informação revolucionou a comunicação e levou a novas formas de organização do trabalho não vislumbradas mesmo há pouco tempo. A automação não apenas está realizando bem sua tarefa de transformar empregos de baixa qualificação, como ainda vem rapidamente impactando trabalhos especializados. A conteinerização do frete marítimo se traduziu no quase desaparecimento do uso de mão de obra intensiva nas docas. A mineração a céu aberto e os empregos de mineradores, bem como a automação financeira e os empregos de atendentes bancários, são outros exemplos das duas faces do avanço tecnológico acelerado que está moldando o mundo ao nosso redor. Em um recente estudo econométrico detalhado nos Estados Unidos, Acemoglu e Restrepo (2017) concluíram que mais um robô por 1.000 trabalhadores reduz a relação emprego-população em cerca de 0,18-0,34 pontos percentuais e os salários em 0,25-0,5%. A figura 2.8 mostra a previsão de que a expansão do uso de robôs no mundo deve continuar seguindo uma curva exponencial nos próximos anos.

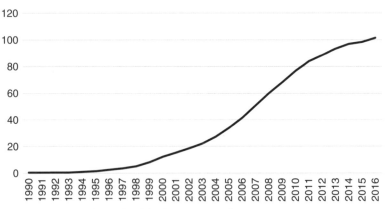

Figura 2.7 Contas de celular (por 100 pessoas)
Fonte: Indicadores do Desenvolvimento Mundial.

Uma maneira simples de quantificar o impacto das novas tecnologias no uso da mão de obra é medir as tendências da intensidade de trabalho da produção, ou seja, a relação entre mão de obra e capital. A acentuada queda na intensidade de trabalho da produção nos Estados Unidos e no Reino Unido é mostrada na figura 2.9. A participação da renda do trabalho no PIB é mais variável e tem uma tendência menos acentuada, entretanto pode-se ver que ela está diminuindo no longo prazo. Esses movimentos nos rendimentos do mercado também foram acompanhados por mudanças na política tributária que favoreceram o capital em detrimento da mão de obra, conforme discutido no capítulo 6 (cf. figura 6.1).

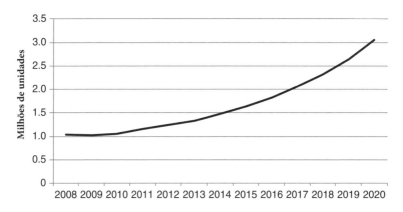

Figura 2.8 Estoque operacional mundial de robôs industriais
(estimado, com projeção para 2017-2020)
Fonte: IFR World Robotics, 2017.

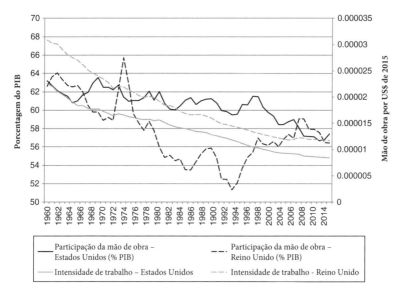

Figura 2.9 Participação do trabalho na porcentagem do PIB e intensidade de trabalho
Fonte: Estatísticas da Ocde (labor income share); www.conference-board.org/data/economydatabase/index.cfm?id=27762 (labor intensity).

O fato de que essas mudanças tecnológicas profundas ocorrem no contexto da globalização torna ainda mais urgente analisar os efeitos interconectados que elas podem ter em diferentes partes do mundo, bem como suas consequências não intencionais. As tendências tecnológicas nem sempre favoreceram a substituição da mão de obra básica por mão de obra qualificada e por capital. Nos trinta anos após a Segunda Guerra Mundial, o "milagre do Leste Asiático" foi construído com base no avanço de manufaturas leves usando tecnologia de trabalho intensivo. Mas a maré mudou nas últimas três décadas conforme os avanços tecnológicos e organizacionais chegaram a uma fase de economizar mão de obra. A mineração tornou-se cada vez mais mecanizada à medida que métodos eficientes de capital intensivo substituíram os empregos tradicionais dos mineradores. Mais importante, a ampla expectativa é que continue a automação do que antes eram empregos de classe média. Ao contrário das ondas anteriores, a próxima onda de inovação não terá como alvo o trabalho manual, mas em vez disso substituirá "tarefas de rotina", sejam elas manuais ou cognitivas. Mesmo profissionais como advogados, médicos e professores podem ser ameaçados pelo advento dos algoritmos, aumentando as preocupações sobre o "desaparecimento da classe média", pelo menos nas economias desenvolvidas. Nas últimas décadas, já se observou que a criação líquida de empregos ocorre nos dois extremos da escala de empregos, isto é, em empregos de baixa remuneração que não podem ser automatizados e em empregos de alto nível em funções de criatividade ou monitoramento. Isso é ilustrado na figura 2.10 para alguns países europeus e os Estados Unidos, enquanto a figura 2.11 analisa a distribuição da criação de empregos ao longo dos períodos de expansão e recessão nos Estados Unidos, mostrando o início do novo padrão após 1980. Essas e outras substituições tecnológicas tiveram impactos drásticos sobre as rendas média e média-baixa, o que, por sua vez, aumentou a desigualdade e também as dificuldades econômicas e sociais. Mesmo em países pobres, a baixa criação de empregos para cada unidade de crescimento econômico está causando preocupação política.

Outra forma de expressar algumas dessas tendências de longo prazo é examinar as relações variáveis entre recursos naturais, trabalho, informação e capital. Um relatório sobre o futuro ambiente de segurança dos Estados Unidos (AUSUBEL et al., 2015) descreve um cenário plausível em que cai o uso futuro tanto de recursos naturais quanto de trabalho, enquanto o uso de informação e capital aumenta. Nesse cenário, que cobre um horizonte de tempo até 2050, os elementos estratégicos tendem a ser os avanços tecnológicos que podem ser caracterizados como "menores, mais rápidos, mais leves, mais densos, mais baratos".

Essas tecnologias incluem sensores, precisão, autonomia, hidrogênio, células de combustível, motores lineares, elementos de terras

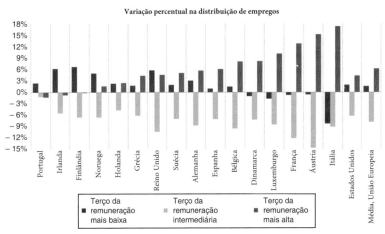

Figura 2.10 Desrotinização de empregos em economias desenvolvidas 1993-2006
Fonte: Autor (2010); cf. tb. Banco Mundial (2018), para uma análise mais recente em países europeus

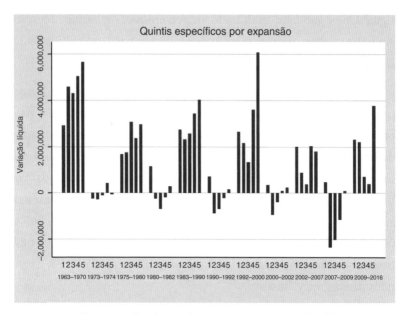

Figura 2.11 Crescimento do emprego entre os quintis de salários durante expansões e recessões, Estados Unidos, 1963-2016
Nota: As recessões usam quintis da expansão anterior.
Fonte: Wright e Dwyer (2017).

raras, manufatura aditiva, logística em grande escala, compartilhamento para impulsionar utilização e aprimoramento de desempenho. No entanto, esses sistemas enxutos (*lean systems*) de ajuste fino são também frágeis e, portanto, contêm riscos. O deslocamento previsto do papel dominante que será assumido pela informação (incluindo "inteligência artificial" e "*deep learning*", tecnologia de aprendizagem profunda por computadores) e pelo capital concentrado em grandes corporações como a Gafa (Google, Amazon, Facebook, Apple) coloca ainda mais os holofotes sobre as questões em aberto a respeito do futuro do trabalho, do uso de recursos humanos e de uma estrutura regulatória geral adequada.

Uma grande ameaça ao progresso social é o risco de uma "exclusão digital". Uma grande parte da população ficará para trás se não tiver acesso adequado à educação e oportunidades para adquirir as competências agora exigidas. Em um mundo cada vez mais digitalizado, a exclusão *de facto* de um grande número de cidadãos significa que eles também carecem de incentivos e oportunidades para a participação política. Ter pouca ou nenhuma educação carrega implicações significativas para a saúde e a longevidade, medidas em anos de expectativa de vida e bem-estar. Níveis educacionais baixos e a falta de habilidades e letramento científico-tecnológicos também se traduzem em falta de letramento genético e, portanto, limitam gravemente o acesso a cuidados de saúde de ponta no futuro. Aqueles com pouca educação estarão excluídos do mercado de trabalho, com jovens adultos do sexo masculino constituindo o grupo de maior risco – não apenas para eles próprios, mas também para a sociedade.

A tecnologia e a globalização se encontram, em nível internacional, onde alinhamentos e conflitos ocorrem nos acordos internacionais de comércio. O efeito das novas tecnologias nos países ricos foi amplificado pelo comércio. O chamado *China shock* levou ao equivalente a minirrecessões prolongadas nas partes dos Estados Unidos expostas ao comércio com a China e afetou mais fortemente aquelas com salários mais baixos e menor escolaridade (AUTOR et al., 2016). Apesar de visões tradicionais sobre o funcionamento eficiente do mercado de trabalho dos Estados Unidos, esses segmentos não se ajustaram, levando ao desemprego e à perda de renda no meio e na extremidade inferior da distribuição de renda.

É claro que os mecanismos que países ricos implementaram para administrar choques temporários de emprego foram sobrepujados pela gravidade e pela natureza prolongada das tendências tecnológicas e comerciais. Nos Estados Unidos, por exemplo, o Trade Adjustment Assistance (TAA), um auxílio financeiro a setores afetados, mostrou-se totalmente inadequado em termos de nível e duração do apoio fornecido. Os afetados por esses choques tiveram que passar para os benefícios de invalidez a fim de obter auxílio de renda de longo prazo – como resultado, nos termos dos programas de benefícios por invalidez, eles não poderiam mais retornar ao mercado de trabalho. Esse é outro exemplo do potencial impacto desestabilizador da tecnologia e da globalização, na ausência de medidas políticas adequadas para se lidar com elas.

As faces de Jano da globalização e da tecnologia

O progresso social surge tanto de avanços tecnológicos quanto sociais. Para muitos, parece que as tecnologias são os principais fatores de mudança social. Tal visão pode resultar numa espécie de determinismo tecnológico segundo o qual as pessoas devem se adaptar às mudanças trazidas pelas tecnologias mais recentes. Isso está longe de ser o que acontece de fato. As novas tecnologias emergentes geralmente desencadeiam muito mais escolhas, por exemplo a respeito de quem irá se apropriar delas, como e por quem elas serão realmente usadas e quais dos diferentes alinhamentos possíveis irão realmente moldar suas trajetórias futuras. Os exemplos vão desde a invenção do *laser*, que inicialmente foi visto como "uma solução para um problema que ainda precisa ser encontrado", até o uso do transístor para tornar os rádios portáteis e as interações altamente sofisticadas em tecnologia da informação e desenvolvimento de software com usuários e clientes pioneiros. A relação entre o social e o tecnológico, portanto, é melhor definida como algo que consiste em processos mutuamente interdependentes e variáveis de coprodução ou coevolução. Isso não quer dizer que a modelagem social das tecnologias deva ser deixada apenas para o mercado. O acesso a novas tecnologias e as habilidades necessárias para seu uso podem ter um impacto direto no reforço das desigualdades existentes ou na criação de novas, como a "exclusão digital" que arrisca criar ainda mais divisão em uma sociedade já fragmentada. Embora a inovação tenha se tornado um objetivo político altamente valorizado, os agentes políticos frequentemente deixam de considerar quais impactos positivos e potencialmente negativos ela terá sobre os diferentes grupos da sociedade.

Historiadores da tecnologia contestam a predisposição, geralmente inquestionável, a aceitar as tecnologias e inovações mais recentes. Eles nos lembram que cada época tende a se convencer de que "desta vez é diferente", que suas últimas invenções são mais transformadoras do que aquelas que vieram antes. Contra o engodo tecnológico do momento e um futurismo muitas vezes ingênuo eles podem mostrar que muitas tecnologias "antigas" ainda estão em uso (EDGERTON, 2006). Na verdade, a maioria das invenções é uma combinação bem-sucedida de ideias e dispositivos antigos e novos.

Portanto, é importante manter essas ressalvas em mente ao abordar a tarefa de analisar o impacto da tecnologia na sociedade e seus efeitos no progresso social. Múltiplos caminhos de inovação e progresso são sempre possíveis e invenções simultâneas são a regra. As decisões sobre o caminho a seguir são escolhas sociopolíticas, frequentemente embutidas em contingências, ao mesmo tempo que é bastante imprevisível a gama completa de consequências que elas irão gerar.

Um elemento do diagnóstico do mal-estar atual é, portanto, a falha dos mecanismos coletivos de suporte em se adaptarem com rapidez suficiente às circunstâncias variáveis. Nos anos de crescimento acelerado do pós-guerra, a tecnologia favorecia a contratação de mão de obra e a perda de empregos era um fenômeno cíclico temporário. Estruturas que eram adequadas a tal finalidade para aquela época agora não são mais, porque a estrutura de emprego está mudando mais profundamente. O que se segue desse diagnóstico é que um esquema de proteção social mais geral é necessário para manter o progresso social nas próximas décadas. Se a sociedade conseguirá ou não chegar a um consenso e desenvolver mecanismos desse tipo será um teste de nossa capacidade coletiva.

Em particular, conforme se discute mais adiante no capítulo 7, a redistribuição de rendimentos do mercado é apenas uma resposta possível e talvez não a mais eficaz. Um objetivo prioritário para a manutenção do progresso social é abordar a predistribuição, criar condições que garantam que os rendimentos do mercado sejam equitativos em primeiro lugar. A ação coletiva para garantir a igualdade no acesso à educação e à saúde são importantes e bem discutidas. No entanto, um aspecto que é muito menos discutido é a ação coletiva para abordar a tendência tecnológica diretamente, ao invés de tomá-la como um dado ao qual a sociedade deve então responder por meio da redistribuição coletiva. Tony Atkinson (2015, p. 302) fez a proposta radical de que "a direção da mudança tecnológica deve ser uma preocupação explícita dos elaboradores de políticas, incentivando a inovação de uma forma que aumente a empregabilidade dos trabalhadores, enfatizando a dimensão humana da prestação de serviços. "A ideia de que a inovação tecnológica em si pode ser influenciada por políticas não é em si controversa. É bastante reconhecido que os mercados costumam investir pouco no progresso técnico porque seus benefícios são generalizados, enquanto os custos são arcados pelo inovador. Também é bastante reconhecido que o governo desempenhou um papel crucial na incubação da internet, inicialmente como tecnologia militar. Mas o que é menos aceito é que o governo poderia, da mesma forma, investir realmente em pesquisa e desenvolvimento para promover técnicas de uso de mão de obra socialmente apropriadas. Além disso, a questão da tecnologia atinge todos os departamentos do governo, não apenas aqueles que lidam com a indústria ou educação:

> Não basta dizer que o aumento da desigualdade se deve a forças tecnológicas fora de nosso controle. O governo pode influenciar o caminho escolhido. Além do mais, essa influência é exercida por departamentos de governo que não estão tipicamente associados a questões de justiça social. Um governo que busca reduzir a desigualdade deve envolver todo o gabinete de ministros (ATKINSON, 2015, p. 119).

O mesmo deve ser dito sobre a globalização. Ela foi moldada pela maneira como as tarifas alfandegárias foram reduzidas sem atenção aos pequenos produtores nos países em desenvolvimento, nos quais o IDE foi facilitado e protegido por mecanismos de resolução de disputas favorecendo empresas transnacionais, ou nos quais a liberalização da conta de capital foi buscada sem atenção aos movimentos voláteis de capital. É possível reescrever as regras com objetivos mais socialmente conscientes em mente[8].

Em junho de 1955, John von Neumann escreveu um pequeno artigo, "Can we survive technology?" (Podemos sobreviver à tecnologia?), fazendo algumas perguntas profundas sobre o impacto social do avanço técnico radical em sua época – a bomba atômica e a energia nuclear. Von Neumann é amplamente conhecido como um polímata que criou o integrador matemático e numérico e a calculadora no Instituto de Estudos Avançados de Princeton – o primeiro computador funcional *de facto*. Não é de se surpreender que ele vê as tecnologias como direta ou indiretamente construtivas e benéficas. Mas, ao mesmo tempo, fazendo uma conexão surpreendente entre tecnologia e globalização, ele também vê o aumento da instabilidade como consequência.

---

8. Cf. IPSP (2018b, cap. 11 e 12) para uma análise de como a globalização foi moldada por organizações internacionais, políticas nacionais e acordos internacionais.

De acordo com seu argumento o progresso tecnológico avança à medida que ele se expande geograficamente. Antes, a Revolução Industrial consistiu essencialmente em disponibilizar energia em maior quantidade e mais barata; monitoramento maior e mais fácil das ações e reações humanas; e comunicação mais ampla e mais rápida. Cada um desses desenvolvimentos aumentou a eficiência dos outros dois, bem como a velocidade de operações – industrial, comercial, política e migratória – em grande escala. Mas a aceleração tecnológica atingiu seus limites, já que a maioria das escalas de tempo são fixadas pelos tempos de reação, hábitos e outros fatores humanos. Portanto, o efeito da aceleração tecnológica foi aumentar o tamanho e ampliar o alcance geográfico das unidades políticas, organizacionais, econômicas e culturais. Na visão de Von Neumann, essa evolução em direção a operações em larga escala e sua extensão espacial encontram um limite natural – o tamanho da Terra. Essa limitação induz instabilidade, mais visível na época de sua escrita na esfera militar, quando as duas superpotências se enfrentavam com seus potenciais nucleares destrutivos.

Olhando em retrospecto, vale ressaltar que um dos pioneiros da informatização e da digitalização não previu o impacto da evolução tecnológica ocasionada pela ampla e descentralizada difusão de computadores. Em vez de simplesmente realizar as mesmas operações em menos tempo, as máquinas eletrônicas agora realizam tarefas além das capacidades humanas, esquivando-se das limitações fisiológicas humanas. A comunicação se tornou instantânea, possibilitando a internet e a fragmentação cibernética, a negociação financeira automática, a comunicação por satélite e uma série de outras interações que ocorrem simultaneamente. Assim, foi criado um mundo no qual o tempo se tornou comprimido enquanto o alcance espacial foi expandido de maneiras antes inimagináveis.

As questões levantadas por John von Neumann não perderam sua relevância, mas hoje a questão principal é "como sobreviver *com* a tecnologia em um mundo globalizado?" Não podemos imaginar um mundo sem tecnologia, nem é possível um retorno a um passado de soberania nacional utópica que nunca existiu, não obstante as tendências manifestas em relação ao isolacionismo e ao nacionalismo. O que mudou drasticamente desde meados da década de 50 do século passado foi a expansão coevolucionária sem precedentes de avanços científico-tecnológicos que agora alcançam todo o globo. Tecnologia e globalização tornaram-se as faces de Jano na evolução das sociedades contemporâneas.

Porém, como Von Neumann percebeu, tecnologia e globalização trazem não apenas benefícios, mas também instabilidades inerentes. O colapso imediato do desastre nuclear voltou de modo surpreendente, com os presidentes dos Estados Unidos e da Coreia do Norte mobilizando suas armas nucleares; e vem ocorrendo um aumento preocupante dos gastos com defesa entre os principais atores globais. Limitações, riscos e instabilidades adicionais estão vindo à tona. De maneira paradoxal, a tecnologia que literalmente alcança todo o globo e até mesmo torna uma parte do universo visível a partir de nosso minúsculo planeta também aumenta a consciência da finitude da Terra que habitamos e sua vulnerabilidade à intervenção humana. Questões globais – desde as mudanças climáticas até os contínuos fluxos migratórios, desde estreitas interconexões financeiras, que carregam riscos de contágio financeiro, até os Objetivos de Desenvolvimento Sustentável das Nações Unidas – disputam seu lugar na agenda política. De várias maneiras, elas estão entrelaçadas com as tecnologias que moldam nossas vidas diárias e nos interconectam ao redor do globo. Os enormes desafios que uma população mundial ainda em crescimento enfrenta, como a segurança alimentar, o acesso à água, as mudanças climáticas e a gestão sustentável de bens e recursos naturais limitados, dificilmente serão gerenciáveis sem o adequado suporte de tecnologias, antigas e novas, que sejam condizentes. O progresso social em nível global e local depende muito da engenhosidade humana, da vontade política e da robustez das instituições para tratar desses desafios a tempo. Isso também aponta para a necessidade de perceber que as escalas de tempo em que os sistemas complexos operam diferem da visão de curto prazo que permeia grande parte de nossas vidas econômicas e políticas.

Dois contos de desigualdade

A recente ascensão do populismo e do nacionalismo em muitos países ocidentais, o referendo do Reino Unido para deixar a UE e as turbulentas consequências em torno da eleição do presidente dos Estados Unidos pode ser vista como uma rebelião contra as elites pelos "perdedores da globalização" ou por aqueles que pretendem ser seus porta-vozes. Os "perdedores" são segmentos da população cujo sentimento subjetivo de ter ficado para trás é objetivamente confirmado pela queda nos padrões de vida, nos níveis de educação, na saúde e em outros índices, em comparação com o resto da população. Mas, mesmo antes de algumas dessas desigualdades mais flagrantes ganharem maior visibilidade, a repercussão pública que recebeu o livro de Thomas Piketty foi um forte sinal de que a consciência das crescentes desigualdades sociais havia alcançado o debate público.

Enquanto a globalização se tornou alvo da mobilização política nacionalista e populista em muitos países, o mesmo não aconteceu com as tecnologias, mesmo que seu impacto disruptivo potencialmente maior no mercado de trabalho seja amplamente reconhecido. Uma razão para essa discrepância é que a globalização tem sido associada à migração e à suposta terceirização de empregos para os países em desenvolvimento. Assim, tem sido fácil despertar sentimentos anti-imigração e mobilizar aqueles que se sentem deixados para trás a apoiar a renacionalização e o fechamento das fronteiras nacionais.

Essa narrativa antiglobalização é fortalecida pela notável e rápida ascensão recente de alguns países em desenvolvimento, principalmente no Sudeste Asiático, a qual impulsiona agora uma classe média crescente com níveis educacionais mais elevados e com melhor saúde. Isso está em acentuado contraste com o fenômeno de encolhimento da classe média em muitos países ricos. Onde a classe média encolhe, pode-se observar uma crescente divergência entre ricos e pobres. Esse deslocamento estrutural muitas vezes vem acompanhado de um enfraquecimento das instituições e uma perda de confiança que causa sua maior deslegitimação. Esses processos interligados acabam levando à polarização da sociedade, com cidadãos desconfiando das instituições que deveriam protegê-los e garantir a justiça social. A erosão da confiança nas instituições se espalha e, por fim, a desconfiança irá se propagar também entre os demais cidadãos e entre vários grupos políticos, sociais ou étnicos. Essa narrativa baseia-se na globalização como a principal culpada pelas crescentes desigualdades, seja evocando um passado nacional glorioso, seja colocando "o povo" como vítima negligenciada por seus líderes fracos e corruptos ou por forças econômicas externas que privilegiam as elites ricas e cosmopolitas.

Nesse sentido, a mudança tecnológica desempenha no máximo um papel indireto, já que é vista como fomentadora da globalização através do aumento do transporte, do comércio e das comunicações. O papel direto da tecnologia na redução da intensidade do trabalho não faz parte dessa história. As soluções oferecidas nesta narrativa são extremamente simplificadas e, principalmente, retrospectivas –

o que funcionou no passado (imaginado) quando a soberania nacional supostamente prevaleceu também deve funcionar no futuro – deliberadamente recusando-se a reconhecer as enormes mudanças que ocorreram desde então.

Outra narrativa ocupa um espaço significativo na mente do público, no entanto. Também se baseia no passado, mas de um modo diferente. Ela deriva sua evidência do fato histórico de que a construção do Estado de bem-estar na Europa foi a resposta convincente e revolucionária para o impacto negativo e a miséria social ocasionados pela Revolução Industrial e pela disrupção tecnológica devido à mecanização. Desde então, conforme prossegue o argumento, várias formas de proteção social envolvendo o Estado de Bem-estar e os sindicatos demonstraram que é possível mitigar os efeitos indesejáveis da mudança tecnológica e do livre-comércio. Portanto, inspirando-se no modelo social-democrata em particular, leis trabalhistas flexíveis misturadas com medidas de proteção e segurança social são apresentadas como necessárias hoje, assim como um governo favorável à inovação, pronto para investir em pesquisa básica, mas de forma alguma cego às necessidades de medidas regulatórias (e preventivas) de novas tecnologias e capazes não só de regular, mas também de criar mercados (MAZZUCATO, 2013). Essa narrativa culpa em grande parte o "neoliberalismo" e a onda de desregulamentação desde os anos de 1980 por permitir o crescimento das desigualdades sociais. Ela insiste em que as medidas políticas podem e devem corrigir as falhas do mercado e enfatiza a responsabilidade e a capacidade do governo, mesmo que apoiado apenas pela vontade política, de "colocar nosso destino em nossas mãos". A globalização é reconhecida como um fato, mas argumenta-se que ela pode ser administrada se, por exemplo, medidas suficientes para proteger os padrões sociais e ambientais estiverem incluídos nos acordos comerciais globais.

Nesse sentido, as transformações tecnológicas são mais diretamente reconhecidas junto com os impactos da globalização. Essa narrativa transmite a ideia de que as políticas de bem-estar pós-Segunda Guerra Mundial não deveriam ter sido abandonadas e poderiam ser reavivadas, de modo adequadamente ajustado. Como veremos no capítulo 7, essa narrativa é um tanto severa sobre o que aconteceu, porque muitos países na Europa mantiveram a maioria de suas políticas de bem-estar e foram capazes de conter o aumento das desigualdades até certo ponto – mas não o sentimento crescente de insegurança da classe média e a desestabilização da política democrática. Portanto, novamente, não está claro que voltar às soluções de uma era anterior seja suficiente para enfrentar os desafios atuais.

As narrativas se baseiam e apelam para os imaginários social e tecnológico. Essas são ideias e expectativas individuais e coletivas sobre o passado, o presente e o futuro. Elas derivam seu poder a partir do compartilhamento e de seu conteúdo flexivelmente fluido e efêmero que, no entanto, molda as expectativas e, em última instância, o comportamento. Os imaginários acompanham a introdução de novas tecnologias, muitas vezes em uma versão utópica e uma distópica como os dois lados da mesma moeda, projetando esperanças e medos na imensa tela de um futuro incerto. Para dar apenas um exemplo: quando a internet foi introduzida – o que não era uma inovação planejada nem prevista – ela foi saudada como uma tecnologia emancipatória que prometia ser um forte equalizador. Ninguém poderia prever que se tornaria refém das bolhas em que as pessoas vivem, das *fake news* e da celebração de crimes de ódio. O ciberespaço fragmentou-se, reforçando as tendências polarizantes que existem na sociedade atual.

Em geral, em nossa era pós-comunista, os imaginários tendem a se concentrar nas tendências tecnológicas e a ser bastante fracos em sua imaginação social. É mais fácil ver o mundo através de lentes tecnológicas, sejam boas ou más, do que imaginar em que tipo de sociedade queremos viver. Também é fácil ignorar as múltiplas interações entre as partes componentes sociais e tecnológicas da sociedade. Porém a complexidade de um sistema social surge das interações de suas partes, gerando novas propriedades emergentes que não podem ser previstas. A ambição deste livro é fornecer elementos para uma visão do futuro social.

O que vem a seguir: da reflexão à ação

Nossa breve exploração dos fenômenos geminados da globalização e da tecnologia e sua participação nas crescentes desigualdades gerou as seguintes percepções. Em primeiro lugar, há uma grande diferença nos efeitos que a globalização e a tecnologia tiveram nos países ocidentais ricos em comparação com alguns países em desenvolvimento, especialmente no Sudeste Asiático, o que implica que as respostas devem ser adaptadas ao contexto local.

Em segundo lugar, nem a tecnologia nem a globalização são forças externas que se impingem às sociedades, forçando-as a ceder ou simplesmente optar por sair. Em vez disso, a tecnologia é coproduzida e evolui com a sociedade e a globalização assume muitas formas abertas a decisões políticas. Historiadores da tecnologia têm mostrado repetidamente que, embora algumas condições econômicas, sociais, culturais e financeiras sejam mais propícias às invenções e inovações tecnológicas, não há determinismo tecnológico. Em vez disso, as condições iniciais e muitas vezes contingentes podem fazer a diferença, levando a trajetórias tecnológicas que se desdobram ao longo do tempo. Tampouco as ideias e inovações param nas fronteiras nacionais: o rio não conhece a sua fonte.

Em terceiro lugar, entre as tendências maiores que podem ser discernidas, notamos o deslocamento, em importância, para a informação (ou seja, conhecimento e tecnologia como conhecimento incorporado) e para o capital (ou seja, fluxos financeiros globais, IED e as interconexões globais dos mercados financeiros). Isso levanta questões importantes sobre a regulação da dimensão financeira da globalização e como colocá-la em um uso benéfico.

Em quarto lugar, alguns dos avanços tecnológicos mais recentes estão fortemente conectados ao uso de big data (grandes volumes de dados), de algoritmos, de *deep learning* e de aprendizado de máquina. Embora isso levante muitas questões não resolvidas, incluindo o futuro do trabalho, a privacidade e a vigilância, novamente, essas não são forças extrínsecas em ação. Até mesmo os algoritmos são feitos por humanos também. Esses desenvolvimentos representam grandes desafios para a regulação da propriedade de dados, da privacidade e das consequências mais amplas para a segurança, a educação, o trabalho e a saúde, e também sobre como prevenir a exclusão digital tanto dentro de países como ao redor do mundo.

Em quinto lugar, um dos maiores riscos e obstáculos para uma sociedade mais igualitária é a perda de confiança dos cidadãos em suas instituições, levando à polarização da sociedade, o que deslegitima ainda mais as instituições em representar e trabalhar para todos os cidadãos. Essa instabilidade está pelo menos indiretamente ligada à tecnologia e à globalização, pois são as elites bem-educadas e cosmopolitas que facilmente cruzam as fronteiras nacionais em busca de trabalho, vida e prazer, que geraram ressentimento suficiente para alimentar uma reação populista e para preparar uma população desconfiada a favor de um governo autoritário. Até mesmo a ideia de meritocracia tem sido posta à crítica. Com a educação sendo a chave para o êxito individual, para empregos e renda, foi demonstrado como a classe meritocrática criou maneiras de manter os outros fora (REEVES, 2017). É preciso repensar a inclusão e propor medidas políticas que possam mitigar o risco de uma polarização ainda maior.

Em sexto lugar, em nível global, será mais importante do que nunca responder com mecanismos de construção de consenso e com o projeto de novas instituições ou com a reforma das existentes, por exemplo, o FMI e o Banco Mundial[9]. Exemplos positivos são os Objetivos de Desenvolvimento Sustentável da ONU e o Acordo de Paris sobre o clima (apesar de suas imperfeições). Alguns dos novos mecanismos poderiam ser baseados no deslocamento de objetivos, por exemplo, do comércio livre para o comércio justo, ou colocando maior ênfase na inovação direcionada, como por exemplo no crescimento sustentável.

Mais do que nunca, somos confrontados com as múltiplas expectativas que as pessoas têm, em todo o mundo, com seus futuros imaginados. Casos históricos revelam uma grande variedade de escolhas e contingências. A lição é clara – poderia ter sido de outra forma. Se é a agência humana que determina nosso futuro, contudo, ela é temperada e limitada pelas consequências imprevistas da ação e das intenções humanas. Precisamos considerar cuidadosamente o que pode ser alcançado ou não por meio da ação coletiva e, especialmente, por meio dos tipos certos de instituições em funcionamento. A maioria de nossas instituições atuais já existe há algum tempo e muitas foram projetadas para fornecer soluções aos problemas de outra época. Nosso desafio, portanto, é propor também novos projetos institucionais, adequados aos problemas de hoje e de amanhã.

---

9. Sobre o papel-chave das organizações internacionais na gestão da globalização, cf. IPSP (2018b, cap. 11).

3
O CRESCENTE CÍRCULO DE RESPEITO DE DIGNIDADE

Quando falamos do progresso e suas deficiências, costumamos recorrer a evidências empíricas concretas, a dados objetivos e a tendências relacionadas a fatores materiais, como vimos nos dois capítulos anteriores. No entanto, valores, ideias e crenças também são elementos-chave para nos informar sobre o mundo em que vivemos e suas perspectivas para o futuro. Em outras palavras, a cultura é tão central para compreender a sociedade quanto a economia e a tecnologia. A própria ideia de que a sociedade pode ser mais justa, de que é possível alcançar maior progresso social, depende do exame objetivo das condições existentes, bem como dos valores prevalecentes a respeito da justiça e as ideias sobre a melhoria da vida social. Usamos o termo cultura aqui "de forma ampla, para nos referirmos não primariamente às 'artes' ou à chamada cultura erudita e popular, mas à cultura no sentido antropológico das normas sociais, ideias e identidades do cotidiano, que definem a significância de interações sociais de indivíduos e sociedades" (IPSP, 2018c, cap. 15). A cultura é aquilo que nos fornece uma estrutura para entender e dar sentido ao mundo em que vivemos e aquilo que estrutura nossas expectativas sobre o futuro.

Embora a desigualdade e a injustiça ainda assolem nosso mundo, está claro hoje que a igualdade se tornou um valor social amplamente apoiado. Em outras palavras, a ideia de que cada um de nós tem igual valor se tornou algo que a sociedade, de certa forma, percebe como legítimo, como positivo. As controvérsias permanecem na definição do que exatamente se entende por igualdade, alimentando disputas filosóficas, econômicas e políticas. No entanto, olhando para o passado, pode-se dizer sem hesitação que o respeito pelos outros seres humanos tem crescido e que a ampliação do reconhecimento da dignidade da humanidade sinaliza novos avanços nessa direção.

Muitos sinais de que os humanos estão realizando avanços na arte de viver juntos podem ser identificados nas transformações, que estão ocorrendo, da forma como concebemos direitos, valores e a escolha de estilos de vida, bem como da forma como valorizamos a diversidade e a alteridade. Para dar conta dessas e de muitas outras atuais mudanças em nossas visões precisamos examinar os processos culturais a partir de uma perspectiva histórica. Tendemos a pensar na cultura como algo tão resiliente que se fixa em nós como uma espécie de marca de nascença. De fato, valores, crenças e imagens de nosso mundo são o berço de traços duradouros que caracterizam as coletividades. No entanto, olhando para a história, fica claro que houve grandes mudanças na maneira como nós, humanos, concebemos o mundo. Na verdade, o que é constitutivo da cultura é sua combinação original de mudança e continuidade. Ainda que uma breve digressão histórica possa sugerir uma distração de questões contemporâneas críticas, ela é na verdade uma maneira útil de compreender o peso da cultura em nossas vidas.

De que razões dispomos para termos esperança quanto às perspectivas de alcançar uma sociedade melhor? Para responder a essa pergunta é relevante olhar para trás, colocando nossos desafios contemporâneos em perspectiva histórica. É útil olhar para o passado para entender como nossa imagem de sociedade mudou, quais são as implicações positivas das visões de mundo modificadas, os limites e contradições enfrentados e, ainda mais importante, o que pode ser feito para alcançar maior progresso em viver juntos.

Consideremos, por exemplo, que os europeus no passado se concebiam como pertencentes a categorias rígidas que distinguiam nobres e plebeus. O entendimento comum era que essas duas camadas sociais eram substancialmente diferentes e que, portanto, não havia chance alguma de que sua posição na hierarquia social pudesse ser alterada. Filhos e filhas de servos sempre seriam servos e os de nobres sempre seriam nobres, independentemente do que fizessem ou deixassem de fazer. Certamente, não é mais assim que pensamos a sociedade. Mesmo que as condições sociais dos pais afetem de modo significativo as perspectivas de vida de seus filhos, as pessoas podem vivenciar uma mobilidade social ascendente ou descendente como consequência de seu próprio desempenho e de circunstâncias contingentes. Esse afastamento da crença nas diferenças "naturais" em direção à crença na igualdade dos seres humanos é uma mudança cultural profunda, cujo impacto ainda está se desdobrando.

Levando em consideração a relevância da história, iremos considerar aqui três grandes mudanças em andamento a respeito de nossas percepções sobre o mundo em que vivemos. Essas mudanças dizem respeito a ideias sobre a nossa interação com a natureza, sobre os recursos básicos com os quais contamos para organizar a vida social e sobre a forma como vemos a relação entre igualdade e diferença. Um rápido exame de tais mudanças é relevante para ilustrar o caráter dinâmico da cultura, algo que costumamos subestimar. Igualmente importante, porém, é o fato de que, ao tocar em diferentes domínios, cada um dos três processos afeta os outros dois. Conforme as páginas seguintes pretendem mostrar, juntos eles apontam para a ampliação dos círculos de solidariedade e respeito que unem as pessoas, ao mesmo tempo que evidenciam que os avanços alcançados foram e serão possíveis por meio do engajamento ativo das pessoas. Não existem forças cegas da história que garantam um futuro melhor e, na verdade, as reações e iniciativas humanas também podem criar obstáculos à melhoria da vida em sociedade. As escolhas que fazemos pavimentam o futuro da sociedade.

Nossa mudança de percepção da natureza

A crescente preocupação atual com a preservação da natureza sinaliza uma mudança histórica, de modo semelhante à forma como o nascimento da era moderna foi marcado por uma nova concepção da interação entre a natureza e o ser humano. Um dos principais símbolos da Modernidade foi a disseminação da (então nova) ideia de que, em vez de buscar abrigo contra as fúrias imprevisíveis da natureza, era desejável e possível conquistar a natureza. A fé na razão e a crença no poder quase absoluto da invenção tecnológica mudou completamente a visão de mundo. A noção de que era possível conquistar as forças naturais com o recurso da tecnologia tornou-se semelhante à ideia de melhoria material permanente como um processo normal. Em vez da crença nas alternâncias imprevisíveis de pobreza e prosperidade, com o pêndulo flutuando para um lado ou para outro de acordo com caprichos naturais ou divinos, uma nova crença foi incorporada na suposição comum de que o progresso ou o desenvolvimento é o curso normal da história, enquanto a decadência ou estagnação econômica constituem anomalias, distorções que devem ser corrigidas com o uso virtuoso da ciência, da tecnologia e da definição de políticas.

Essa mudança na concepção de um mundo governado pela natureza para um mundo onde a natureza pudesse ser dominada e domesticada para servir aos humanos está no cerne da ideologia do desenvolvimento que ainda preside o mundo. Gradualmente, porém, estamos nos movendo para uma consciência crescente de que, em vez de conquistar a natureza, devemos cultivá-la. A preocupação com o esgotamento de recursos e a busca por um crescimento sustentável está no cerne dessa mudança contínua na percepção, a crescente compreensão de que, para manter o crescimento material, devemos cuidar da galinha de ovos de ouro.

O crescimento contínuo de uma sensibilidade ecológica é provavelmente uma mudança cultural tão profunda quanto foi a crença na possibilidade de desenvolvimento econômico contínuo que marcou a transição para os tempos modernos. Todas as implicações dessa nova forma de conceber os recursos naturais ainda estão por ser explicitadas. A ideia de que a continuidade do desenvolvimento, ou do crescimento, envolve não a colonização da natureza, mas sim a sua preservação, é uma verdadeira revolução na nossa maneira de pensar – uma mudança de mentalidade que está fadada a ter consequências significativas para as gerações presentes e futuras. A preocupação ambiental e a conservação da natureza (figura 3.1) tornaram-se para muitos, hoje em dia, objeto de proselitismo. Porém, como acontece com qualquer mudança cultural de tais proporções, a mistura de idealismo e pragmatismo é o que define o passo adiante. Cada vez mais se torna evidente que devemos agir juntos para tornar viável nosso futuro comum e que os problemas de equidade intra e intergeracional devem ser confrontados. Apesar de grandes países poluentes continuarem agindo como oportunistas, recusando-se a compartilhar os custos da preservação da natureza, a consciência da interdependência humana está crescendo no mesmo ritmo que a consciência de nosso destino global.

Uma interessante ilustração dessa virada cultural pode ser observada em como os animais são considerados. A batalha ideológica en-

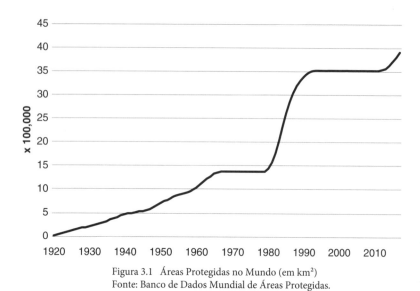

Figura 3.1 Áreas Protegidas no Mundo (em km²)
Fonte: Banco de Dados Mundial de Áreas Protegidas.

tre os defensores dos animais e seus adversários dura séculos. Aristóteles e Descartes consideraram que os animais não tinham razão e crenças, enquanto Pitágoras e Bentham questionaram a arbitrariedade de discriminar entre espécies sencientes. As tradições religiosas também variaram, de modo que as tradições orientais (incluindo o Islã) adotaram posturas generosas em relação aos animais, enquanto as doutrinas cristãs mostraram grande diversidade até hoje – a aclamada encíclica *Laudato Si'* do Papa Francisco, sobre o tratamento dos animais, não parte da tradicional abordagem católica romana centrada no homem. Embora não haja dados de longo prazo sobre as atitudes em relação aos animais, a evolução da legislação, ao redor do mundo, que concede proteção crescente contra maus-tratos aos animais é um sinal de uma virada cultural em andamento a favor dos defensores dos animais. Uma pesquisa Gallup de 2015 mostra que cerca de um terço da população dos Estados Unidos (contra um quarto em 2008) acredita que "os animais merecem exatamente os mesmos direitos que os humanos têm de serem livres de maus-tratos e de exploração" e, em particular, 42% das mulheres endossam essa declaração[10].

Estado, mercado e sociedade civil

O segundo dos processos de virada cultural que mencionamos recebem muitas manifestações de apoio em todo o mundo, mas seu escopo completo e seu significado são, até agora, menos perceptíveis. Ele envolve a inclusão da própria sociedade como repositório de um recurso específico de organização social. Até décadas recentes, as pessoas costumavam se referir ao Estado e ao mercado como os dois tipos básicos de recursos com os quais as sociedades contavam para se organizar. Muitas vezes vimos países classificados de acordo com combinações variáveis de autoritarismo estatal e de interesses de mercado. A solidariedade era implicitamente considerada como algo inerente a ambos: ao Estado, graças ao sentimento de pertencimento nacional, e ao mercado, por meio de contratos reais ou virtuais entre vendedores e compradores.

Isso não quer dizer que a ideia de solidariedade estivesse ausente da vida pública em períodos anteriores. Lembremos, por exemplo, que o estabelecimento de sistemas de assistências sociais apelava para a ideia de uma solidariedade nacional. O mesmo poderia ser dito sobre a justificativa ideológica de regimes corporativistas que também jogavam com a ideia de um corpo social solidário como condição básica para sociedades harmoniosas. No entanto, em ambos os casos, a solidariedade era considerada como o ingrediente a ser moldado por combinações variáveis de recursos de mercado e/ou estatais. Essa consideração da solidariedade como cimento do consenso social levou os críticos a abandonarem o conceito de sociedade civil que,

---

10. Cf. http://news.gallup.com/poll/183275/say-animals-rights-people.aspx

segundo argumentavam, assumia implícita ou explicitamente as conotações idealistas hegelianas.

Nas últimas décadas, entretanto, o ressurgimento da expressão "sociedade civil" no discurso público indica uma mudança significativa. À medida que se aproximava o final do século XX, apareciam cada vez mais referências à solidariedade como um terceiro tipo de recurso para a organização social. Enquanto a solidariedade se localizava anteriormente em interesses de mercado compartilhados (sintetizados por sindicatos trabalhistas e empresariais) e na lealdade ao Estado-nação, agora a solidariedade como tal começa a adquirir um significado novo, sugerindo que possui características distintas. Há sinais visíveis de que a maneira como a sociedade se vê e concebe suas formas básicas de organização está mudando rapidamente. Novos movimentos sociais e novas formas de associação pelo mundo todo apontam para novas imagens: expressões como "terceiro setor", "entidades sem fins lucrativos", "organizações não governamentais" (ONGs) e "mídias sociais" ganham nova moeda para transmitir a especificidade da solidariedade social em face do Estado e do mercado.

De certa forma, as ONGs e muitas outras formas de organizações sem fins lucrativos não são novidade (figura 3.2). Diferentes formas de organizações voluntárias estão entre nós há muito tempo. Mas os novos rótulos para descrevê-los respondem à necessidade de conferir um novo significado ao repertório de recursos com que as pessoas contam para atender às necessidades coletivas. A ênfase em algo distinto do Estado e do mercado sinaliza a busca por meios alternativos para alcançar objetivos coletivos. A ideia de que a sociedade é o repositório de recursos próprios introduz uma nova dimensão que altera significativamente nossa percepção das potencialidades para a mudança social. Não é que a sociedade constitua um corpo ideal cujos interesses estejam naturalmente em harmonia, mas a introdução de um novo tipo de recurso organizacional em como concebemos a vida social sugere mesmo que podemos encontrar maneiras inovadoras de resolver nossas disputas combinando três e não apenas dois princípios. Faz sentido especular que novas formas de articulação e agregação de interesses, concebidas dentro desse quadro triplo, irão adicionar um significado renovado à política e contribuir para revigorar a democracia.

Desdobramentos tidos como indicativos de uma crise da democracia, como o declínio da filiação partidária e da adesão aos sindicatos, podem de fato sinalizar que as formas clássicas de participação política se tornaram insuficientes, às vezes até inadequadas, em agregar e articular a multiplicidade de interesses em jogo na arena pública. Podemos pensar nas novas maneiras pelas quais as redes de solidariedade têm evoluído de modo complementar às formas democráticas canônicas de fazer política, mais sintonizadas com as preocupações locais e transnacionais. Naturalmente, as várias novas formas de mobilização coletiva que observamos hoje

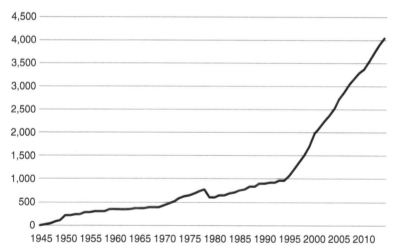

Figura 3.2 Número de ONGs com *status* consultivo junto ao Conselho Econômico e Social da ONU
Fonte: www.staff.city.ac.uk/p.willetts/NGOS/NGO-GRPH.HTM

precisam ser testadas e os esforços orquestrados para explorar suas potencialidades devem ser avaliados antes que possamos decidir se de fato eles contribuem com os esforços orquestrados para a institucionalizar mecanismos de governança mais democráticos, talvez até em escala global.

Igualdade, desigualdade e diferença

O terceiro e último processo de mudança cultural a ser considerado aqui se refere às maneiras como concebemos a igualdade e a diferença. Como sabemos muito bem, a ideia de igualdade como valor fundamental é uma das principais características da Modernidade. A noção de diferenças naturais que nos tempos pré-modernos justificava hierarquias sociais rígidas deu lugar à ideia de que o oposto de igual é "desigual" – não mais "diferente". Para encurtar a história, a própria palavra "desigualdade" não existia antes de vir a ser questionada a ideia de diferenças naturais entre nobres e plebeus.

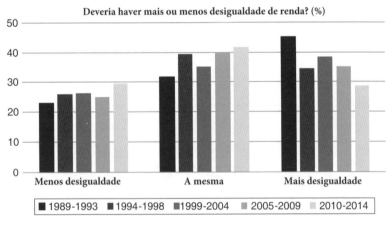

Figura 3.3 Posturas em relação à desigualdade de renda em todo o mundo
Nota: Amostragem, todos os países (composição variável).
Fonte: Pesquisa Mundial de Valores

A inclusão revolucionária da "igualdade" na bandeira da Revolução Francesa marcou o aparecimento da "desigualdade" como seu oposto. A palavra "desigualdade" como o contrário da igualdade tem, portanto, uma existência relativamente recente, refletindo uma forma diferente de conceber a sociedade.

Embora as diferenças entre os humanos não deixem de ser usadas para justificar muitas formas de exclusão social, sua visibilidade foi dissimulada sob o véu do conceito moderno de cidadania que tornava iguais todos aqueles que viviam dentro das fronteiras do Estado-nação. A nova ideologia era que, como membros de uma comunidade política comum, eles agora tinham direitos iguais concedidos por uma autoridade à qual deviam deveres e lealdade. A mudança de posturas em relação às desigualdades segue essa tendência de longo prazo (figura 3.3).

A ideia de Estado-nação se consolidou tão bem como amálgama de solidariedade e autoridade que ainda hoje a tomamos como a manifestação mais natural da sociedade: falamos da sociedade americana, da sociedade brasileira etc., como se o pertencimento social fosse essencialmente determinado pelas fronteiras dos estados nacionais. No entanto, nas últimas décadas, quando o globalismo, como ideia compartilhada e como realidade empírica, começou a desafiar os princípios básicos do Estado-nação, algumas de suas certezas foram substituídas por novas formas de olhar o mundo. O próprio surgimento da solidariedade como recurso social distinto do Estado e do mercado, mencionado na seção anterior, faz parte da mudança cultural que envolve nossa percepção da sociedade.

Na verdade, a noção de cidadania que emergiu dentro da estrutura do modelo de Estado-nação da Europa Ocidental foi principalmente uma reformulação cultural de ingredientes antigos. Estados e nações eram assuntos antigos, aquele referindo-se a governantes e este referindo-se a grupos de pessoas unidas por etnia, fé, idioma ou qualquer outro critério de identidade. A fusão dos dois na fórmula do Estado-nação foi um produto cultural que demandava que a identificação com a nação e a aceitação da autoridade do Estado fossem experienciadas como uma coisa única. Pertencer a um território e conferir legitimidade ao Estado que o preside tornou-se o princípio e o fim do *status* de cidadão. A igualdade dos indivíduos era a igualdade dos cidadãos. Os indivíduos compartilhavam a lealdade à nação e obedeciam às mesmas leis do Estado.

O fato de que as diferenças entre os indivíduos (sejam elas de gênero, renda, raça etc.) continuaram a excluir muitos foi ocultado pelo êxito da fusão ideológica de nação e Estado. Durante muito tempo, o modelo moderno de cidadania, enquadrado como uma espécie de identidade coletiva primordial, dada pelo pertencimento à comunidade nacional, provou ser capaz de ampliar gradualmente tanto o escopo dos direitos incluídos quanto o número de pessoas com acesso a eles. Desde a Declaração dos Direitos do Homem e do Cidadão, proclamada pelos revolucionários franceses, até a Declaração dos Direitos Humanos das Nações Unidas em 1948, um longo caminho foi trilhado. Não há dúvida de que, em muitos casos, ainda precisamos garantir os direitos efetivos das mulheres e de muitas minorias. As críticas que algumas pessoas e organizações expressaram sobre a Declaração dos Direitos Humanos levantaram questões relevantes. Suas alegações sobre o viés ocidental da Declaração lançam uma sombra sobre sua suposta universalidade. No entanto, apesar da pertinência de tais críticas, a própria pretensão de universalidade desempenha um papel estratégico, fornecendo argumentos para conferir um sentido mais profundo à igualdade e expandir o escopo da solidariedade.

Um fator-chave dessa evolução nas normas e percepções sociais foi a expansão da vida urbana, que continuará nas próximas décadas, especialmente nos países em desenvolvimento. Diferentemente das habitações rurais, e apesar das várias formas de segregação espacial, as cidades oferecem muitos locais onde pessoas de todos os estratos sociais se encontram e têm de encarar suas diferenças e desigualdades. O espaço urbano é palco de uma constante concorrência por espaço e visibilidade. O desenvolvimento da vida urbana contribuiu, portanto, para o surgimento de uma nova percepção da vida social como um âmbito de desigualdades e não apenas de complementaridade funcional, mas também tornou as desigualdades mais vívidas e menos aceitáveis. As cidades contêm a maior mistura de problemas sociais, mas também são espaços estratégicos para lidar com esses problemas. É no espaço urbano que as interações de diversos mundos – sociais, políticos, culturais – tornam-se parte da vida cotidiana. A busca por justiça social é, portanto, em boa parte, uma busca pela cidade justa (IPSP, 2018a, cap. 5).

Não há dúvida de que foi feito algum progresso. As formas e condutas plurais de vida adquiriram respeito, muitas imposições patriarcais foram abolidas (embora estejamos longe de abolir todas), as famílias estão se tornando mais plurais[11], e as identidades sociais têm se tornado mais fluidas à medida que se libertam da lealdade às tradições nacionais. Começando lentamente na década de 1960, as diferenças entre os humanos voltaram gradualmente ao primeiro plano, agora invocado não mais para justificar hierarquias sociais rígidas, mas sim para fundamentar demandas por igualdade, reconhecimento e respeito. Esse processo de mudança cultural afirmou a ideia progressiva de que igualdade e diferença não são antagônicas, mas sim valores positivos compatíveis; que, juntas, elas podem fornecer justificativa moral para uma crescente inclusão social. As injustiças seculares têm sido confrontadas em diferentes contextos por políticas

---

11. Cf. esp. IPSP (2018c, cap. 17).

específicas que visam suprimir preconceitos arraigados em termos de raça, gênero e orientação sexual (figura 3.4). Por exemplo, observamos que no Brasil, onde o nível tradicionalmente alto de miscigenação alimentou o mito de uma democracia racial apesar da gritante exclusão social dos negros, a introdução de políticas de reparação, como cotas para estudantes negros nas universidades públicas, aponta para uma significativa mudança cultural. Além disso, a mobilização coletiva tem sido crucial não apenas para reforçar a legitimidade das políticas de ação afirmativa, mas também para fortalecer uma identidade negra que, por sua vez, contribui para a mobilização de estratégias contra a estigmatização. Tanto a iniciativa política quanto a mobilização coletiva contribuíram para reinterpretar a ideia de uma democracia racial agora como um apreciado ideal a ser perseguido, em vez de um mito invocado para perpetuar a desigualdade[12].

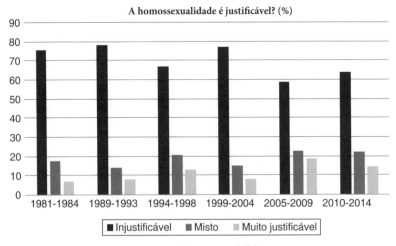

Figura 3.4 Posturas a respeito da homossexualidade
Nota: Amostragem, todos os países (composição variável).
Fonte: Pesquisa Mundial de Valores.

---

12. Sobre ações afirmativas no Brasil, cf. Francis e Tannuri-Pianto (2013) e Telles (2004).

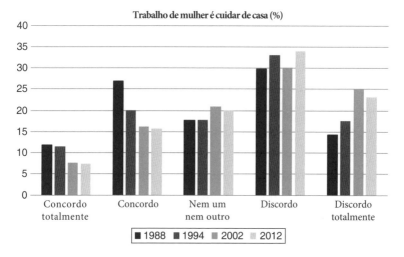

Figura 3.5 Posturas em relação aos papéis de gênero
Nota: Amostragem: Áustria, Alemanha, Grã-Bretanha, Hungria, Irlanda, Holanda, Estados Unidos.
Fonte: ISSP. *Family and Changing Gender Roles* (A família e a mudança dos papéis de gênero).

Com relação ao gênero, são muitas as evidências de uma crescente conscientização de que as diferenças precisam ser explicitamente reconhecidas para promover a igualdade. Observamos, por exemplo, que as políticas de equidade de gênero estão agora institucionalizadas em muitos países e contribuem significativamente para reduzir o déficit de mulheres nas atividades científicas, tecnológicas e políticas, que no passado eram consideradas como reservadas naturalmente aos homens. Ainda há muito trabalho a ser feito em relação à igualdade de gênero e as mulheres ainda sofrem muito não apenas com a desigualdade, mas também com a violência de gênero. Mas também nessa frente as coisas estão se mudando (figura 3.5). A recente onda de movimentos de protesto nas redes sociais sobre o assédio sexual, que começou com o caso Harvey Weinstein nos Estados Unidos e se espalhou por muitos países, ecoa o progresso feito na repressão legal a estupros e a assassinatos em defesa da honra nos países asiáticos ou na expansão dos direitos das mulheres no Oriente Médio e no norte da África.

Olhando para o futuro

O movimento para reconciliar o princípio da igualdade, tal como definido no início da era moderna, com direitos coletivos baseados em diferenças compartilhadas, já estava, em certo sentido, embutido na própria noção de igualdade. Mas foi necessário o envolvimento ativo de atores sociais para trazê-lo à vida. Foi a mobilização concreta de grupos lutando por reconhecimento e reivindicando direitos que possibilitou novos avanços para superar desigualdades arraigadas. Como cada um de nós está inserido num contexto histórico particular, pode parecer que a tradição cultural a que pertencemos foi aquela que pavimentou o caminho para outras tradições. Esse viés etnocêntrico, essa noção de que o legado de nossa própria cultura é o ponto de referência para a humanidade, faz parte da visão míope que o progresso tem contribuído para superar. Gradualmente, nos tornamos mais conscientes de que as mudanças culturais sobre as quais comentamos acima não são o resultado de um alinhamento de populações dominadas com a "civilização ocidental". Muito pelo contrário, várias culturas em diferentes partes do mundo resistem à influência ocidental, mas ao mesmo tempo exibem suas valiosas perspectivas sobre valores humanos básicos. Observamos, por exemplo, que os sul-africanos desenvolveram sua própria noção de vínculo social e sua maneira de lidar com justiça, reconciliação e reparação após conflitos graves. Entre os andinos, vemos uma noção de ecologia baseada na visão da humanidade habitando a terra de forma respeitosa. Também na América Latina foram experimentadas formas inovadoras de envolver os cidadãos em processos participativos, sugerindo que a democracia pode ser estendida para além de seu âmbito político tradicional[13]. Os indianos desenvolveram várias organizações da sociedade civil que coordenam

---

13. Mais sobre isso no cap. 8 e em IPSP (2018c, cap. 14).

e emancipam diferentes tipos de trabalhadores informais. Juízes no Oriente Médio e no norte da África têm garantido maiores direitos às mulheres em questões matrimoniais dentro da estrutura islâmica geral. Concluindo, longe de abraçar os valores ocidentais, vê-se que o mundo converge, talvez, por meio de uma lenta seleção dos valores que geram menor sofrimento e menor resistência.

Em um mundo globalizado, os contatos entre culturas oferecem oportunidades e riscos de interinfluências enriquecedoras ou empobrecedoras. Não é muito difícil, no mundo pós-colonial, ver que a abordagem mais promissora é a de um diálogo respeitoso entre as culturas (p. ex., sobre como ver o lugar da vida humana no cosmos, o lugar do indivíduo no grupo), com a possibilidade de evolução mútua. Corroborando nossa observação de que igualdade e diferença, antes consideradas antagônicas, são cada vez mais percebidas como instrumentais uma à outra, a ideia ocidental de modernidade, vista pelas lentes da individualização e da separação dos laços tradicionais, está na verdade retrocedendo, dada a imperiosa necessidade humana de inclusão social.

Olhando para o desenvolvimento histórico do ideal de igualdade e o ocultamento das diferenças por ele, torna-se mais nítido por que a necessidade de reconhecimento emergiu como crucial, nas últimas décadas, entre grupos que foram ou ainda estão privados de acesso à plena participação (*membership*) em seus contextos sociais. O reconhecimento tornou-se um elemento-chave nas reivindicações por igualdade que mobilizam gênero, etnia, religião, língua ou qualquer outra especificidade possível que tenha sido implícita ou explicitamente usada para privar determinados grupos de pessoas da igualdade que tradicionalmente fundamentava as noções de participação em comunidades nacionais. Além disso, cada vez mais observamos demandas pelo reconhecimento de identidades apresentadas por grupos que não veem conflito de sua particularidade com a identidade nacional. Muitos que agora reivindicam o reconhecimento da distinção de seu grupo veem isso como uma condição para a afirmação de sua individualidade. A visão de que as identidades são escolhidas e contingentes vem registrando uma aceitação crescente, não como negação, mas como plena afirmação da individualidade.

A maneira como nossas concepções de diferença, igualdade e desigualdade evoluíram fornece uma boa ilustração da dinâmica da cultura. O ideal de igualdade teve um impacto definitivo na expansão do círculo da solidariedade humana, mas não é algo que envolve automaticamente a sociedade. Seu desenvolvimento está ligado ao envolvimento ativo de indivíduos e grupos que, lutando para alcançar objetivos concretos, dão mais sentido à igualdade. Essas são as dinâmicas da virada cultural em direção à "cosmopolitização" das sociedades, a pluralização das famílias, a aceitação da diversidade racial, de gênero e religiosa – processos que parecem irreversíveis.

Na medida em que as ações humanas colocam o mundo em movimento, o retrocesso também é possível. Sabemos que a reação e a resistência podem ser fortes e violentas. Continuamos a ser confrontados com muitas situações que contestam abertamente as tendências progressistas observadas. No entanto, é crucial ter em mente que, em vez de constituir manifestações de um choque de civilizações, como alguns dão a entender, essas reações violentas apontam para tentativas desesperadas, por parte de grupos específicos, de neutralizar o potencial de tolerância e entendimento. Temos boas razões para ter esperança em uma situação na qual os valores comuns possam ser compartilhados enquanto as diferenças são respeitadas. O respeito compartilhado pela diversidade pode constituir o cimento de um sentimento generalizado de respeito entre as pessoas. Incorporando o valor da diversidade, nos capacitamos a lutar por um mundo mais igualitário, mais tolerante e mais enriquecido. No entanto, não é no conforto do relativismo que buscamos a tolerância. A justiça social, os direitos humanos e a fraternidade continuam sendo valores universais, o fundamento ético que justifica o engajamento ativo de atores sociais responsáveis.

Além do argumento falacioso de um choque irremediável de visões de mundo, devemos também nos precaver contra a visão oposta que prevê uma convergência irremediável de culturas. A ideia de que o corrente processo de globalização extinguirá as culturas tradicionais, reduzindo o mundo a um padrão único de costumes, práticas e ideias, constitui outra falácia. Para sustentá-lo, é preciso ignorar que a cultura é precisamente essa combinação única de mudança e continuidade. A história nos mostra que os humanos mudam suas visões de mundo mantendo, ao mesmo tempo, sua distinção, graças a traços de longa data peculiares a seu contexto de origem.

Como todos nós estamos inevitavelmente imersos em processos históricos, o que herdamos do passado é reprocessado no presente, mas de alguma forma permanece vivo. Disso deriva o fato de que, enquanto formas comuns de agir e pensar passam a ser compartilhadas em escala global, as culturas locais permanecem vivas e podem até ganhar força na medida em que melhores recursos de comunicação e maior visibilidade também contribuem para renovar a solidariedade. Foi observado que as pessoas que emigram são muitas vezes as que assumem a liderança no uso das mídias sociais como instrumento para se reconectar com suas origens culturais e, no esforço de forjar uma identidade no novo contexto, contribuir para reviver tradições. Em alguns países africanos foi relatado, por exemplo, que religiões em declínio e celebrações laicas ganharam força renovada nos últimos anos, ao mesmo tempo que ajudaram a reunir residentes e não residentes. Também são ilustrativos os relatórios sobre comunidades nativas segregadas geograficamente que encontram apoio para suas reivindicações de preservar suas tradições em redes sociais mais amplas ao redor do mundo. Níveis mais baixos de governo, como estados regionais, províncias ou cidades, introduziram reformas sociais experimentais e iniciativas comunitárias, às vezes em escala relevante, tornando-se fortes vetores do progresso social em maior escala.

Os exemplos mencionados acima sugerem que a aparente contradição entre dois tipos distintos de cultura, uma global e outra restrita a grupos menores, tem sido um elemento positivo na expansão do círculo humano de solidariedade. Conforme as pessoas percebem a possibilidade de compartilhar valores sem renunciar aos seus modos singulares de ser e agir, elas vão construindo pontes sólidas que melhoram o entendimento mútuo, sinalizando que podemos pertencer a um círculo de solidariedade mais amplo, sem abrir mão de modos de viver compartilhados apenas com grupos restritos.

Considerando tudo isso, percebemos que nossa concepção de sociedade tem mudado historicamente na direção de repelir preconceitos arraigados, o que representa perspectivas promissoras para o futuro da humanidade. Refletindo sobre as grandes transformações culturais que ocorreram durante os últimos 200 anos ou mais, de fato observamos que o círculo de respeito e dignidade cresceu. Além disso, permanece viva a demanda pela inclusão social dos muitos que ficaram para trás, conforme declarado de forma eloquente nos Objetivos de Desenvolvimento Sustentável das Nações Unidas. Tem progredido a noção de que o fato de termos igual valor é o que nos torna semelhantes. A ideia de que somos iguais na medida em que compartilhamos nossa própria humanidade continua a ser uma força motriz cultural.

No entanto, como já mencionado, devemos lembrar constantemente que, embora possamos identificar no longo prazo um processo cultural de superar visões arraigadas sobre diferenças humanas supostamente naturais que justifiquem a desigualdade, não devemos deduzir a partir disso que a história meramente cumpre um destino manifesto em direção à igualdade social progressiva e à solidariedade ampliada. As ações concretas das pessoas são as forças que põem em movimento as mudanças na forma como vemos o mundo. É por isso que os elementos culturais podem contribuir tanto para forjar o progresso quanto para desencadear forças retrógradas.

Nenhum progresso social automático é garantido. Conforme observado em capítulos anteriores, a desigualdade é galopante dentro dos países e entre eles. Há muitas evidências de que o movimento em direção à ampla solidariedade encontra fortes reações em muitos contextos e enfrenta reveses que podem até colocar em perigo o progresso já alcançado. Lembremos, por exemplo, que as minorias étnicas e religiosas têm sido perseguidas em diversos contextos, ou que as reivindicações de direitos das mulheres foram recebidas com respostas violentas em mais de um país. São abundantes os exemplos de discriminação sistemática e mesmo de perseguição aberta com que o mundo ainda convive. Ilustrações tristes aqui são a vitimização de cristãos na Nigéria contemporânea, ou a punição de homossexuais, que ainda ocorre dentro e fora da lei em muitos países. De acordo com relatórios recentes, a homossexualidade é punível com a morte no Sudão, no Irã, na Arábia Saudita e no Iêmen e ainda em partes da Nigéria e da Somália. As estatísticas de violência contra as mulheres mostram que ela ocorre em todo o mundo e vamos relembrar os relatos dramáticos de meninas paquistanesas e afegãs que são vítimas de violência só porque ousam se matricular em escolas.

Existem até mesmo tentativas retrógradas de restringir os direitos humanos já estabelecidos em democracias afluentes e há muito estabelecidas, conforme dramaticamente ilustrado por acontecimentos atuais que restringem a liberdade dentro do que costumávamos considerar democracias maduras.

Seja como for, o progresso alcançado na vida social constitui tanto causa como consequência de mudanças culturais que surgiram não como forças cegas, mas como resultado de esforços humanos. Lutando para assegurar ideais e interesses específicos, as pessoas se reúnem, contribuindo muitas vezes para promover finalidades de maneiras que não haviam previsto e, assim, tornando-se parte de movimentos de longo prazo em direção à solidariedade ampliada. Foi um longo processo de mobilização por causas específicas que converteram em moeda cultural comum os princípios da igualdade e do valor humano universal. É por isso que os violadores contemporâneos desses princípios devem recorrer a desculpas, disfarces e subterfúgios. Não é mais socialmente aceitável sustentar a visão de que alguns tipos de pessoas naturalmente têm valor, enquanto outros são naturalmente desprovidos dele. Raramente encontramos pessoas defendendo a conveniência de preservar a desigualdade em si. A retórica daqueles que se opõem a medidas para reduzir a desigualdade de renda, por exemplo, costuma sustentar que tais medidas vão sair pela culatra, aceitando implicitamente o valor ético da igualdade.

Embora cada uma das três grandes mudanças culturais que mencionamos tenha tido consequências específicas, elas são parte integrante de uma mudança global, cuja característica mais geral é uma crescente consciência do destino comum dos humanos. Essa consciência subjaz às reivindicações por proteção ambiental global, por alargar o círculo de solidariedade para além das fronteiras nacionais e por conceber as diferenças das pessoas como merecedoras de respeito dentro do destino planetário convergente que todos partilhamos.

O incrível quebra-cabeça de culturas, com sua mistura de continuidade e mudança, faz parte da aventura humana. Tanto para persistir como para mudar, as formas de conceber o mundo dependem do envolvimento ativo de pessoas reais. As ideias de respeito pelas diferenças estão comprometidas com a igualdade e o reconhecimento e as demandas por eles são asseguradas, não como a defesa de princípios abstratos, mas como a defesa, por princípios, de causas concretas. Mas sejam quais forem essas causas, a educação e o acesso à cultura devem ser apoiados para ajudar a criar (ou consolidar) a atmosfera de tolerância e reconhecimento mútuo entre os indivíduos. Aprender sobre os outros e compartilhar suas experiências são instrumentos poderosos na desconstrução das fronteiras simbólicas que convertem as diferenças (sejam religiosas, étnicas, nacionais ou raciais) em barreiras ao entendimento mútuo. A consciência da riqueza da diversidade humana tem crescido lentamente, em grande parte graças ao envolvimento ativo de educadores e empreendedores culturais.

Conforme o IPSP (2018c, cap. 19) discute longamente, a educação e, cada vez mais, a educação superior, à medida que os níveis de educação aumentam para uma parcela rapidamente crescente da população em todo o mundo, pode ser um poderoso instrumento para promover o progresso, não apenas porque contribui para a formação de capital humano no sentido estritamente econômico, mas também porque trabalha para se ampliar a percepção do mundo e de suas possibilidades. À medida que se aprende sobre outras formas de vida e outras visões do universo, novas janelas se tornam realmente novas portas para o futuro. Desse modo, embora múltiplas modernidades estejam surgindo em várias partes do mundo, todas elas podem sugerir, com muitas variantes, um ideal de uma combinação equilibrada do indivíduo e do todo na perspectiva de todos sobre o que torna a vida valiosa. Nesse ideal, a vida coletiva faz parte da vida individual, como algo que dá sentido e finalidades e que dá cor a princípios básicos como a liberdade, a igualdade e a harmonia com a natureza.

4
O GRANDE DESAFIO

Os capítulos anteriores mostram que ameaças muito sérias estão pairando sobre o mundo, causadas principalmente por ações humanas, instituições ruins e políticas ruins. Mas esses capítulos também oferecem motivos para esperança. A globalização e a tecnologia não são inimigas da espécie humana; elas podem ser domadas e reorientadas para servir melhor às populações. E as atitudes em relação a raças, gêneros, orientação sexual, animais e natureza estão mudando lentamente em direção a um maior respeito. Essa tendência cultural é uma grande vantagem para promover melhores relações sociais e uma melhor gestão ambiental.

Este capítulo apresenta de maneira mais precisa a tarefa a seguir e dá um alerta: não será fácil. Não podemos simplesmente empreender pequenas mudanças ou pequenos ajustes finos de políticas e evitar as crises iminentes. É necessária uma transformação mais fundamental. Acreditamos que essa transformação seja possível e, na segunda parte do livro, explicaremos como ela pode ser vislumbrada. Por enquanto, vamos examinar a tarefa desafiadora que o mundo está enfrentando.

A tarefa adiante pode ser resumida desta forma. Devem-se buscar e cumprir em conjunto três objetivos principais, relacionados a três valores fundamentais:

• Equidade: reduzir as desigualdades de desenvolvimento entre os países e as desigualdades sociais dentro dos países.

• Sustentabilidade: colocar o planeta de volta no caminho que preserva os ecossistemas e os seres humanos das gerações futuras.

• Liberdade: expandir e aprofundar as liberdades básicas, o estado de direito e os direitos democráticos para todas as populações.

Estes três objetivos aparecem proeminentemente nos Objetivos de Desenvolvimento Sustentável da Agenda 2030 da ONU, entre muitos outros (há dezessete ao todo). No entanto, os outros objetivos podem estar atrelados a esses três, que servem como guias úteis das principais questões que precisam ser confrontadas pelo mundo neste século.

O que é desafiador em relação a esses três objetivos é que cada um deles é necessário para o desenvolvimento de um cenário positivo para a justiça social e o futuro do planeta, mas sua combinação não é óbvia, porque a busca por atingir dois deles induz uma tensão potencial com o terceiro. Os cenários em que dois deles são realizados com êxito, às custas do terceiro, são referências úteis para analisar as armadilhas que nos aguardam no futuro, as maneiras como podemos *falhar* em evitar as catástrofes iminentes descritas no capítulo 1. Este capítulo, então, explora os três cenários de "falha" em que um objetivo não é atingido. O propósito não é transmitir uma perspectiva de "miséria e desolação", mas ajudar a identificar os desafios relevantes e explicar melhor por que nenhum dos objetivos pode ser deixado de lado e negligenciado. Esses cenários também mostram por que alcançar dois dos objetivos pode parecer mais fácil se o terceiro for abandonado. A segunda parte do livro irá explorar como se devem buscar os três objetivos simultaneamente.

O cenário de *apartheid*

Imagine o mundo em 2050, em um cenário em que conquistas significantes possam ser celebradas nas frentes da liberdade e da sustentabilidade, mas não na frente da equidade. Nesse cenário, a parcela da população vivendo em democracias continuou a aumentar, como se poderia esperar, a partir da figura 1.4. O aumento ocorreu principalmente graças à abertura política da China por volta de 2030, na qual uma população instruída e abastada não podia mais ser governada da maneira antiga.

Com relação à sustentabilidade, após alguma hesitação, os Estados Unidos e a China, posteriormente acompanhados pela Índia, juntaram-se à Europa para promover pesquisa e investimento em energias renováveis e reduzir drasticamente a emissão de gases de efeito estufa. A aparente desaceleração no final da curva que podia ser examinada quando este livro foi escrito, conforme mostrado na figura 4.1, acabou marcando, após uma última guinada em 2017-2019, o pico das emissões industriais mundiais de CO_2 e o verdadeiro início da transição verde no mundo desenvolvido.

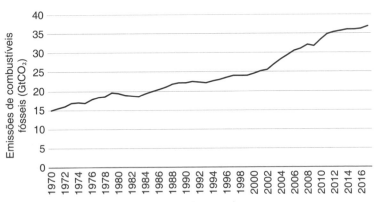

Figura 4.1 Emissões de CO_2 em todo o mundo
Fonte: Global Carbon Project. • BODEN, T.A.; MARLAND, G.; ANDRES, R.J. *Global, Regional e National Fossil – Fuel CO_2 Emissions*. Oak Ridge: Oak Ridge National Laboratory, 2017 [http://cdiac.ess-dive.lbl.gov/trends/emis/overview_2014.html]

Graças a esse impulso liderado pelos principais emissores e à ausência de novas economias emergentes, a concentração de gases de efeito estufa na atmosfera parece estar no caminho certo para manter um aumento da temperatura média abaixo de 2°C em relação ao nível pré-industrial, pelo menos até o final do século. Em relação a outras questões como biodiversidade e gestão da água, o quadro é menos otimista, especialmente porque a falta de desenvolvimento em muitas partes do mundo, particularmente em latitudes baixas, leva a falhas na preservação da vida selvagem e a infraestruturas hídricas deficientes. Os conflitos quanto ao uso da água no Oriente Médio e na África Subsaariana colocam em risco a estabilidade política na região.

O principal problema com esse cenário, de fato, é que o objetivo da equidade não foi alcançado. Na verdade, o desenvolvimento continuou praticamente na mesma trilha iniciada no começo do século. Alguns sinais promissores pareciam então surgir, quando a distribuição de renda, mundialmente, passou de um padrão polarizado, no qual os países ricos se distanciavam do resto do mundo e criavam um "monte" vanguardista em separado na forma da distribuição, para um padrão de um só "monte" mostrando alguma recuperação (cf. figura 4.2, que acumula as distribuições de renda das várias regiões do mundo para formar a distribuição mundial).

Mas esse movimento promissor foi quase inteiramente devido à China, que foi escalando ao longo do topo do monte e formando uma grande saliência no centro, com sua grande população. Se removêssemos a China dos gráficos, a melhoria pareceria muito mais modesta e os dois montes separados permaneceriam distintos. Em meados do século, seguindo tendências semelhantes, a China alcançou a Europa e os Estados Unidos enquanto a Índia iniciou um movimento significativo de recuperação. A América Latina cresceu a um ritmo insuficiente para reduzir a disparidade em relação aos países ricos. De fato, uma taxa de crescimento de 1,5% acrescentou mais de US$ 450 à renda média de um americano em 2010, enquanto a América Latina precisaria de uma taxa de crescimento de 6,6% para simplesmente manter a mesma distância. O verdadeiro drama é a África, que, em 2050, não conseguirá decolar, após aparentes partidas de alguns países como Etiópia, Gana e Malawi, devido a problemas políticos avassaladores alimentados por violência étnica e religiosa, bem como desastres ecológicos.

A figura 4.3 projeta o crescimento econômico nas várias regiões do mundo, supondo que elas tenham, desde 2010, mantido as taxas de crescimento de 1990-2010 (para a China, a taxa de crescimento é de 6%, inferior à média de 7,6% observada em 1990-2010, mas suficiente para alcançar os países ricos).

Em 2050, a diferença nos padrões de vida entre ricos e pobres se tornou tão impressionante que seria impossível a pressão migratória não atingir dimensões gigantescas. Além disso, a população na África, seguindo projeções feitas no início do século, mais do que dobrou, tendo aumentado em 1,3 bilhão de pessoas entre 2015 e 2050. O aspecto triste desse cenário é que os países ricos, apesar de suas populações em declínio e envelhecimento e, na verdade, por causa desse padrão demográfico – o que transformou seu eleitorado em apoiadores radicais de sua identidade nacional e com medo da diversidade cultural – manteve as portas fechadas para as massas necessitadas dos países pobres. A situação do "*apartheid* global" em 2050 parece completamente insustentável; os custos assombrosos de muros e patrulhas de fronteira e o número chocante de migrantes que morrem tentando atravessar cercas elétricas e águas perigosas prenunciam uma grande crise nos próximos anos.

(a)

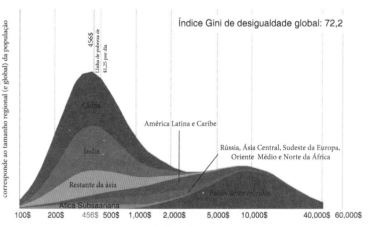

(b)

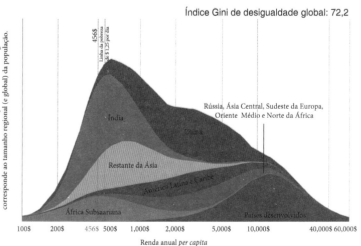

Figura 4.2 Distribuição de renda no mundo
Fonte: Our World in Data.

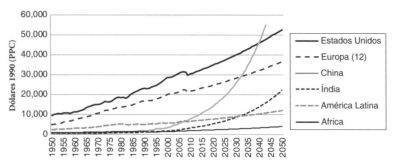

Figura 4.3 PIB *per capita* no mundo (1950-2010; projeção para 2050)
Fonte: Maddison Project para 1950-2010; projeções pelos próprios cálculos

Obviamente, é difícil imaginar uma migração massiva sem uma séria disrupção tanto nas comunidades que recebem quanto nas que enviam. A questão da migração tem sido politicamente volátil na Europa e nos Estados Unidos desde o final do século XX, ainda que o número dos fluxos migratórios tenha sido ridiculamente pequeno em comparação com a escala das migrações potenciais. Em 2050, há muito mais motivos para se preocupar com a probabilidade de conflitos étnicos violentos e em grande escala na Europa e nos Estados Unidos, até mesmo guerras civis, se houver um influxo massivo.

Migrações não são a única fonte de estresse. Enormes disparidades nos padrões de vida alimentam um forte ressentimento nas ex-colônias que ficaram para trás, fomentando disputas em instituições globais (conforme testemunhado na queda das instituições globais criadas no século XX), bem como a violência local e o terrorismo global.

Outra característica relacionada e preocupante desse cenário é que as desigualdades dentro dos países também continuaram a aumentar. Em particular, o 1% do topo e ainda mais o 0,1% do topo continuaram a colher maiores parcelas da renda e acumularam uma riqueza considerável. A conexão entre as desigualdades nacionais e internacionais é o fato de que as políticas identitárias e até mesmo a retórica populista têm sido usadas para reprimir protestos sociais. Começando na Europa com o voto do Brexit e nos Estados Unidos com uma presidência instável de Trump, acordos comerciais multilaterais foram desfeitos e a ajuda externa diminuiu. A globalização foi abruptamente contida e isso minou as possibilidades de os países pobres decolarem.

Enquanto isso, a tendência da desigualdade nacional continuou quase inabalável. Emergiu uma forma de *apartheid* interno, em que os ricos não confinam o resto da população, mas, em vez disso, refugiam-se em condomínios privados exclusivos e adotam um modo de vida que não depende de bens e serviços fornecidos pelo Estado, nem mesmo para a proteção da propriedade privada, que é controlada por companhias de segurança.

Os que "ficaram para trás" no mundo, nesse cenário, não se unem. Ao contrário, o único vínculo que mantém as classes trabalhadoras dos países ricos presas a políticos que não as servem bem é a promessa de manter as portas fechadas à concorrência de migrantes e de reprimir as minorias. Extremistas ou terroristas políticos e religiosos ganham importância à medida que seus atos violentos oferecem formas altamente midiatizadas de contestar o insatisfatório estado de coisas, de modo local e global. A retórica nacionalista e racista ameniza a agitação social. A elite rica não adere à mística racialista ou de fechamento de fronteiras, mas está disposta a tolerar isso como única forma de preservar seus privilégios. Em tal situação, os intelectuais cosmopolitas liberais estão em desalinho, porque seus apelos por políticas mais generosas dentro dos países desenvolvidos e em direção aos países em desenvolvimento caem em ouvidos surdos – a maioria da população não quer nem ouvir falar de pelo menos uma parte (interna ou externa) desse pacote de generosidade.

Vamos terminar aqui esse cenário distópico. Não há futuro sem equidade. No célebre relatório de 1987 *Our common future* (Nosso futuro comum), preparado sob a liderança do ex-primeiro-ministro norueguês Gro Harlem Brundtland, define-se a sustentabilidade como apoiada em três pilares: o econômico, o social e o ambiental. A equidade, a redução das desigualdades, é essencial para o pilar social. Nesse cenário, percebe-se até que o progresso da liberdade e da democracia só pode ser muito limitado e corre sério risco pelos excessos populistas na política nacional.

O aspecto desafiador desse cenário é que faz parte da equação que o torna um êxito para a sustentabilidade, pelo menos para o problema climático, deixar uma parte importante da população mundial em estado de subdesenvolvimento. A questão a ser tratada mais adiante neste livro é, então: o que precisa ser mudado nesse cenário para combinar equidade com sustentabilidade, em um mundo livre?

O cenário de "fim da história"

Aqui está outro cenário que se une à visão de Francis Fukuyama, de que as instituições do "mundo livre" representam o estágio último da humanidade. Nessa visão, a economia de mercado e as instituições políticas da democracia liberal são a chave para o desenvolvimento econômico e humano e nada melhor foi inventado.

Imagine, então, que as elites que se encontram em Davos tenham finalmente reconhecido que o mundo clama por uma melhor gestão da coesão social, tanto em nível internacional quanto nacional. Eles compreenderam que as crescentes desigualdades acabarão deixando os movimentos migratórios fora de controle e alimentando cada vez mais movimentos de protesto disruptivos. Eles ficaram preocupados com o *Podemos* e o *Syriza*, mas ficaram ainda mais assustados com

Orban, Erdogan, Putin e Trump, porque enquanto o populismo de esquerda traz políticas econômicas e sociais desfavoráveis aos negócios, o populismo de direita traz de volta a perspectiva de guerra. E também reconheceram que o alto grau de corrupção que assola a maioria dos países, tanto em investimentos econômicos quanto no espetáculo do jogo político, deve ser drasticamente contido caso se queira restaurar a confiança do público nas instituições.

Não se pode ter em mente que as elites econômicas e políticas sejam sempre gananciosas e míopes. Considere, por exemplo, o que aconteceu quando Ronald Reagan tentou cortar a *Environmental Protection Agency* (EPA, Agência de Proteção Ambiental) em 1980, revertendo regulamentações que ele via como um obstáculo ao desenvolvimento dos negócios. Em dois anos, o público perdeu a confiança tanto no governo como nas empresas, em defesa da preservação de um meio ambiente saudável (especialmente na água e no ar), e a EPA foi o epicentro de muitas lutas. Reagan chamou Michael Ruckelshaus[14], que era encarregado da EPA no governo de Richard Nixon, para voltar a Washington a fim de corrigir a situação. Para grande surpresa de Ruckelshaus, a indústria química correu para encontrá-lo e pleiteou que uma regulamentação ambiental forte e um EPA robusto eram necessários para restaurar a confiança do público na indústria. Quando as coisas ficam realmente ruins, as elites acabam vendo que seu interesse de longo prazo envolve fazer concessões às demandas e às necessidades da população.

Então, nesse cenário, os esforços de fazer uma limpeza nas instituições na maioria dos países fortaleceram o estado de direito, melhoraram a estabilidade para os investidores e permitiram que mui-

---

14. Cf. www.nytimes.com/2017/03/07/opinion/a-lesson-trump-and-the-epa-should-heed.html?ref=opinion&_r=0

tos países decolassem e iniciassem sua corrida de recuperação rumo a padrões de vida decentes para a maioria de suas populações. Da mesma forma, em países desenvolvidos, ao se libertar as instituições políticas da cooptação por interesses econômicos e financeiros, foi possível que se ouvisse e finalmente implementasse o forte desejo da população por políticas sociais mais equitativas e maior redistribuição, inclusive em países como os Estados Unidos e o Reino Unido, onde fortes movimentos conservadores tentaram minar as políticas sociais, exceto aquelas que serviam aos aposentados e pensionistas. Na *World Values Survey*, verifica-se que, no início do século XXI, o apoio a uma maior igualdade de renda é crescente, enquanto o apoio à democracia segue muito forte, conforme ilustrado para alguns países na Tabela 4.1.

Tabela 4.1 Apoio à igualdade e à democracia

Países	Apoio à igualdade*		Apoio à democracia**	
	2005-2009	2010-2014	2005-2009	2010-2014
Austrália	45%	61%	91%	88%
Chile	60%	76%	82%	90%
China	34%	62%	79%	85%
Egito	32%	64%	97%	97%
Alemanha	65%	75%	96%	92%
Rússia	39%	74%	69%	72%
Suécia	36%	59%	99%	96%
Estados Unidos	37%	48%	85%	84%

Notas: * Porcentagem de entrevistados que concordam mais com a afirmação "a renda deve ser distribuída mais igualmente" do que com a afirmação "precisamos de diferenças de renda maiores como incentivo ao esforço individual".

**Porcentagem de entrevistados que tendem mais para o lado de "é absolutamente importante viver em um país que é governado democraticamente" do que para o lado de "isso não é nada importante".

Fonte: World Values Survey, www.worldvaluessurvey.org/WVSOnline.jsp

Portanto, esse cenário consegue combinar, por um lado, uma expansão do estado de direito, da liberdade e da democracia e, por outro lado, a redução das desigualdades de renda e a convergência dos padrões de vida. O sonho de uma combinação entre economia de mercado bem regulada e democracia liberal limpa é, de fato, capaz de entregar bons resultados nessas duas frentes, mesmo que a justiça social exija mais do que apenas restringir as desigualdades de renda, conforme argumentaremos na segunda parte deste livro.

O problema com esse cenário é que a disseminação das instituições do "fim da história", isto é, as ocidentais, é acompanhada por uma propagação do modo de vida ocidental, o que é catastrófico para o planeta. Van Benthem (2015), ecoado por um relatório recente do Banco Mundial (HALLEGATTE et al., 2016), aponta que não parecem realistas os cenários de consumo de energia que pressupõem um *leap-frogging* (avanço rápido) dos países em desenvolvimento, ou seja, a adoção generalizada de novas tecnologias mais eficientes em termos de energia. Como mostram as figuras 4.4 e 4.5, extraídas do trabalho de van Benthem, as economias em desenvolvimento não melhoram seguindo o mesmo caminho das economias desenvolvidas e podem até parecer piorar, no sentido de que, no mesmo nível de PIB *per capita*, elas consomem mais energia *per capita*.

A figura 4.5 faz uma comparação semelhante à figura 4.4, em dois momentos: os países industrializados em 1960 (caixas cinza) e os países menos desenvolvidos nos últimos anos (caixas pretas). A explicação para esses fatos preocupantes parece estar na adoção de formas de consumo de maior energia, como o maior uso de automóveis, nas economias emergentes, para um determinado nível de desenvolvimento. Isso pode talvez ser interpretado como se refletisse o desejo de novos ricos em adquirir símbolos visíveis e energeticamente caros de um icônico estilo de vida consumista.

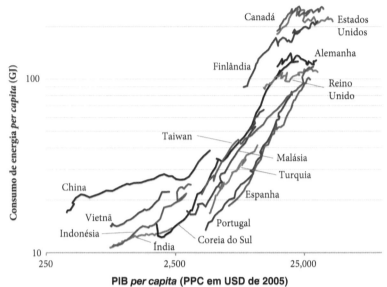

Figura 4.4 Consumo de energia em diferentes níveis de desenvolvimento
Fonte: Benthem (2015, fig. 1).

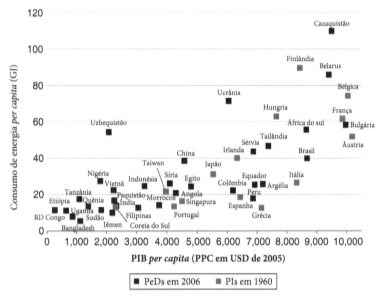

Figura 4.5 Consumo de energia e PIB em 1960 e nos últimos anos
Notas: PeDs = países em desenvolvimento; PIs = países industrializados
Fonte: Benthem (2015, fig. 2).

O consumo de energia é apenas um sinal de uma devastação mais geral que destrói ecossistemas, acelera a sexta extinção em massa de espécies que está em andamento, desestabiliza o clima e prepara um mundo muito difícil para as gerações futuras.

Por exemplo, nesse cenário, as populações do mundo vão entrando, uma após a outra, na esteira do desenvolvimento econômico; esse fato reproduz a aceleração de emissões de CO_2 observada na figura 4.1 para a primeira década do século. Conforme mostrado na figura 4.6, essa aceleração deveu-se inteiramente ao crescimento de economias emergentes, ou seja, principalmente a China.

Concluindo, esse poderia ser o cenário dos sonhos imaginado em 1970, antes que despertasse em nós a consciência das ameaças climáticas e ambientais. O desenvolvimento econômico e humano se amplia junto com a expansão da liberdade e da democracia em todo o mundo. Esse seria um cenário muito positivo se a população humana não fosse tão grande e negligente em um planeta tão pequeno e com recursos tão limitados. Infelizmente, a forma antiga de desenvolvimento está fadada a dar de cara com uma parede. Conforme a piada, se você acredita no crescimento exponencial contínuo, então você é um louco ou um economista.

A sustentabilidade pode ser definida como a compatibilidade entre as ações atuais e a preservação das chances de as gerações futuras terem, pelo menos, condições igualmente boas; variações mais estritas dessa noção, que não se concentram apenas no bem-estar humano, mas que incluem ainda a preservação de ecossistemas, podem também ser utilmente consideradas[15]. Para ser honesto, já sabemos que nossa vida na Terra não será possível em cerca de 500 milhões de anos, devido a radiação excessiva do Sol, e especialistas consideram realmente

---

15. Sobre a sustentabilidade e sua medição, cf. IPSP (2018a, cap. 4).

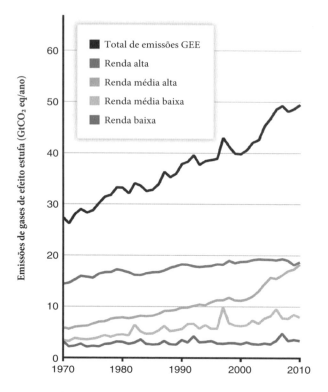

Figura 4.6 Emissões por regiões do mundo
Fonte: *IPCC AR5 Technical Summary*
(Resumo técnico do 5º Relatório do IPCC), fig. TS4

improvável que nossa espécie ainda esteja por aí em 2 milhões de anos. Em algum ponto, mesmo assumindo uma viagem interestelar, as coisas vão piorar para nossos descendentes. A questão, portanto, não é se nosso bem-estar atual é sustentável para sempre – provavelmente não é. A questão é por quanto tempo a espécie humana, bem como outras espécies, pode sustentá-lo.

No cenário que acabou de ser descrito as catástrofes ambientais podem ocorrer relativamente em breve, em questão de décadas. Elas foram descritas no primeiro capítulo e observe que, exceto por possíveis fenômenos repentinos que levem a um ponto de virada, não é tanto a rebelião do meio ambiente que provavelmente matará muitos de nós, mas os conflitos inter-humanos que inevitavelmente serão desencadeados pela piora nas condições de vida.

Portanto, é muito importante não perder de vista o objetivo da sustentabilidade. Ignorá-lo agora, na busca de uma noção míope de desenvolvimento humano, pode não apenas pôr em risco a opulência de um futuro distante e tecnicamente mais avançado. Pode ainda matar muitos de nossos filhos e netos.

O cenário autoritário

A ascensão do populismo nos países ricos torna o cenário de *apartheid* mais provável do que o cenário de "fim da história", mas também lhe dá uma perspectiva um tanto desalentadora no que se refere a alcançar progressos importantes na frente da liberdade e da democracia. Eis agora outro cenário em que a democracia e a liberdade são seriamente reduzidas, enquanto algum êxito é alcançado com respeito aos outros objetivos.

Nesse cenário, governos autoritários prosperam em muitos países do mundo e, liderados pela China e talvez Índia e Indonésia, iniciam várias transformações importantes nas políticas globais. Essas transformações são parcialmente explicadas pelo fato de que esses governos autoritários são menos míopes do que as legislaturas democráticas comuns e estão muito preocupados com as ameaças de longo prazo à estabilidade do regime, gerada por disparidades de desenvolvimento e pela degradação ambiental.

Em primeiro lugar, eles apoiam fortemente o desenvolvimento econômico, particularmente por meio de um forte incentivo a transferências de tecnologia e à construção de bancos de desenvolvimento regional que se esquivam dos canais tradicionais de investimento global. Os direitos de propriedade intelectual são submetidos a severas limitações com a finalidade de permitir o desenvolvimento de gigantes industriais regionais. Os fluxos de capital são igualmente controlados para evitar crises financeiras induzidas por movimentos voláteis. Eles aprenderam as lições de duas grandes crises financeiras (a crise asiática de 1997 e o colapso financeiro de 2007) e notaram que os países que controlaram os fluxos de capital estrangeiro e seus sistemas bancários eram muito mais imunes aos riscos financeiros globais. Relutantemente, instituições financeiras globais ajustam-se a essas iniciativas e concordam em deixar os fundos passarem por esses novos bancos, uma vez que controles maiores sobre os fluxos de capital restringem o fluxo de grandes investimentos diretos nos países pobres. O investimento asiático em regiões pobres do mundo, incluindo a África, cresce e ajuda muitos países a desenvolverem alguma capacidade industrial básica e a modernizarem sua agricultura.

Em segundo lugar, esses regimes adotam políticas de controle populacional voluntário. Essas políticas nem sempre são bem-vindas pelas populações pobres, para as quais as crianças são um recurso importante para aumento da renda e para o sustento na velhice. Algumas intervenções autoritárias, com fortes penalidades para o segundo e especialmente o terceiro filho, são implementadas, mas também são acompanhadas por um forte incentivo para a educação de meninas, esmagando a resistência de culturas tradicionalistas ainda dominadas pelo patriarcado. É amplamente aceito que a educação das meninas seja uma forma poderosa de acelerar a redução da taxa de fecundidade, pois dá às mulheres maior *status*, maior acesso a empregos e recursos e, portanto, maior controle sobre o número de filhos em suas famílias.

A figura 4.7 mostra o aumento da população projetado pela ONU sob diferentes pressupostos quanto à demografia. A continuação das taxas de fertilidade atuais (cerca de 2,45 filhos por mulher em nível mundial, com grandes disparidades entre as regiões) leva a um pesadelo explosivo, a curva exponencial mais alta do gráfico. Todos os cenários mais razoáveis preveem uma redução das taxas de fecundidade com a "transição demográfica" (redução conjunta da mortalidade e da natalidade) em andamento nos países mais pobres onde ela ainda não ocorreu. O cenário no qual a população diminui após 2050 envolve uma taxa de fecundidade mundial permanentemente abaixo de 2, como já observado em muitos países desenvolvidos.

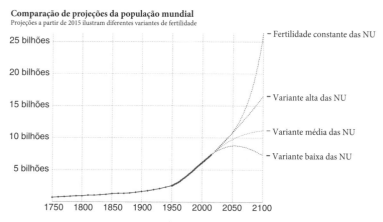

Figura 4.7 Projeções populacionais mundiais
Fonte: Our World in Data.

O cenário autoritário que consideramos aqui pode ser capaz de conduzir o mundo para a curva inferior de população, o que seria de grande ajuda no objetivo de preservar o meio ambiente e o clima. Estima-se que um aumento de 1% no tamanho da população leva a um aumento nas emissões de CO_2 que varia entre 1% e 2,5% (O'NEILL et al., 2012; CASEY; GALOR, 2017). A diferença entre a maior e a menor populações previstas pela ONU em 2100 é de quase 10 bilhões de pessoas, o que representa 144% em relação aos 6,8 bilhões de pessoas da curva mais baixa! Reduzir a população ajudaria muito a aliviar a ameaça de mudança climática.

Mas isso não seria suficiente, porque a população continuaria a aumentar até 2050 e o desenvolvimento das economias emergentes potencialmente faria disparar as emissões industriais, bem como as emissões de metano devido à agricultura e, especialmente, à pecuária. Embora o metano seja um gás poluente de vida curta (metade dele é decomposto em cerca de 12 anos, ao contrário do CO_2, que é muito estável e permanece por milênios), seu efeito estufa é muito mais forte do que o do CO_2 e, portanto, um aumento contínuo das emissões de metano no século teria um forte impacto nas temperaturas. Seria especialmente problemático se os países em desenvolvimento adotassem a dieta rica em carne dos países desenvolvidos. É aí que os governos autoritários intervêm, nesse cenário, restringindo fortemente a produção de carne e educando as pessoas a adotarem uma alimentação melhor, que seja mais ecologicamente correta e mais saudável. Um estudo recente descobriu que "a transição para dietas mais baseadas em vegetais, que estão alinhadas aos padrões recomendados de dieta alimentar, poderia reduzir em 6 a 10% a mortalidade global e em 29 a 70% as emissões de gases de efeito estufa vinculadas aos alimentos, em comparação com um cenário de referência em 2050" (SPRINGMANN et al., 2016). Dado que as estimativas de emissões de gases de efeito estufa vinculadas aos alimentos sejam responsáveis por cerca de um quarto das emissões totais, esse é um impacto substancial. Um potencial efeito colateral adverso dessa política é que o dinheiro economizado em custos de saúde poderia ser gasto em outros bens com sério impacto ambiental, levando assim ao que se chama de efeito "rebote", ou seja, a um aumento das emissões de gases de efeito estufa que, no final das contas, aconteceria devido a uma política que inicialmente pretendia reduzi-los.

Aqui, novamente, o braço forte dos estados desse cenário pode evitar o efeito rebote nas emissões de efeito estufa, controlando o uso dos recursos economizados.

Outra faceta ainda das políticas de braço forte é testemunhada no âmbito do projeto urbano. Tanto em cidades novas quanto no remodelamento de cidades antigas, a política dominante nesse cenário consiste em restringir a expansão urbana e o uso de automóveis e promover uma maior densidade habitacional que reduza o tempo de deslocamento e aumente a economia de energia em regiões frias – embora às vezes crie problemas de "ilhas de calor" em partes quentes do mundo, que podem ser enfrentados combinando edifícios com o máximo possível de vegetação. Fortes incentivos também são oferecidos para que as pessoas trabalhem em casa. Essas políticas envolvem uma abordagem autoritária de uso da terra e de mercados imobiliários que dificilmente é possível para governos mais liberais, exceto talvez no caso de projetar novas cidades. Ao que parece, embora a transição seja difícil para moradores tradicionais de condomínios, ou de subúrbios em países desenvolvidos, acostumados a passear por aí em seus carros – personagens típicos dos filmes americanos do final do século XX –, as novas gerações adaptam-se rapidamente à maior densidade habitacional e a vida em comunidade é bastante próspera em certos bairros, fomentada por bom espaço público para pedestres e crianças e pela proximidade de estabelecimentos comerciais, onde os contatos entre os habitantes locais são frequentes.

Nesse cenário, governos autoritários, de modo sábio, porém talvez não humano, impõem à população um estilo de vida de consumo moderado de energia, tendo em mente a estabilidade de longo prazo; o que preocupa é que não há nenhuma garantia de que esses governos autoritários sejam sábios em todos os aspectos e comedidos no uso da autoridade. O efeito colateral historicamente comprovado do autoritarismo é o abuso de poder, em qualquer tipo de ocasião, seguido por um nível crescente de protesto e repressão, levando a uma grave disrupção e um sério desperdício de recursos, para não falar do terrível custo em vidas humanas e violações de direitos humanos. Em um nível menos dramático, o autoritarismo também está associado a um maior grau de corrupção do que a democracia (KOLSTAD; WIIG, 2016), talvez devido à falta de freios e contrapesos, implicando falta de transparência, com menor liberdade de imprensa, especialmente. Embora a corrupção às vezes possa lubrificar o sistema, permitindo que pessoas com demandas urgentes recebam atenção prioritária de uma burocracia com recursos limitados, ela geralmente desvia recursos e gera ineficiências terríveis. A ideia de que governos autoritários podem ser mais eficazes em forçar mudanças no estilo de vida para alcançar uma economia mais verde, portanto, depende da suposição não tão plausível de que a corrupção e a violência não impedirão tais conquistas.

A democracia pode ser um sistema muito imperfeito, mas, quando combinada com um estado de direito robusto, é o melhor para minimizar a probabilidade de uma escalada de conflitos sociais e violência. Regimes democráticos podem resvalar no autoritarismo e ter surtos ocasionais de protesto, especialmente quando a coesão social se desintegra e uma parte da população sente que o contrato social foi quebrado pelas elites. Estamos agora nesse momento perigoso em muitos países desenvolvidos e em algumas economias emergentes. Mas, ainda assim, as democracias não são apenas o farol mais promissor da liberdade, elas são o *único* sistema que fornece uma garantia razoável de preservar as mínimas liberdades econômicas, sociais e culturais, individuais e coletivas, no longo prazo.

Tendências e oportunidades

É tentador perguntar qual dos três cenários é mais provável, e os recentes desdobramentos, que apontam para a redução da cooperação internacional e para um Estado de Bem-estar mais enxuto regido por políticas de austeridade, podem sugerir que o cenário de *apartheid* já começou. Mas ler os cenários como previsões seria um equívoco. Eles são apenas sinais de alerta, vislumbres do que poderia acontecer caso se deixe que certas tendências dominem o futuro.

Mas é preciso abandonar completamente uma concepção determinista e mecanicista da história. Tais concepções são sempre populares porque têm um senso de gravidade. Influenciado por Hegel, Marx pensou que poderia desenvolver uma teoria do "materialismo histórico", onde o estudo das tendências profundas do sistema econômico explicaria a maioria dos fenômenos sociais, incluindo a "ideologia" das pessoas. Ele imaginou que a humanidade se libertaria desse determinismo econômico apenas na era da abundância inaugurada pelo advento do comunismo, dando um viés econômico ao aforismo de Hegel segundo o qual "a coruja de Minerva abre suas asas apenas com o cair do crepúsculo". Encontramos acentos menos proféticos, mas igualmente deterministas, na teoria pessimista de Piketty (2014) sobre a tendência intrínseca do capitalismo de deixar o capital tirar vantagem e gerar desigualdades explosivas, a menos que algumas políticas fortes de tributação sejam implementadas. E, em um nível muito menos respeitável, porém muito mais assustador, ouvimos que um dos principais conselheiros do presidente dos Estados Unidos é inspirado por uma teoria fantasiosa de que a história passa por ciclos de crises, guerra e redenção, sendo o período atual o início de uma nova fase de guerra.

O determinismo histórico está totalmente errado. Sempre há muitas oportunidades de fazer a história girar em várias direções, e as oportunidades sempre estiveram presentes mesmo na Antiguidade, quando a genialidade ou a loucura de alguns poucos líderes podiam determinar o destino de uma cidade ou de um reino. A característica interessante do período atual é que nunca houve uma combinação de graves ameaças globais e tremendas oportunidades, ambas geradas pelo êxito do desenvolvimento humano. Podemos não estar na era da abundância e o comunismo, conforme imaginado por Marx, não está do outro lado da esquina, mas certamente podemos sentir-nos coletivamente empoderados por nossos recursos materiais e intelectuais para conscientemente fazer escolhas importantes que podem levar o planeta e nossa população ao precipício ou a um futuro melhor.

Argumentou-se, neste capítulo, que a chave para um futuro mais reluzente é combinar o progresso nas três frentes de equidade, sustentabilidade e liberdade. E três maneiras foram descritas, entre muitas, dentre as quais a humanidade pode falhar nessa tarefa um tanto assustadora. Agora é a hora de explorar, na segunda parte deste livro, como se pode ter êxito.

Parte II | Agindo pelo
progresso social

5
EM BUSCA DE UMA NOVA "TERCEIRA VIA"

A primeira parte deste livro mostrou que, depois de grandes conquistas nos últimos séculos, buscar "negócios como de costume" é simplesmente impossível no século XXI, a menos que queiramos exacerbar tensões que poderiam colocar em risco os ganhos acumulados ao longo do último meio século e com isso destruir, ou pelo menos prejudicar dramaticamente, a espécie humana e muitas outras espécies. Além disso, qualquer saída dessa enrascada deve buscar, em conjunto, os três objetivos de equidade, sustentabilidade e liberdade. Embora esse desafio seja amedrontador, ele também oferece uma oportunidade única de repensar e melhorar a estrutura básica da sociedade. Na verdade, parece que apenas uma sociedade significativamente melhor pode enfrentar o desafio.

Isso levanta imediatamente as seguintes questões: Como isso pode ser alcançado? O que precisa ser mudado e o que pode ser preservado? Quem deve fazer o quê? Para responder a essas perguntas, prosseguiremos em três etapas.

Em primeiro lugar, é importante entender por que as velhas perspectivas ideológicas sobre o capitalismo e o socialismo, sobre o mercado e o governo, estão agora obsoletas, e como os conceitos recentes desenvolvidos pelas ciências sociais fornecem uma maneira muito melhor de compreender o que faz as pessoas prosperarem ou sofrerem enquanto navegam o sistema social ao longo de suas vidas. Esse é o tema deste capítulo, que defende o projeto de buscar um caminho alternativo além do capitalismo e do socialismo.

Em segundo lugar, é preciso explorar alternativas concretas e examinar como as instituições-chave da sociedade podem ser reformadas. O foco nos próximos capítulos será sobre o mercado, a corporação, o Estado de Bem-estar Social e a política. Serão feitas propostas concretas sobre como reformá-los e como reunir seus pontos fortes tendo em vista os três objetivos de equidade, sustentabilidade e liberdade.

Por fim, é preciso identificar uma estratégia de mudança e um conjunto de atores, os "agentes de mudança", que podem fazer pressão pelas transformações desejadas. Esse será o tópico do capítulo final. A principal mensagem será que a mudança transformadora deve envolver iniciativas de baixo para cima, bem como – e provavelmente mais do que – na direção de cima para baixo. Assim, o capítulo final convidará cada leitor a se tornar um agente de mudança.

Socialismo e propriedade

Na perspectiva marxista, a história das sociedades tem sido uma sucessão de artifícios que permitem a certos grupos de elite acumular vantagens explorando uma multidão de trabalhadores. O capitalismo é apenas o mais recente desses sistemas, com trabalhadores comuns sendo explorados por investidores e empregadores. O processo que gera a exploração no capitalismo envolve o mercado de trabalho, no qual se troca mão de obra por dinheiro e os trabalhadores aceitam contratos que deixam um lucro para a elite rica. Os proprietários dos "meios de produção" contratam trabalhadores e extraem "mais-valia", pagando por seu trabalho menos do que o seu valor total.

Essa visão do capitalismo implica um foco na distribuição da propriedade dos "meios de produção". Ela identifica a propriedade particular como origem de todos os problemas, uma vez que todo proprietário privado pode explorar a mão de obra simplesmente contratando serviços no mercado de trabalho. Vale a pena revisar a lista de reformas preconizadas no final do Manifesto Comunista[1]:

1) Abolição da propriedade da terra e aplicação de todas as rendas da terra para fins públicos.

2) Um pesado imposto de renda progressivo ou gradual.

3) Abolição de todos os direitos de herança.

4) Confisco da propriedade de todos os emigrantes e rebeldes.

5) Centralização de crédito nas mãos do Estado, por meio de um banco nacional com capital estatal e monopólio exclusivo.

6) Centralização dos meios de comunicação e transporte nas mãos do Estado.

7) Ampliação de fábricas e instrumentos de produção pertencentes ao Estado; cultivo de terras improdutivas e melhoramento do solo de modo geral, de acordo com um plano comum.

8) Igual responsabilidade de todos pelo trabalho. Estabelecimento de exércitos industriais, especialmente para a agricultura.

9) Combinação de agricultura com indústrias manufatureiras; abolição gradual de todas as distinções entre a cidade e o campo.

10) Educação gratuita para todas as crianças em escolas públicas. Abolição do trabalho infantil na fábrica em sua forma atual. Combinação de educação com produção industrial.

---

1. Essa lista é discutida no IPSP (2018a, cap. 8).

Essa lista está repleta de itens que visam expropriar a riqueza e nacionalizar o capital. Alguns deles foram implementados desde então. O banco central público, a tributação progressiva da renda e o ensino público, juntamente com alguns serviços públicos, tornaram-se rotina (embora não sem altos e baixos). Mas os outros itens parecem pouco atrativos ou completamente assustadores – a ideia de um "exército industrial" tenebrosamente lembra os *Soldaten der Arbeit* (soldados do trabalho) que Bismarck imaginou e que Hitler e Stalin implementaram. Visivelmente estão faltando na lista muitos programas sociais comuns, como o seguro saúde ou as pensões públicas.

O que a abordagem marxista falhou em ver é que a propriedade privada é popular e bem-sucedida em gerar progresso econômico e social, por um bom motivo. As pessoas precisam planejar suas vidas e se sentir independentes. Quando tudo o que consomem vem de um fundo comum, duas coisas acontecem. Em primeiro lugar, existe uma tendência natural ao oportunismo, quando se deixa de contribuir para a panela em comum e se tira muito dessa panela, levando à chamada "tragédia dos comuns". Em segundo lugar, dado que a falta de incentivos para contribuir requer uma disciplina de "exército" no trabalho e a falta de incentivos para ser comedido exige o racionamento de bens de consumo, as pessoas então caem em um estado de forte dependência dos guardiões do sistema, o que vai contra o desejo natural das pessoas de estarem no controle de suas vidas. Por outro lado, a propriedade privada oferece aos proprietários uma sensação de segurança e incentivos para gerar riqueza com diligência e administrar sua propriedade com prudência.

A teoria marxista da exploração também é falha. O lucro não é, em essência, mão de obra roubada. Em condições normais, ele re-

Roubo generalizado de salário requer uma resposta mais forte do governo

Valor de roubos de salários* comparado com o valor combinado dos assaltos de rua e a bancos, postos de gasolina e lojas de conveniência, 2012

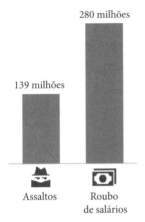

Figura 5.1 Roubo de salários em comparação com assaltos nos Estados Unidos
Nota: *Valor dos salários em comparação com assaltos nos
Estados Unidos em 2012
Fonte: www.epi.org/publication/wage-theft-bigger-problem-theft-protect/

compensa os serviços reais de inovação, capital e gestão. Às vezes, o lucro é inflado pelo poder de mercado, que permite às empresas reduzir salários e aumentar preços. Às vezes, leva-se vantagem indevida sobre trabalhadores vulneráveis que são forçados a trabalhar sem remuneração ou simplesmente privados de seus salários devidos. Estima-se que o roubo de salários seja pelo menos duas vezes mais impactante do que os roubos de rua nos Estados Unidos, por exemplo (figura 5.1). Mas nem todo lucro é roubo.

Terceiras vias

Embora a doutrina marxista tenha sido agora em grande medida abandonada, ela permanece hoje influente por meio de uma ênfase persistente na redistribuição de propriedade (renda ou riqueza), em debates políticos. Mas esses debates podem ser enquadrados como se fossem sobre algo que não é nem capitalismo puro nem socialismo puro. A busca por uma "terceira via" tem sido o passatempo favorito de pensadores e formuladores de políticas.

Houve duas concepções populares diferentes de terceira via e uma terceira menos popular que iremos destacar por último. Elas não são exclusivas e, nos próximos capítulos, argumentaremos a favor de combiná-las de forma adequada.

A mais tradicional teoriza o Estado de Bem-estar Social como a materialização da terceira via. O Estado de Bem-estar é concebido como uma máquina redistributiva que restringe as desigualdades mercadológicas entre lucros e salários, bem como entre salários altos e baixos. A tributação progressiva cria um sistema capitalista misto no qual as desigualdades permanecem moderadas, enquanto a economia continua a operar sob os cânones do sistema de mercado capitalista. As leis de salário-mínimo também contribuem para manter os padrões de vida dos trabalhadores menos qualificados em um nível decente, induzindo as empresas a adotar tecnologias e métodos que tornam o trabalho suficientemente produtivo.

A segunda concepção de terceira via ainda atribui um papel proeminente ao Estado de Bem-estar Social, mas com uma finalidade diferente. Em vez de reduzir as desigualdades *após* o mercado (por meio de impostos e transferências) ou *dentro* do mercado (por meio de salários-mínimos, regulação de aluguéis e controles semelhantes de preços), o objetivo é preparar os indivíduos *para* o mercado, dando-lhes os meios para competir com êxito, por meio da oferta de boa educação escolar e universitária, bons cuidados de saúde e serviços semelhantes. Essa é a terceira via conceituada por Anthony Giddens e que inspirou Tony Blair. Como escreveu Giddens, "o cultivo do potencial humano deve, tanto quanto possível, substituir a redistribuição 'após o evento'" (1998, p. 101). Essa abordagem, mais que a anterior, tem a preocupação de deixar o mercado operar da forma mais eficiente possível, a fim de preservar a competitividade em um mundo globalizado.

É claro que a maioria dos estados de bem-estar combina as duas abordagens e alguns têm características adicionais, como os países escandinavos, onde o Estado também incentiva a negociação central entre os interesses trabalhistas e comerciais, de modo a definir um conjunto de níveis salariais que mantêm a economia produtiva e competitiva, ao mesmo tempo que limita as desigualdades. O capítulo 7 examinará o Estado de Bem-estar com mais detalhes.

Há uma terceira "terceira via" que é menos conhecida. Não envolve diretamente o Estado, mas visa reformar as próprias instituições produtivas, por meio do desenvolvimento de corporações orientadas aos *stakeholders* e firmas alternativas, como as cooperativas. Essa tradição remonta aos primeiros debates entre socialistas, nos quais aqueles que queriam que o Estado confiscasse propriedades e protegesse os trabalhadores se opunham àqueles que queriam colocar os trabalhadores no controle de novas associações produtivas pertencentes aos trabalhadores. Os "estatistas" venceram a batalha política interna na esquerda e a outra forma ("socialismo de guildas") esmaeceu. Esta última tradição está sendo reavivada no próspero "terceiro setor" de cooperativas, empresas sociais e empreendimentos mútuos semelhantes, que adotam princípios diferentes daqueles de mera busca por lucro. O setor cooperativo sozinho agora envolve mais de 1 bilhão de membros-trabalhadores e membros-usuários em todo o mundo (tabela 5.1) e o número total de seus membros-trabalhadores e membros-produtores é mais do que duas vezes o número de funcionários em corporações transnacionais (UNRISD, 2016). Seus

Tabela 5.1 Empregos e associações em cooperativas no mundo

	Número de cooperativas	Empregos em cooperativas			Total de empregos (A + B + C)	Membros--usuários (D)	Total de membros (B + C + D)
		Empregados (A)	Membros trabalhadores (B)	Membros produtores (C)			
Europa (37)	221.960	4.710.595	1.554.687	9.157.350	15.422.632	152.064.608	162.776.645
África (35)	375.375	1.939.836	37.836	20.410.298	22.387.970	33.638.298	54.086.432
Ásia (33)	2.156.219	7.426.760	8.573.775	219.247.186	235.247.721	320.130.233	547.951.194
América (39)	181.378	1.896.257	982.285	3.237.493	6.116.035	417.580.396	421.800.174
Oceania (12)	2.391	75.438	0	147.071	222.509	30.696.144	30.843.215
Total geral (156)	2.937.323	16.048.886	11.148.583	252.199.398	279.396.867	954.109.679	1.217.457.660

Fonte: Hyung-sik Eum (2017).

defensores argumentam que ele fornece uma alternativa ao capitalismo, embora, em geral, esse setor seja visto como um complemento da economia-padrão e não como um substituto.

No entanto, alguns pensadores como John Stuart Mill ou o ganhador do Prêmio Nobel James Meade pensaram em uma alternativa ao capitalismo envolvendo a substituição das relações capitalistas por parcerias reais, nas quais os trabalhadores teriam voz na governança de associações produtivas, em sua capacidade de fornecer mão de obra e não como proprietários de capital. Nessa forma de terceira via, a mão de obra contrataria capital, em vez do contrário, como é o caso no capitalismo. Meade (1964) imaginou uma fórmula complexa pela qual os trabalhadores receberiam ações que lhes desse direitos sobre parte do valor agregado gerado pela empresa. Embora a sua fórmula nunca tenha sido realmente experimentada, a ideia de uma forma democrática de governança corporativa envolvendo os *stakeholders* relevantes e, especialmente, os trabalhadores tornou-se popular em algumas escolas de administração. Essa questão continuará sendo discutida no próximo capítulo.

Não é mera questão de recursos

O que é especialmente interessante sobre essa terceira "terceira via" é que ela não deixa as instituições da economia de mercado inalteradas e depende de uma transformação das relações sociais dentro de uma instituição econômica central, a empresa produtiva. Ela reflete uma perspectiva mais ampla do que o tradicional foco socialista na propriedade, e considera a possibilidade de redistribuir o poder sem redistribuir riqueza ou expropriar os proprietários. Também reflete uma preocupação com o poder e o *status* social que não se encontra nas concepções de uma terceira via centrada no Estado de Bem-estar e na distribuição de bens e recursos.

Muitas vezes se esquece que a propriedade privada não é concedida naturalmente, mas sim uma instituição moldada por normas e leis. O que você tem permissão para fazer com sua propriedade é que pode variar muito. Em particular, é contestável a aceitabilidade de usar riqueza para comprar poder sobre trabalhadores, votos de cidadãos, influência sobre políticos, influência da mídia, prestígio social ou uma alma limpa; dependendo do contexto, essas práticas podem ser variavelmente consideradas como perfeitamente normais, completamente inaceitáveis e todas as nuanças entre uma e outra. Logo, a principal batalha pelo progresso social pode ser não tanto por redistribuir riqueza quanto por delinear os direitos à riqueza.

Na maioria dos exemplos de usos contestados da riqueza que foram citados está em jogo a conversão de recursos em poder ou *status*. A distribuição de poder e a distribuição de *status* são aspectos essenciais da qualidade de uma sociedade. A tradição socialista, obcecada pela propriedade, tem se preocupado menos com as desigualdades em outras dimensões, abrindo então caminho para instituições fortemente hierárquicas e autoritárias, e a história mostra como a cegueira sobre uma importante dimensão da justiça social pode arruinar completamente grandes ideais e produzir terrível sofrimento humano.

Agora que o sonho socialista da propriedade coletiva foi em grande medida abandonado, o debate sobre o progresso social deslocou-se para a questão mais pragmática do grau e da forma de intervenção do governo na economia de mercado, mas continua centrado na redistribuição de recursos. Embora não se possa negar que esta seja uma questão central, é lamentável o quanto ela costuma ser enquadrada de forma estreita em debates públicos típicos e como isso pode esconder de vista as reformas mais promissoras.

Em primeiro lugar, a economia é apenas parcialmente uma questão de mercado. As atividades econômicas mais importantes acontecem de fato na família e na empresa (sem esquecer os órgãos do governo e as instituições públicas que fornecem bens e serviços públicos, assim como infraestruturas essenciais). A família e a empresa resguardam os indivíduos da concorrência de mercado e possibilita-lhes cooperar, como grupos, para o êxito comum no mundo exterior (onde, de fato, eles vão ao mercado). Por que isso é importante? Porque o bem-estar das pessoas depende crucialmente do que acontece nesses grupos e organizações. Ao se focar a questão do progresso social nas virtudes e falhas do mercado, deixa-se de perceber como as pessoas prosperam ou sofrem em suas famílias, locais de trabalho, escolas e assim por diante.

Por exemplo, um fenômeno essencial que acompanhou a crescente participação das mulheres no mercado de trabalho foi uma mudança em sua parcela na distribuição de recursos, mas também em seu relativo *status* e controle no lar e uma – ainda insuficiente – redistribuição das tarefas domésticas entre os cônjuges. A persistente disparidade salarial entre homens e mulheres no mercado de trabalho é uma questão importante, mas não apenas pela equidade distributiva. Ela está conectada ao que acontece dentro do lar em termos de *status*, poder e independência das mulheres[2].

Estresse ocupacional na Europa, mortes nos Estados Unidos

O local de trabalho fornece outro exemplo central da importância do controle e do *status* social. Um emprego não dá a você apenas uma renda. Também lhe confere um *status* social e lhe ocupa a maior

---

2. Cf. IPSP (2018c, cap. 17) para uma análise detalhada de como a situação das mulheres na família foi alterada em relação às mudanças no mercado de trabalho e nas políticas governamentais.

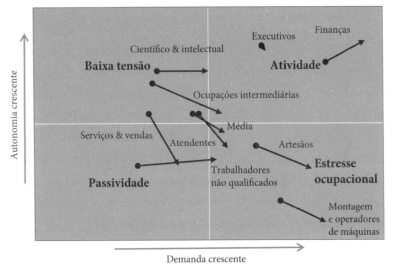

Figura 5.2 Estresse ocupacional na Europa (1995-2010)
Observação: as setas representam a direnção da mudança ao longo do período de tempo
Fonte: Askenazy (2016).

parte da semana, colocando-o em uma hierarquia que determina o quanto ele tem de controle sobre sua vida profissional. Quando as coisas dão errado no local de trabalho, você não se preocupa apenas em manter seu emprego e sua renda. Você pode perder sua dignidade ou sua saúde devido ao estresse. Na verdade, parece que o estresse no trabalho aumentou nas últimas décadas. Ferramentas interessantes para medir o estresse no trabalho foram desenvolvidas pelos sociólogos do trabalho Johannes Siegrist, Robert Karasek e Töres Theorell. Eles consideram a qualidade do trabalho e o estresse ocupacional em termos de incompatibilidade entre demanda e recompensa (contrato quebrado) e uma combinação nociva entre alta demanda e baixa autonomia no emprego (cf. figura 5.2)[3].

---

3. Cf. IPSP (2018a, cap. 7) para explicações adicionais sobre as abordagens e medidas.

Os economistas de Princeton Anne Case e Angus Deaton (2015, 2017) demonstraram com clareza que os problemas econômicos arruínam mais do que os padrões de vida das pessoas. Eles observam que as taxas de mortalidade para estadunidenses brancos de meia-idade e de classe baixa pararam de melhorar e estão subindo novamente, enquanto as taxas para outros grupos etários, sociais e étnicos continuam a tendência de queda (embora um aumento muito recente pareça afetar os negros). Os países europeus, ao mesmo tempo, têm registrado uma melhoria contínua. As causas imediatas da crise de mortalidade nos Estados Unidos parecem ser primariamente drogas (incluindo analgésicos), álcool e suicídio. Case e Deaton mostram que as causas ou correlatos mais profundos parecem não ser apenas a estagnação de renda, mas também a redução da participação no trabalho (por desânimo e doença), a diminuição da taxa de nupcialidade, o aumento da ruptura familiar e maiores dificuldades em socializar com amigos.

Esses dados revelam que as tendências sociais são muito mais preocupantes do que parecem quando vistas através das lentes econômicas. A renda dos operários, em média, pode estar apenas estagnada, mas essas pessoas têm uma percepção muito mais desalentadora de sua situação, que inclui o deslocamento social, a perda de *status* e reconhecimento, a perda de controle e a quantidade de mortes e doenças decorrentes. Onde as estatísticas econômicas mostram estagnação, a experiência concreta das pessoas é de uma clara deterioração de sua situação. A raiva expressa na última década por protestantes e eleitores em muitas democracias ocidentais provavelmente tem muito a ver com esse sentimento de tendência a piorar, que contrasta com a soberba de um *establishment* que analisa primariamente os dados macroeconômicos.

O que isso nos diz sobre como buscar uma sociedade melhor? Isso mostra que, embora empregos e salários interessem muito, o que acontece *dentro* das famílias, das comunidades e dos locais de trabalho também são muito importantes. Ademais, isso é importante de duas maneiras. Em primeiro lugar, uma distribuição mais justa de recursos, *status* e controle nesses coletivos beneficia diretamente a capacidade das pessoas de prosperar e de planejar suas vidas e estimula sua autoestima e saúde. Em segundo lugar, alterar a distribuição de poder muda a estrutura de governança e altera as decisões tomadas, com muitas consequências adicionais. Lares onde as mulheres têm maior controle dão maior atenção à educação dos filhos, especialmente das meninas, induzindo a um círculo virtuoso. Empresas em que os *stakeholder*s têm mais voz apresentam uma disparidade salarial menor e são mais responsáveis em termos sociais e ambientais, conforme será discutido nos próximos capítulos deste livro.

Vozes dos pobres

Se você não está convencido de que o foco no mercado e na redistribuição de recursos econômicos é limitado demais para explorar o caminho rumo a uma sociedade melhor, ouça a voz das pessoas mais pobres. Seria possível acreditar que aqueles que mais carecem de recursos deveriam ser os mais focados nessa dimensão. Mas esse não é o caso. "O mais terrível em viver na miséria é o desprezo, é que te tratem como se você não valesse nada, que te olhem com nojo e com medo e te tratem até como inimigo. Nós e nossos filhos vivenciamos isso todo dia e isso nos machuca, nos humilha e nos faz viver com medo e vergonha", diz Edilberta Béjar, do Peru, na ATD (2013, p. 39). Também é esmagador o grau de restrição imposto pelos outros, incluindo as agências que deveriam ajudar, por exemplo, quando as crianças são levadas a um orfanato ou quando a ajuda condicional envolve monitoramento intrusivo. Conforme diz um ativista de Senegal:

A sociedade de hoje age com arrogância ao pensar que pode acabar com o sofrimento apenas compartilhando bens materiais. Pensa que pode acabar com a pobreza e a exclusão com a acumulação de bens. Isso impede que o mundo tenha que pensar sobre a questão essencial, que é o esforço de cada pessoa para criar as condições de liberdade e libertação em uma terra de extrema pobreza (ATD 2013, p. 54).

Essas citações vêm de um relatório da ATD, uma ONG que sempre defendeu que os pobres deveriam ser os agentes de sua própria libertação. Outra organização também prova que esses ideais de dignidade e emancipação são difundidos no mundo: a Self-Employed Women Association (Sewa, Associação de Mulheres Trabalhadoras Autônomas), na Índia, que tem mais de 2 milhões de membros que estão entre as mulheres mais pobres. Ela funciona como uma associação sindical, promovendo iniciativas de treinamento, finanças e várias formas de suporte à gestão.

"O trabalho da Sewa baseia-se nas crenças fundamentais de que o empoderamento econômico leva à justiça social, que o trabalho deve contribuir para o crescimento e o desenvolvimento de outros e que a descentralização da propriedade econômica e da produção cria uma sociedade mais justa" (IPSP, 2018a, cap. 8). O que é especialmente interessante a respeito de sua abordagem é que ela vincula o empoderamento não apenas ao acesso a recursos, mas também à melhoria do *status*, da autoestima e da dignidade. Além disso, inspirado no pensamento indiano, há um foco importante nas relações, tanto entre as pessoas quanto entre os humanos e a natureza, com um senso de reciprocidade e uma atenção especial aos procedimentos democráticos e garantindo que os mais fracos tenham voz.

Em outras palavras, sua filosofia gira muito em torno de melhorar relações e fornecer acesso ao conhecimento, ao controle, ao *status* e a recursos. Elas promovem a descentralização e o trabalho comunitário, com a ideia de que as comunidades no controle de seu próprio sustento, localmente, cuidam melhor do meio ambiente e se tornam mais autorresilientes. Também visam dar maior reconhecimento ao trabalho não monetário que desempenha funções úteis na vida da comunidade.

Com base nessa filosofia, a Sewa tem desenvolvido importantes iniciativas em finanças com seu próprio banco cooperativo, em treinamento com uma escola de administração para microempreendedoras, em segurança alimentar com sua cadeia de distribuição e em novas tecnologias de comunicação para divulgação de informações sobre preços e assistência nas transações. Milhões de indianos se beneficiaram dessas iniciativas.

Concorrência *versus* cooperação

Se a busca por uma sociedade melhor não deve se concentrar ou se limitar à redistribuição de recursos por parte do governo, em que direções deve ser a busca? Recentes desdobramentos nas ciências sociais, conforme se reflete nas análises do relatório do IPSP, sugerem a seguinte visão do que faz a sociedade aprimorar ou arruinar a prosperidade humana.

O bem-estar das pessoas depende não apenas de seus padrões de vida econômicos, mas também da qualidade de suas relações sociais. Somos seres sociais e nossa prosperidade, mesmo nas culturas mais individualistas, é profundamente moldada por interações sociais[4].

Desde suas origens, os humanos se congregaram em grupos nos quais desenvolveram a cooperação, a fim de melhor competir contra o mundo externo. A concorrência por liderança e outras vantagens

---

4. Cf. os cap. 2 e 8 do IPSP (2018a) para análises dos determinantes do bem-estar.

também afligiu as histórias desses grupos, mas os humanos estão entre as espécies mais cooperativas e provavelmente desenvolveram essa capacidade por meio de um processo evolutivo que selecionou os grupos mais eficazes, ou seja, aqueles nos quais a cooperação funcionou melhor.

A combinação entre concorrência e cooperação evoluiu ao longo da história e permanece diferente em várias partes do mundo. Em alguns países, as crianças são criadas em uma visão patriótica de dedicação aos objetivos comuns da nação, enquanto em outros promove-se o êxito pessoal e a concorrência individualista começa cedo na escola. Comunidades locais e famílias extensas mantêm fortes laços de solidariedade em alguns lugares, enquanto em outros a solidariedade não se estende muito além da família nuclear, ou é compartilhada entre a família nuclear e o Estado de Bem-estar Social. Como explicado anteriormente, as empresas são organizações nas quais os trabalhadores e outros contribuintes cooperam para produzir e vender no mercado. Uma transação de mercado é em si um empreendimento cooperativo entre comerciantes (sendo o objetivo comum chegar a um acordo e beneficiar-se mutuamente da transação).

Em geral, a cooperação é mais propícia a relações sociais de boa qualidade do que a concorrência, mesmo que a cooperação não elimine conflitos de interesse, uma vez que, em um empreendimento cooperativo, compartilhar contribuições e recompensas coloca as pessoas umas contra as outras até certo ponto. Um *ethos* cooperativo também pode ser opressor. Um dos autores deste livro, após uma palestra pública sobre cooperativas, ouviu de um ex-membro de cooperativa que a pressão mútua para trabalhar duro era muito alta ("os colegas ligavam para você em casa quando estava doente, pedindo para você voltar"). A cooperação entre alguns atores também pode ser prejudicial para outros, assim como em cartéis de mercado que prejudicam os clientes. Mas, em geral, incentivos obtidos por meio de cooperativa são mais propícios à prosperidade humana do que a emulação competitiva e também aumentam o nível de confiança e a circulação de informação, tornando o grupo mais eficaz. Portanto, considera-se geralmente um bom conselho incentivar a cooperação em vez da concorrência dentro de famílias, comunidades, escolas e empresas[5].

A rede de interações sociais

Embora a distinção entre concorrência e cooperação seja útil, ela não fornece uma descrição suficientemente refinada dos vários padrões de relações sociais. Este livro não tem a finalidade de fornecer uma teoria geral das relações sociais, mas seguem aqui exemplos típicos de relações sociais que vão mal (e podem acontecer em contextos competitivos e cooperativos) e devem ser evitadas tanto quanto possível ao se buscar desenhar melhores instituições.

Comecemos com relações ruins envolvendo o desequilíbrio de poder e controle. As pessoas podem ser privadas de controle suficiente sobre sua vida de pelo menos três maneiras. Elas podem ser *subordinadas*, como a esposa na família patriarcal e o trabalhador na empresa tradicional. Mas também podem ser *dependentes* sem serem subordinados, quando sua situação depende de forças externas que eles não controlam, como o beneficiário da previdência que não tem certeza de receber suporte contínuo de uma administração instável

---

5. Uma pesquisa IPSP realizada em uma amostra representativa da população dos Estados Unidos em 2017 mostra uma clara preferência pela cooperação. Em média, as pessoas se sentem melhor em situações de cooperação (menos estressadas e irritadas, mais eufóricas e empolgadas, igualmente focadas), e a maioria dos entrevistados acha que aumentar a cooperação em sua vida a tornaria, no geral, melhor (55%), menos estressante (59%) e mais agradável (57%), enquanto apenas uma pequena proporção pensa que pioraria nessas frentes (respectivamente, 10%, 12% e 12%).

e, portanto, incapaz de fazer planos de longo prazo, ou as mulheres que não podem andar com segurança nas ruas em determinados horários. Por fim, podem ser *obrigados* por deveres que lhes são impostos, como a última filha da família que deve permanecer solteira e ficar com os pais para cuidar deles na velhice, ou o trabalhador da cooperativa mencionada anteriormente, que dificilmente pode tirar um dia de licença médica.

Problemas com o *status* social produzem outro conjunto de casos em que as pessoas podem ser privadas de dignidade. Primeiro, isso pode acontecer por meio da humilhação e da *vergonha*, conforme descrito pelas pessoas pobres citadas no início deste capítulo. É, de fato, muito problemático que muitas políticas de bem-estar que deveriam ajudar os pobres na verdade abalam sua dignidade dessa forma. Muitas empresas também tratam seus trabalhadores de maneira humilhante, por exemplo, na forma como os submetem a exames de urina para detecção de drogas durante os procedimentos de contratação. Em segundo lugar, as pessoas podem sofrer discriminação, ao serem *excluídas*, evitadas e ostracizadas, como o povo Roma na Europa ou a casta Dalit na Índia. Em terceiro lugar, a discriminação também pode significar ser incluído, mas em papéis sociais *inferiores*, como na hierarquia de empregos públicos em muitos países, que frequentemente seguem diretrizes raciais estritas.

Todas essas formas de relações sociais opressivas podem ser combinadas em situações concretas. Por exemplo, considere o caso muito comum de uma mulher operária sendo assediada sexualmente por um capataz[6]. Isso pode assumir uma forma de *humilhação* (quando colegas riem), transmitindo um sentimento de extrema *subordinação* e associando-se à ideia de que as mulheres trabalhadoras têm

---

6. Cf. www.lemonde.fr/societe/article/2017/11/23/violences-sexuelles-chez-les-ou
vrieres-la-peur-de-perdre-son-travail_5219215_3224.html

um *papel inferior* na organização. Também pode estar ligado a chantagens por promoção, exacerbando a *dependência* do subordinado à boa vontade do superior.

Dada a crescente importância do ensino superior e do conhecimento na economia e na política, a circulação de informações fornece outros exemplos importantes de interações sociais nocivas. A falta de transparência na governança de organizações muitas vezes dá cobertura para práticas questionáveis, e o crescente papel dos denunciantes tem revelado como a transparência pode ser transformadora, em geral, para melhor. A distorção da informação também é profundamente impactante, notavelmente na política, e a crescente preocupação com *fake news* está agora revivendo a velha luta contra a propaganda ideológica. Em suma, as pessoas podem ser *privadas* de informação, como é o caso de muitas mulheres que não recebem educação ou que são dominadas em sua família, bem como para a maioria dos trabalhadores deixados na ignorância, por seus empregadores, a respeito de decisões que afetam profundamente sua vida profissional e pessoal; ou eles podem ser *enganados*, como quando os propagandistas procuram induzir um comportamento eleitoral que não é do verdadeiro interesse dos cidadãos.

Esses são apenas alguns exemplos de uma miríade de maneiras pelas quais as interações sociais podem ser prejudiciais. Deve-se enfatizar que aquilo que acontece em uma determinada interação influencia outras interações. Já foi mencionado que uma mudança na participação das mulheres no mercado de trabalho (da exclusão para a inclusão e alcançando empregos de maior *status*) mudou também sua situação no lar, dando-lhes não apenas mais recursos, como também maior controle e melhor *status*. Essas repercussões entre diferentes interações levam as pessoas a fazer concessões. As pessoas aceitam um trabalho ruim quando isso lhes dá recursos suficientes para arcar com um divórcio e adquirir maior independência de uma família opressora. Benefícios sociais podem gerar dependência em relação a assistentes sociais ou políticas governamentais, mas pode simultaneamente melhorar o poder de negociação do beneficiário no mercado de trabalho e obter mais recursos, maior controle e melhor *status*. As pessoas podem aceitar a humilhação de certas formas paternalistas e evidentes de benefícios sociais (como vales-alimentação) com o objetivo de dar aos filhos uma educação melhor. Ou, ao contrário, podem evitar mandar seus filhos para a escola, de alguma forma excluindo-se da sociedade, a fim de esconder sua miséria e evitar que seus filhos sejam mandados para um orfanato.

Uma sociedade justa é aquela em que as interações sociais são, tanto quanto possível, desprovidas de todos esses maus padrões de interação que abalam a dignidade das pessoas. É uma sociedade que evita fazer as pessoas enfrentarem duras concessões, nas quais devem negociar sua dignidade por outras vantagens.

Promovendo a justiça social

Existem duas maneiras de combater as más interações sociais. Uma consiste em fornecer às pessoas as habilidades que lhes permitam navegar nas várias interações com êxito. Apoiar o acesso a escolas e universidades e a formação contínua, bem como prover assistência à saúde, fortalece os trabalhadores no mercado de trabalho; garantir uma renda mínima fortalece os beneficiários em casa e no trabalho; informações precisas fortalecem os cidadãos ao participarem da política; garantir às pessoas LGBTQIA+ o direito de casar e ter filhos fortalece-as e torna-as melhor incluídas em sua comunidade; distribuir complemento de renda às mulheres pode aumentar seu controle sobre as despesas domésticas; e assim por diante.

A outra maneira de coibir más interações consiste em mudar as regras do jogo nas várias conjunturas e organizações em que essas interações ocorrem. Impor limitações rígidas à concentração de mercado e às atividades bancárias protege os consumidores e tomadores de empréstimos; democratizar (ou seja, compartilhar poder e informações em) organizações públicas torna a voz dos cidadãos mais efetiva; e democratizar as empresas confere aos trabalhadores muito mais dignidade. É mais difícil mudar as regras do jogo nas famílias e nas comunidades, mas isso pode ser alcançado por meio de pressão pelos *stakeholders* mais relevantes[7].

As duas maneiras não são exclusivas e podem se reforçar ou produzir círculos virtuosos. Por exemplo, pagar transferências de dinheiro para mulheres pode aumentar seu poder e *status* e, pouco a pouco, contribuir para a mudança das normas e tradições que regem os papéis de gênero na família.

Munidos desses conceitos, vamos agora revisitar as visões de uma sociedade melhor pelos socialistas e pela terceira via. As terceiras maneiras que envolvem a redistribuição de recursos do Estado após o mercado ou o investimento nas habilidades das pessoas antes do mercado baseiam-se principalmente na ideia de apoiar as pessoas com habilidades que aumentem sua capacidade de êxito. A redistribuição de recursos após o mercado permite que elas tenham êxito como consumidores (e como membros da família e da comunidade, se o estigma do auxílio não for muito prejudicial), enquanto a provisão de habilidades para o mercado também permite que eles tenham êxito como trabalhadores (e, em grande medida, evita problemas de estigma). Por outro lado, a plataforma socialista e a terceira "terceira

---

7. A ideia de que é importante pensar em termos de reforma das regras do jogo é defendida em Stiglitz (2015) e pelo Banco Mundial (2017).

via" visam mudar as regras do jogo de uma forma mais profunda. A plataforma socialista é falha porque substitui o privilégio da riqueza por esquemas autoritários que geram interações sociais altamente deterioradas. A terceira "terceira via" que busca desenvolver a cooperação e ampliar a dignidade dos trabalhadores e cidadãos através da reforma da empresa e de outras instituições sociais é muito mais promissora tendo em vista suas prováveis consequências nas relações sociais. Ideias semelhantes podem orientar as reformas do Estado de Bem-estar e a maneira como ele se relaciona com seus beneficiários.

Nesse sentido, os capítulos seguintes exploram como as mudanças no mercado e nas corporações, no Estado de Bem-estar e na esfera política, podem nos aproximar de uma tal sociedade justa.

6
REFORMANDO O CAPITALISMO

No capítulo anterior, argumentamos que se deve superar oposição antiquada entre propriedade privada e socialismo e buscar reformas nas instituições prevalecentes do mercado, a corporação e o Estado, para abrir uma terceira via rumo a uma sociedade mais humana. Neste capítulo, enfocamos as instituições centrais do capitalismo moderno: a corporação, os mercados e as instituições financeiras.

Max Weber definiu poderosamente a natureza paradoxal do capitalismo moderno. Ele o via como "idêntico à busca do lucro, do lucro sempre renovado por meio da empresa contínua, racional e capitalista" (WEBER, 2001). Mas ele também insistiu em que o tipo de vida associado a esse capitalismo racional ocidental moderno apareceu, "do ponto de vista da felicidade do indivíduo singular ou da utilidade para ele, inteiramente transcendente e absolutamente irracional". O que era irracional aqui, de acordo com ele? O fato de que "o homem é dominado por fazer dinheiro, pela aquisição como finalidade última da vida", em vez de ter "a aquisição econômica simplesmente subordinada ao homem como meio para a satisfação de suas necessidades materiais". Podemos superar este paradoxo e reformar o capitalismo de uma forma que nos permitiria aproveitar a racionalidade econômica a serviço da prosperidade humana?

Uma exploração empírica e histórica conta-nos que há uma grande diversidade, através do tempo e do espaço, nas formas que o capitalismo assumiu. Essa diversidade permanece mesmo ao se manter a atenção à concepção de *capitalismo racional moderno* de Max Weber. Como se pode descrever o tipo ideal dominante de capitalismo contemporâneo? Essa forma de capitalismo possui uma série de características marcantes. Primeiro, encontramos a grande sociedade anônima de capital aberto como ator dominante nas cadeias de valor complexas e muitas vezes multinacionais. Em segundo lugar, a estrutura legal corporativa é acompanhada de uma separação entre propriedade e controle, que fomentou o surgimento e o desenvolvimento da administração como uma (quase) profissão e até mesmo como indústria. Em terceiro lugar, uma notável evolução do capitalismo corporativo e gerencial desde o final da década de 1970 tem sido seu acoplamento com demandas crescentes por soluções de mercado. Em quarto lugar, essa mercantilização expansiva evoluiu junto com o crescimento das finanças como um ator dominante na constelação capitalista e, de modo talvez ainda mais significativo, como uma cultura hegemônica das economias, sociedades e organizações políticas contemporâneas. Este capítulo explora essas características marcantes e algumas das dinâmicas que conduziram ao capitalismo contemporâneo da forma como o conhecemos. Nesse processo, ele identifica uma série de tendências problemáticas ou mesmo preocupantes e sugere caminhos pelos quais devemos questionar e reformar nosso tipo ideal capitalista contemporâneo, a fim de melhor alinhá-lo a uma agenda progressista que priorize as necessidades e aspirações humanas.

Reformando a governança e a finalidade da corporação

A corporação é um elemento constitutivo do capitalismo contemporâneo e uma instituição que já naturalizamos como algo normal hoje. Ainda assim, é relativamente recente seu papel central na economia, em termos de produção, organização e troca. Até meados do século XIX, os estatutos corporativos e as prerrogativas a eles associadas eram outorgados pelo soberano ou pelo Estado, como contrapartida aos riscos assumidos a serviço do interesse público. A difusão de atos constitutivos gerais, que essencialmente "privatizaram" o regime corporativo, foi uma evolução jurídica que ocorreu na maioria dos países durante a segunda metade do século XIX.

As características contemporâneas da corporação demoraram a surgir e serem aceitas. Em sua forma jurídica moderna, a corporação é de fato bastante notável. Em primeiro lugar, ela é tratada em termos jurídicos como um indivíduo artificial. Como tal, tem existência jurídica independente de seus membros e detém direitos e obrigações em nome próprio. Em segundo lugar, a corporação moderna traduz a propriedade na posse de ações e, como consequência, induz uma dissociação entre propriedade e gestão. Em sua forma moderna, a posse corporativa tende a ser distribuída e as ações são facilmente transferíveis e comercializáveis. Essa condição peculiar e esse padrão de posse implicam que a corporação pode sobreviver ao longo da vida de seus acionistas originais e potencialmente existir de modo perpétuo. Além disso, como pessoa jurídica, a corporação é protegida por forte separação do patrimônio (*asset-partitioning*) e blindagem patrimonial (*entity-shielding*) – o que significa que os credores dos proprietários ou acionistas não têm direitos sobre o patrimônio da pessoa jurídica corporativa. Finalmente, e de modo crucial, a posse de ações da corporação moderna está associada ao princípio da responsabilidade limitada. Os acionistas não podem ser responsabilizados pelas dívidas e outras responsabilidades da corporação além do valor de seus títulos (*holdings*). Por isso, a corporação moderna poderia ser descrita como o primeiro "indivíduo (artificial) aprimorado": ela tem todos os direitos e prerrogativas associados à personalidade jurídica, enquanto desfruta da imortalidade e de uma limitação notável de suas responsabilidades e obrigações.

Essas características e prerrogativas explicam o êxito da corporação como forma jurídica no século XX. Elas foram identificadas como fatores do crescimento, da tomada de riscos, do empreendedorismo e da inovação. Desde o início, no entanto, a corporação e as prerrogativas a ela associadas despertaram oposição ferrenha. Os debates concentraram-se em dois conjuntos principais de questões: de um lado, a responsabilidade limitada e suas consequências, de outro, a governança e finalidade da corporação.

Entre os primeiros críticos mais violentos da corporação, encontramos nada menos que Adam Smith. Em *Uma investigação sobre a natureza e as causas da riqueza das nações* (2012 [1776]), Smith argumentou que as corporações tendiam a reduzir ou distorcer a concorrência, a encorajar a especulação e o estelionato, a permitir o puro poder e a opressão e a enfraquecer significativamente todas as formas de responsabilidade. Nos debates do século XIX em torno da associação genérica entre a responsabilidade limitada e a constituição de corporações, oponentes preocupavam-se com a expansão da especulação e de comportamentos arriscados e fraudulentos. Muitos argumentos eram morais, conectando "benefícios e encargos", moralidade pessoal e responsabilidade total:

> Os defensores da responsabilidade limitada proclamam que o esquema da Providência pode ser modificado com vantagens e que dívidas e obrigações podem ser contraídas de modo que os devedores, embora tenham os meios, não serão obrigados a pagar (McCULLOCH, 1856, p. 321).

Uma abordagem contemporânea desses argumentos ressalta as implicações de risco moral da responsabilidade limitada. A ampliação da responsabilidade limitada estimulou a tomada de riscos (e, portanto, a inovação e o crescimento) *porque* criou uma situação de crescente desresponsabilização. Os indivíduos assumiam mais riscos precisamente *porque* poderiam colher as recompensas sem ter que arcar com todos os custos. Em outras palavras, a responsabilidade limitada desempenhou o papel de um poderoso esquema de segurança, criando nesse processo um risco moral sistêmico no cerne do capitalismo moderno. Dessa perspectiva, o aumento da tomada de riscos associado à responsabilidade limitada deve ser visto como uma evolução preocupante, que provavelmente geraria grande instabilidade, bem como crises e falhas regulares.

Preocupações semelhantes surgiram com relação à governança. A dissociação estrutural entre propriedade e gestão nas corporações traduziu-se em múltiplos tipos de falhas de agência. Isso produziu, desde a década de 1930 e o trabalho pioneiro de Adolf Berle e Gardiner Means, uma rica e densa literatura sobre governança corporativa. Existem duas questões principais interligadas nas discussões sobre governança corporativa. Uma é a natureza da relação e do equilíbrio de poder entre gestores e acionistas. A outra é a legitimidade de se considerar outros atores e seus interesses (além dos acionistas e gestores) nos sistemas e práticas de governança.

Correndo o risco de simplificar em demasia, temos duas perspectivas extremas e parcialmente opostas. De um ponto de vista, os acionistas são definidos como "proprietários" da corporação; os gestores são seus agentes, e a única finalidade legítima da corporação é maximizar o valor para os acionistas (FRIEDMAN, 1970). Um argumento contrário leva em conta que os acionistas não são os proprietários da corporação, e que a responsabilidade dos gestores é equilibrar os interesses de uma diversidade de *stakeholders* (FREEMAN, 1984). Assim, a finalidade da corporação, nessa perspectiva, é atender ao interesse coletivo da comunidade de *stakeholders* que ela representa. No caso de grandes corporações com alcance quase global, essa comunidade se torna muito ampla, e servir ao interesse coletivo dos *stakeholders* torna-se quase sinônimo de servir ao interesse público e ao bem comum.

Historicamente, o capitalismo corporativo oscilou entre essas duas perspectivas. Até o final dos anos de 1970, o capitalismo corporativo era do tipo que atendia os diferentes *stakeholders*. O final da década de 1970 viu um aumento no poder do acionista – com uma revanche. A teoria da agência e sua proposta de que os acionistas eram os proprietários da empresa e os gestores, seus agentes (JENSEN; MECKLING, 1976) reformulou completamente a teoria e a prática da governança corporativa, transformando as corporações, no processo, em entidades de finalidade única que se concentraram apenas em maximizar o retorno do investimento para os acionistas. Essa virada radical tornou-se ideológica e estruturalmente arraigada nos últimos quarenta anos por meio de sua profunda inserção nas instituições que treinam as elites globais – escolas de negócios e departamentos de economia, mas também escolas de direito e administração pública. Como consequência clara, o equilíbrio pendeu, durante esse período, em favor do capital e dos detentores de capital. O foco na finalidade única da corporação contemporânea é claramente um fator explicativo importante para o aumento das desigualdades desde a década de 1980 – com suas desastrosas consequências sociais e políticas. Por isso, a pressão demanda hoje um retorno a um capitalismo mais equilibrado, do tipo que atende os diferentes *stakeholders* (REICH, 2015).

Com base nessa avaliação, há pelo menos três caminhos a explorar: repensar a responsabilidade limitada, transformar a governança e a finalidade da corporação e promover o desenvolvimento de formas alternativas de organização econômica.

Em primeiro lugar, há uma necessidade urgente de questionar o privilégio exorbitante da responsabilidade limitada. Historicamente, a responsabilidade limitada esteve associada a uma missão de interesse público. A responsabilidade limitada genérica faz sentido quando as corporações atendem apenas a interesses privados? Existem diferentes maneiras de pensar sobre uma reforma da responsabilidade limitada, da mais para a menos radical. Pode-se pensar diretamente na abolição completa. Pode-se querer rescindir a responsabilidade limitada como um princípio genérico e retornar à concessão excepcional com base em um compromisso de bem comum. Por fim, embora mantendo o princípio da responsabilidade limitada genérica, pode-se vislumbrar a introdução de exceções e a ampliação da responsabilidade em certos setores, como, por exemplo, o setor bancário e o financeiro.

Em segundo lugar, é hora de desmascarar o mito de que as corporações pertencem aos acionistas. Estudiosos do Direito já demonstraram de forma convincente que os acionistas possuem apenas ações e, por isso, estão mais próximos aos investidores do que aos proprietários de entidades definitivas em suas reivindicações de legitimidade (STOUT, 2012). Isso agora deve se traduzir em uma transformação dos princípios de governança corporativa e até mesmo das disposições legais, com inflexão significativa no sentido de uma concepção da corporação como um bem comum a serviço de uma multiplicidade de *stakeholders* e seus interesses. Várias propostas foram feitas ao longo do tempo por muitos pensadores (começando por John Stuart Mill) sobre a associação dos *stakeholders*, em particular os trabalhadores, à tomada de decisões na corporação. A fórmula mais natural seria um conselho composto por representantes das várias categorias de *stakeholders*: acionistas, credores, trabalhadores, fornecedores, clientes e comunidades locais. Ao contrário do sistema alemão de determinação conjunta, que confere uma maioria do poder *de facto* aos acionistas, seria importante evitar dar a maioria absoluta do poder aos acionistas ou aos trabalhadores, a fim de garantir que seja levada em consideração a multiplicidade de interesses dos *stakeholders*[8].

Essa transformação estrutural deve evoluir junto com a reformulação da finalidade da corporação. A proposta aqui é ir superar a maximização do valor para o acionista e consagrar os interesses dos múltiplos *stakeholders* ou até mesmo questões de bem comum no cerne da finalidade corporativa. As experiências atuais com a *Benefit Corporation* – uma nova forma jurídica corporativa que impõe uma contribuição para o público em geral e para benefício dos *stakeholders* – são interessantes a esse respeito[9]. O desafio, porém, seria não apenas desenvolver esse trabalho às margens do sistema, mas transformar radicalmente a filosofia que orienta o funcionamento de nossas principais corporações. Para conseguir isso, seria necessário provocar uma mudança nas várias leis nacionais relacionadas às corporações ou empresas.

Em terceiro lugar, é necessário fomentar o desenvolvimento de condições nas quais as empresas com estruturas jurídicas alternativas possam prosperar. Precisamos estimular um ecossistema rico de compromissos econômicos. O poder e a riqueza das corporações contemporâneas tendem a sufocar a implantação de alternativas. Coope-

---

8. Cf. IPSP (2018a, cap. 8; 2018c, cap. 21) para uma discussão mais aprofundada de esquemas de governança democrática.

9. Nos Estados Unidos, trinta estados autorizaram essa nova forma jurídica corporativa. Em outras partes do mundo, as corporações tradicionais podem se inscrever para a certificação como a *B-Corp* (Empresa B). Esta certificação é administrada por uma organização sem fins lucrativos, a B Lab; ela está presente em mais de cinquenta países e "atende a um movimento global de pessoas que usam os negócios como uma força para o bem". Cf. www.bcorporation.net/

rativas, parcerias, empreendedorismo social e plataformas de economia colaborativa e compartilhada são experimentos importantes a partir dos quais os modelos de negócios inclusivos e progressistas de amanhã podem e devem emergir.

Capitalismo corporativo, poder e ameaças à democracia

No início do século XXI, o capitalismo corporativo atingiu escala e escopo sem precedentes. Corporações estão envolvidas em todas as dimensões de nossas vidas, economias e sociedades – a produção e distribuição de bens e serviços, seguros e bancos, mas também saúde, educação, cultura, esportes e até mesmo a produção de segurança nacional, a administração de prisões ou a organização de protestos e defesa de direitos. Essa expansão do alcance da corporação frequentemente é acompanhada da transnacionalização de operações e governança e de uma concentração sem precedentes de riqueza e poder. Por sua vez, essa concentração de poder se traduz em ameaças diretas e indiretas à democracia e à justiça democrática.

Existem muitas maneiras diferentes de medir e pesar empiricamente a riqueza e o poder das corporações. Todos os números, porém, apontam para uma rápida internacionalização nos últimos trinta anos, aumentando acentuadamente a atividade empresarial, as receitas e a participação no comércio global, e uma notável concentração de capital, riqueza e recursos ao longo do tempo. Em 1990, o número total de corporações transnacionais era estimado em cerca de 30.000. Em 2010, o número de matrizes corporativas transnacionais foi estimado em cerca de 100.000, com cerca de 900.000 afiliadas estrangeiras (JAWOREK; KUZEL, 2015, p. 57). Pode-se argumentar que os números variem de um ano para outro, mas a tendência geral, para os últimos dez anos, é clara. Se compararmos os estados-nação e as corporações por receita anual, entre as cem maiores entidades, encontraremos cerca de sessenta corporações e quarenta estados-nação. Walmart, Apple ou Shell são mais ricos, conforme medido pela receita anual, do que Rússia, Noruega ou Bélgica. Mais impressionante ainda: as dez maiores corporações do mundo têm uma receita combinada maior do que a dos 180 países "mais pobres"[10].

A crescente riqueza das empresas multinacionais traduziu-se em aumento acelerado de lucros durante esse período. Por exemplo, o valor agregado das empresas multinacionais americanas e suas afiliadas estrangeiras foi multiplicado por mais de três entre 1989 e 2011. Paralelamente, essas mesmas firmas multinacionais destruíram uma parcela notável dos empregos na manufatura nos Estados Unidos: dos 19 milhões de empregos na manufatura em 1980, restam apenas 11 milhões[11]. Existe mais do que uma simples correlação entre esses dois movimentos.

A destruição de empregos da manufatura em países ricos e sua transferência para partes do mundo onde a mão de obra é mais barata foi, durante esse período, um dos fatores importantes que geraram um aumento nos lucros para empresas multinacionais. Outro mecanismo que explica o aumento dos lucros foi a queda notável, ao longo do período, das alíquotas de tributação de empresas e isso aconteceu em todas as regiões do mundo, conforme ilustrado na figura 6.1 (que mostra as alíquotas estatutárias legais, enquanto os impostos efetivamente pagos são ainda mais baixos devido a muitas isenções especiais e lacunas).

---

10. Cf. www.globaljustice.org.uk/sites/default/files/files/resources/controlling_corporations_briefing.pdf

11. Cf. www.bea.gov/scb/pdf/2013/11%20November/1113_mnc.pdf e https://piie.com/blogs/trade-investment-policy-watch/questionable-rationale-behind-washingtons-antitrade-rhetoric

Barkai (2017), baseando-se em um modelo de concorrência monopolística da economia dos Estados Unidos, estima que a crescente concentração do setor corporativo aumentou o poder de mercado das empresas e seus lucros de monopólio puro, enquanto ambas as participações da renda do trabalho e do capital no valor agregado diminuíram no mesmo período (figura 6.2). Isso significa que a taxa de mercado do retorno sobre o capital na verdade caiu durante esse período, o que traz uma variação interessante para a teoria de Piketty de uma taxa de retorno estável e uma crescente participação da renda do capital – é difícil separar o lucro puro do retorno sobre o capital nos dados.

A crescente riqueza das corporações multinacionais e sua rápida projeção transnacional as tornaram mais poderosas do que nunca. Uma das consequências do poder e da mobilidade dessas

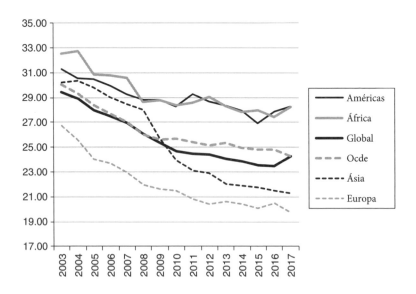

Figura 6.1 Evolução das alíquotas de tributação de empresas, 2003-2017
Fonte: https://home.kpmg.com/xx/en/home/services/tax/tax-tools-and-resources/tax-rates-online/corporate-tax-rates-table.html

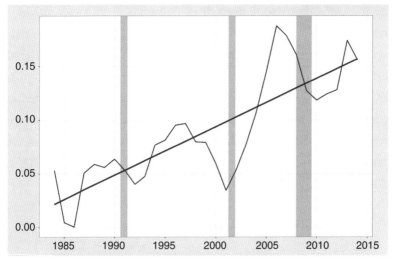

Figura 6.2 Participação do lucro puro no setor corporativo não financeiro dos Estados Unidos 1984-2014
Fonte: Barkai (2017)

corporações tem sido sua capacidade de selecionar as jurisdições legais mais favoráveis aos seus interesses (*forum shopping*). Outra consequência importante, refletida na figura 6.1, foi uma concorrência entre os países para oferecer condições tributárias mais atraentes e mercados de trabalho mais desregulamentados para as corporações multinacionais. Esse "*dumping* tributário e social" foi combinado com o mecanismo de *off-shore* em paraísos fiscais para permitir que as corporações multinacionais reduzissem a responsabilidade fiscal, ou mesmo que a evitassem totalmente, em uma escala sem precedentes.

Essas evoluções tiveram um impacto no que diz respeito à apropriação de riqueza. As corporações multinacionais inegavelmente criaram uma riqueza significativa nos últimos quarenta anos, mas a maior parte dessa riqueza foi transformada em lucros em vez de remuneração da mão de obra ou investimentos coletivos por meio de impostos. Por isso, é justo dizer que essas evoluções contribuíram para o aumento significativo das desigualdades dentro dos países, particularmente no mundo ocidental, algo que neste momento está bem documentado. Conforme indica claramente a figura 6.3, as crescentes desigualdades levaram ao arrocho das classes médias e ao aumento singular da riqueza dos (já) super-ricos. Embora esse fenômeno tenha sido particularmente forte nos Estados Unidos, ele também pode ser documentado no caso de outros países (PIKETTY; ZUCMAN, 2014; ALVAREDO et al., 2018).

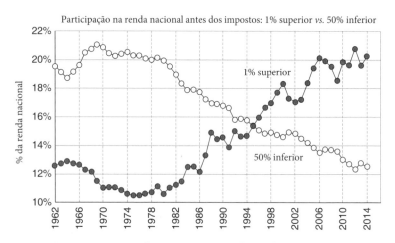

Figura 6.3 A ascensão dos super-ricos nos Estados Unidos
Fonte: Piketty et al. (2016, tabela do apêndice II-B1).

Essas evoluções se traduzem em ameaças diretas à democracia. Em 1911, o juiz da Suprema Corte dos Estados Unidos, Louis D. Brandeis, já alertava que "podemos ter democracia neste país ou podemos ter grande riqueza concentrada nas mãos de poucos, mas não podemos ter os dois". A Era Dourada (*Gilded Age*) foi um período nos Estados Unidos também marcado por concentração de riqueza e aumento das desigualdades. A separação e o equilíbrio de poderes, a existência de freios e contrapesos que podem pesar sobre os laços de poder dominantes, são condições necessárias, como sabemos, para o funcionamento adequado das democracias (DAHL, 2006). A extrema concentração de capital e riqueza nas corporações contemporâneas e o associado aumento dos super-ricos fomenta desequilíbrios democráticos como consequência. No século XXI, isso se aplica muito além dos Estados Unidos e pode ser documentado em diferentes partes do mundo.

Um primeiro forte desequilíbrio é criado por meio da influência política direta e significativa associada ao financiamento em grande escala de campanhas políticas e aos *lobbies*. Em 2017, o gasto total com *lobbies* nos Estados Unidos foi de cerca de US$ 3,36 bilhões, um aumento de 140% em menos de vinte anos[12]. Essa forte presença e influência do *lobby* também é difundida em outras partes do mundo – inclusive na União Europeia, onde as regras de registro e declaração são menos rígidas do que nos Estados Unidos, tornando o *lobby* menos fácil de medir. E se o *lobby* não bastasse, o financiamento de campanhas e contribuições políticas também aumentou significativamente nos últimos vinte anos. Isso está levando a uma situação na qual muitos argumentariam veementemente que a política democrática foi cooptada e que um regime oligárquico está se impondo. A oligarquia, nesse caso, é uma mistura de grandes corporações e um pequeno número de indivíduos super-ricos, estes frequentemente conectados àquelas. Em maio de 2017, Donald Trump decidiu retirar seu país do Acordo de Paris sobre mudanças climáticas na COP21. Poucas semanas antes dessa decisão, vinte e dois senadores republicanos enviaram-lhe uma carta instando-o a fazê-lo. Acontece que esses vinte e dois senadores receberam enormes contribuições financeiras durante as últimas campanhas políticas das indústrias de

---

12. Cf. www.opensecrets.org/lobby/

petróleo, gás e carvão[13]. Assim, a ligação entre riqueza concentrada e influência política indevida, levando a uma distorção da democracia, pode ser bastante direta e consequente. A ampla questão do papel do dinheiro na política será examinada mais detalhadamente no capítulo 8.

As corporações podem ter um impacto mais indireto, mas, ainda assim, de longo alcance. O exercício da responsabilidade social corporativa (RSC) pode ser reinterpretado como uma forma de intervenção política. As corporações estão tomando decisões políticas consequentes, na medida em que compensam os "estados falidos", agem por meio da delegação de estados desinteressados ou tornam-se cada vez mais envolvidas na regulamentação transnacional com múltiplos *stakeholders*. A finalidade por trás da RSC é em geral positiva, associada à produção de bens coletivos. A RSC, no entanto, assim como a filantropia ou o paternalismo antes dela, está associada ao voluntarismo, à parcialidade, à discrição corporativa e, portanto, ao envolvimento subjetivo em certas causas e com certos grupos e não outros. Isso, inegavelmente, torna impossível à RSC implantar soluções estruturais viáveis para os desafios contemporâneos em prol do bem comum.

Há uma forma ainda mais sutil em que o mundo corporativo vem a distorcer a política democrática – por meio do financiamento de uma vasta gama de *think tanks* e institutos de pesquisa que se organizam para a influência ideológica e advogam por modelos de políticas que tendem a favorecer os interesses corporativos. A negação da mudança climática é novamente um exemplo interessante aqui. Sua prevalência ideológica e política nos Estados Unidos reflete mais do que o financiamento direto de campanha. Agora sabemos que ela

---

13. Cf. www.theguardian.com/us-news/2017/jun/01/republican-senators-paris-clima te-deal-energy-donations

decorre de mais de trinta anos de financiamento corporativo de uma densa rede de *think tanks* que impulsionaram essa agenda de maneiras extremamente ativas (JACQUES et al., 2008; COLLOMB, 2014).

Esse desequilíbrio de riqueza, poder e influência entre as corporações e a maioria dos outros atores (incluindo estados e políticos) na arena política potencialmente tem, como sabemos, consequências preocupantes para nossas democracias. A ascensão de governos autoritários e a tentação do populismo e de apelos para a construção de muros e barreiras entre nações, comunidades ou indivíduos devem ser entendidos, pelo menos em parte, nesse contexto. As desigualdades têm se tornado cada vez mais estruturais – diminuindo as oportunidades para muitos e restringindo a mobilidade intergeracional. No nível individual, isso se pode traduzir em um sentimento de alienação, raiva e violência, se não desespero, que desencadeia uma guinada para promessas e políticas populistas. A riqueza e a força das corporações contemporâneas também se traduzem em significante poder de barganha em relação à mão de obra. As corporações estão, elas próprias, entre as instituições menos democráticas do nosso mundo – na verdade, elas tendem bastante a funcionar como autocracias. As corporações são caracterizadas por fortes desigualdades internas que se materializam em termos de remuneração, recursos, poder e autoridade. E uma grande maioria dos membros da corporação não tem nenhum envolvimento na tomada de decisões e na governança. Talvez não seja tão surpreendente, nessas condições, que uma grande parcela da geração de *millenials* não se projete em um futuro corporativo!

O que pode ser feito para enfrentar esse desafio? Os desequilíbrios de riqueza e poder, quando se tornam muito significativos, representam uma ameaça à democracia e podem até mesmo colocar em risco a sustentabilidade de longo prazo dos acordos capitalistas. A análise acima sugere pelo menos três linhas de ação.

Em primeiro lugar, devemos exigir completa transparência no que diz respeito ao financiamento corporativo de campanhas políticas e *lobbies*, mas também às atividades de influência por meio de *think tanks* e institutos de pesquisa. A transparência, entretanto, não é suficiente. Precisamos definir limites nítidos para as quantias que corporações ou indivíduos ricos podem gastar legalmente na construção de influência política. Mais sobre esse assunto será abordado no capítulo 8.

Em segundo lugar, precisamos impor uma responsabilidade fiscal. As corporações devem assumir adequadamente sua parte no financiamento de aumentos e quedas de custos coletivos e externalidades. A luta pela responsabilidade fiscal terá de assumir diferentes formas, mas exige, em qualquer caso, estreita colaboração e cooperação internacional. A luta contra os paraísos fiscais, que fez progressos significativos nos últimos anos, deve se acelerar. As alíquotas de tributação de empresas precisam ser combinadas e definidas em níveis que permitam a implantação de provisões adequadas de segurança e bem-estar para os membros das comunidades territoriais envolvidas. A confiança na RSC nunca será suficiente para alinhar as corporações com seus níveis reais de responsabilidade quando se trata de custos coletivos e externalidades.

Em terceiro lugar, encorajar a democratização interna das corporações e das formas de gestão também pode ser útil aqui. Isso vai além da redefinição das regras e diretrizes de governança já propostas na seção anterior. Implica também a transformação desses modelos ideológicos e culturais que enquadram a educação e a socialização dos futuros homens e mulheres nas corporações, em particular gestores. Filosofias e instrumentos gerenciais que fomentem a participação, a organização plana, a inclusão, a colaboração e o cuidado devem ser valorizados, ensinados e defendidos. Devemos, paralelamente, questionar e reconhecer modos de gestão alienantes pelo que são – inclusive no que é saudado hoje como economia digital inovadora.

Mercantilização e financeirização: aliados inesperados

O projeto liberal, com suas raízes no Iluminismo, identificou a economia de mercado como um importante mecanismo de criação de riqueza e libertação individual. Ao contrário de várias formas de corporativismo – incluindo a corporação, de acordo com Adam Smith –, o "mercado livre" permitiria uma alocação eficiente de recursos e uma correspondência de demanda e oferta com distorção mínima. O mecanismo de concorrência foi o processo-chave através do qual os preços (mais) justos surgiriam.

A tradição liberal em economia vê o mercado e as economias de mercado como o estado "natural" para a humanidade, um estado que teria sido dificultado, frustrado ou mesmo bloqueado em diferentes períodos e partes do mundo (HAYEK, 1944). Outros pensadores, no entanto, como Karl Polanyi em seu livro histórico *The Great Transformation*, de 1944, sublinharam a natureza socialmente construída (através do tempo) da economia de mercado como uma forma cada vez mais poderosa e dominante de organização humana. No final das contas, não é tão importante saber quem está certo neste debate. Significativa, no entanto, é a tendência de rápido progresso da "mercantilização" que tem sido observada em nosso mundo contemporâneo desde o final dos anos de 1970. Por "mercantilização" aqui deve-se entender tanto a crença quanto a convicção de que os mercados tenham maior eficiência na alocação de bens e recursos e nas reformas e práticas de políticas associadas a ela, incluindo a estabilização macroeconômica, a privatização, a desregulamentação e a liberalização do comércio exterior.

O progresso de mercantilização durante esse período viu um número crescente de países se transformarem em economias de mercado ou expandir o papel e o lugar das lógicas de mercado na organização de suas economias. Ainda mais espetacular, porém, foi a expansão do domínio da mercantilização. As lógicas de mercado alcançaram esferas da vida humana e social tradicionalmente estruturadas e valorizadas por mecanismos muito diversos: saúde, educação, esportes e até artes, cultura, política, religião ou relações íntimas. O mercado se tornou um mantra dominante e uma varinha mágica através de muitas fronteiras.

Três questões principais precisam ser destacadas aqui. Em primeiro lugar, os mercados inegavelmente podem ser, e têm sido historicamente, mecanismos eficazes de alocação e criação de riqueza. Mas uma condição importante para o funcionamento "não distorcido" e "livre" dos mercados é que eles sejam caracterizados por uma concorrência aberta e justa, em que nenhum ator individual seja capaz de ditar ou controlar as condições do mercado. A transformação do capitalismo contemporâneo descrita acima vai contra essa condição. Em particular, a agregação de capital financeiro, associada à corporatização em larga escala, contradiz bastante, em princípio, os mecanismos eficazes de alocação no livre-mercado. Em nosso período contemporâneo, muitos mercados moveram-se em direção a equilíbrios oligopolísticos e, em alguns casos, esses oligopólios são estruturados em nível internacional. Em condições de equilíbrio oligopolístico, o papel virtuoso da dinâmica do mercado torna-se muito menos óbvio. O poder de certos atores permite que eles manipulem as condições de mercado a seu favor e abre espaço para o desenvolvimento de comportamentos de *rent-seeking*, isto é, a busca de renda por meio de privilégios, a fim de garantir seus próprios interesses econômicos. Em tal contexto, a "magia do mercado" tende a não ser mais do que um feitiço, fortemente dissociado da dinâmica que está em funcionamento na realidade. Em segundo lugar, mesmo se e quando os mecanismos de mercado funcionem de maneira satisfatória no que diz respeito à dinâmica competitiva e a riqueza seja efetivamente produzida, os problemas permanecem em relação à distribuição da riqueza então criada. Os últimos 150 anos de economia de mercado mostram que as duas questões de produção e distribuição de riqueza não estão milagrosamente conectadas, como a imagem da "mão invisível" de Adam Smith levaria alguns a defender. Em outras palavras, a produção de riqueza por meio dos mercados pode estar associada a padrões muito injustos e antidemocráticos de distribuição de riqueza. Em terceiro lugar, o progresso e o êxito da mercantilização levantam a questão dos "limites morais dos mercados" (SANDEL, 2013; SATZ, 2010). Afinal de contas, um mercado implica que os bens ou serviços que estão sendo trocados são (e podem ser) transformados em mercadorias. A mercantilização de (quase) tudo, portanto, implicaria comoditizar e forçar a valorização monetária de (quase) tudo. A pergunta que devemos nos fazer é se, de fato, tudo (incluindo, p. ex., órgãos, corpos, filhos, relações, cultura, educação, influência política etc.) pode e deve ser transformado em bens comerciáveis com valor monetário.

Como sugerido acima, uma característica definidora do capitalismo contemporâneo é a surpreendente coevolução das tendências de mercantilização e de financeirização – ao passo que, em teoria, ambas poderiam ser vistas como parcialmente contraditórias (KRIPPNER, 2005; PALLEY, 2013). O processo de financeirização tem, em si, uma série de dimensões. Refere-se, por um lado, ao papel e ao lugar crescentes dos mercados financeiros na economia em geral e ao número crescente de empresas em busca de fundos nesses mercados. A lógica é direta: à medida que nossas atividades econômicas e sociais estão se transformando em *commodities*, os mercados financeiros assumem o palco central como as principais arenas nas quais as corporações que produzem essas *commodities* são precificadas e negociadas. A financeirização também se refere, naturalmente, ao crescente papel desempenhado pelos indicadores financeiros no processo de tomada de decisão de muitos atores econômicos, incluindo as corporações, mas também muito além delas, levando às vezes à exclusão de outros tipos de indicadores. Como já foi indicado, essa importância dos indicadores financeiros alcançou esferas da vida humana e social que antes tinham referenciais muito diferentes, como os cuidados pessoais. A financeirização também ocorre por meio da influência cada vez maior das finanças como indústria e como campo profissional, e por meio do grande êxito com que essa indústria conseguiu submeter todas as formas de restrições – institucionais, políticas e até éticas – à expansão e globalização ininterrupta de suas atividades.

A financeirização também se traduz em números – números impressionantes que refletem a agregação de capital em uma escala sem precedentes e significativamente em conflito com as demandas concomitantes pela dinâmica de "livre-mercado". Em 1980, a capitalização de mercado das empresas domésticas listadas na Europa representava cerca de 8% do PIB. Esse número disparou para 105% em 1999 e flutuou entre 40% e 90% desde 2002[14]. Em 1997, o valor total da securitização (ou seja, ativos compostos por várias dívidas) na Europa era de 47 bilhões de euros. Em 2008, ele atingiu 2.200 bilhões de euros[15]. Se nos voltarmos agora para o mercado global de derivativos (a maioria dos quais é negociada de modo privado "no balcão"), os números são ainda mais assombrosos. De um valor

---

14. Cf. www.indexmundi.com/facts/european-union/market-capitalization-of-listed-companies

15. Cf. http://eur-lex.europa.eu/legal-content/EN/TXT/PDF/?uri=CELEX:52015SC0185&from=EN

global de 72 trilhões de dólares em 1998, esse mercado disparou para perto de 550 trilhões de dólares em 2016[16].

Desde a crise de 2007, sabemos que a intensa e rápida financeirização de nossas economias e sociedades tem uma dimensão especulativa pervasiva. Uma boa parcela do valor que havia sido criado nos mercados financeiros antes de 2007 desapareceu com o desdobramento da crise. A forma particular de financeirização especulativa característica do capitalismo contemporâneo justifica ser qualificada como "capitalismo de cassino" (SINN, 2010). Ela criou, de modo inexorável, pressões desestabilizadoras significativas sobre nossas economias mundiais, mas também sobre as sociedades e sistemas políticos.

Como podemos enfrentar esses desafios? Paradoxalmente, talvez, em vista da dimensão feiticeira da mercantilização contemporânea, é urgente reinjetar dinâmicas verdadeiramente competitivas na organização de nossas economias. Há uma série de caminhos possíveis e complementares para isso. Em primeiro lugar, trabalhar no contexto de comunidades regulatórias antitruste para redefinir limiares de concentração pode ter um impacto muito poderoso e estrutural. Em segundo lugar, precisamos incentivar fortemente o desenvolvimento de novas empresas e promover a intensificação de ecossistemas propícios para *start-ups*, particularmente nas indústrias que têm sido dominadas há muito tempo por grandes oligopólios, tais como os sistemas de energia, e por direitos de propriedade superprotetivos, como a indústria farmacêutica. Os incentivos institucionais que precisamos estabelecer não devem apenas favorecer a criação de *start-ups*, mas também desestimular, para além de certos níveis, as dinâmicas de integração e concentração de capital.

---

16. Esses números representam o "valor nocional", que inclui a contagem dupla dos ativos subjacentes. O valor total de mercado dos ativos subjacentes foi de cerca de 20 trilhões de dólares em 2016. Cf. www.bis.org/statistics/derstats.htm

Quando se trata do crescimento invasivo da mercantilização e das lógicas de mercado, devemos efetivamente reiniciar um debate público sobre os limites e fronteiras moralmente aceitáveis do mercado. Para além da adequada avaliação científica da eficácia das soluções de mercado nas diferentes áreas, que está atrasada, os atores políticos nacionais e transnacionais têm a responsabilidade de fomentar debates e resoluções democráticas com vista a conter as lógicas de mercado e colocar limites à sua expansão. A fim de reavivar esse tipo de debate político, precisamos encorajar o desenvolvimento de soluções alternativas e seus operadores, de dentro das comunidades, ONGs, universidades, institutos de pesquisa e a comunidade de *think tanks* e influenciadores de políticas. Nesse último grupo, os campeões de soluções de livre-mercado têm sido canais particularmente ativos e eficazes de difusão e institucionalização nos últimos trinta anos ou mais. É urgente encorajar o desenvolvimento de ideias desafiadoras (HELD, 2004). Na medida em que caminhamos objetivamente, desde a queda do Muro de Berlim, em direção ao domínio de um paradigma de intolerância (BABB, 2012), precisamos reinventar uma cultura de debate e dissonância e reavivar um ecossistema competitivo de ideias. Isso deve começar no cerne das instituições de socialização: precisamos repensar o treinamento de futuras elites e especialistas, particularmente dentro dos departamentos de economia e escolas de negócios, direito e administração pública.

Finalmente, precisamos resolver paralelamente os lados problemáticos da financeirização contemporânea. Um capitalismo que funcione bem precisa naturalmente das finanças. Mas as finanças devem ser trazidas de volta para onde pertencem – a serviço do desenvolvimento econômico e, em última instância, da prosperidade humana. Há muitos caminhos a seguir se quisermos caminhar nessa direção. Algumas proposições já foram delineadas nas duas seções anteriores, já que uma característica importante das finanças contemporâneas é sua corporatização. Também precisamos urgentemente fazer funcionar a regulação financeira em nível transnacional. As finanças globais são um bem comum que precisa de controle. Uma regulação mais rígida pode ser feita com a reinvenção e a adaptação de soluções antigas aos nossos tempos – Glass Steagall[17], por exemplo, ou mesmo nacionalização parcial ou completa de alguns atores-chave. Paralelamente, é urgente promover o desenvolvimento e o crescimento de formas alternativas de finanças, ou seja, organizações e acordos com um enfoque mais prudente, cooperativo e comunitário e um forte engajamento em favor de uma economia e uma sociedade sustentáveis e progressistas.

---

17. Em 1933, a Lei Glass-Steagall separou os bancos comerciais dos bancos de investimento, a fim de proteger da especulação as poupanças das famílias.

7
Do Estado de Bem-estar ao Estado emancipador

Em *The Great Transformation* (1944), Karl Polanyi argumenta que a economia de mercado não está bem equipada para lidar com três bens que não são mercadorias comuns porque não podem ser produzidos por empresas comerciais: terra, trabalho e dinheiro. De fato, é bem aceita a ideia de que o dinheiro precisa de garantia estatal para atrair confiança suficiente e afastar a especulação – bitcoin e moedas locais alternativas tentam provar que isso está errado e podem provar que está certo. O caso da terra também está relacionado com questões ambientais de forma mais ampla e, de fato, nesse âmbito, as falhas de mercado são generalizadas e envolvem não apenas a poluição, mas também externalidades na escolha de uso da terra e de habitação (p. ex., imóveis urbanos são vulneráveis a padrões espontâneos de segregação). O caso da mão de obra é central no livro de Polanyi, que gira muito em torno do nascimento de protoestados de bem-estar na esteira da Revolução Industrial. A mão de obra não é um bem comercial, porque as pessoas precisam viver e não podem simplesmente desaparecer quando deixam de ser lucrativas. O mercado não garante espontaneamente a sobrevivência e a segurança econômica de nenhuma mercadoria, e se a mão de obra se transforma em mercadoria, como ocorre no capitalismo, a sobrevivência e a segurança das *pessoas* estarão, portanto, em risco. As flutuações bruscas dos mercados destroem vidas repetidamente, sob choques múltiplos, e hoje em dia a globalização e a evolução tecnológica estão acelerando os movimentos, conforme analisado no capítulo 2.

Polanyi argumenta que para a economia de mercado ser compatível com a segurança para a população, ela precisa estar "embutida" em mecanismos sociais de seguridade e solidariedade que venham em socorro quando as rendas do mercado não alcançam algumas partes da população. Ele fornece uma descrição impressionante da Revolução Industrial como um movimento de *desarticulação* – o processo em que a economia de mercado se liberta das amarras de comunidades tradicionais – que ao mesmo tempo desencadeou um formidável dinamismo econômico e lançou muitas famílias vulneráveis em transições disruptivas. Foram feitas muitas tentativas de prover assistência social a famílias pobres no século XIX, o que prenunciou desdobramentos posteriores nos estados de bem-estar modernos após a Segunda Guerra Mundial – em particular com hesitações semelhantes sobre o auxílio de renda condicional ou incondicional.

O IPSP (2018a, cap. 1) traça um paralelo com o movimento de desregulamentação do final do século XX, que da mesma forma pode ser visto como uma desarticulação entre o sistema de mercado globalizado e as restrições das instituições keynesianas nacionais, bem como as obrigações fiscais que estas portavam em prol da gestão macroeconômica e da solidariedade social. Os negócios de sucesso e os super-ricos de hoje são, com muito poucas exceções, agentes globalizados. Mesmo quando extraem sua principal fonte de riqueza a partir de privilégios nacionais (como Carlos Slim no sistema monopolista mexicano ou os oligarcas russos à órbita do Kremlin), seus horizontes de investimento e estilo de vida de consumo vão muito além das fronteiras nacionais e certamente incluem paraísos fiscais exóticos.

A essa altura, a conclusão óbvia é que é necessária uma nova rearticulação entre o sistema de mercado e as instituições de solidariedade social. Uma opção óbvia é recorrer ao *kit* de ferramentas keynesiano novamente, uma vez que ele foi muito bem-sucedido nas três décadas seguintes à Segunda Guerra Mundial, e transpô-lo para a nova conjuntura globalizada: um governo mundial com impostos globais e sistemas globais de auxílio à renda, que permita transferências de regiões em crescimento para regiões estagnadas e de populações prósperas para outras em dificuldade, contribuiria muito para resolver as atuais fissuras na coesão social entre os países e dentro deles. Os apelos por uma taxa Tobin global ou pelo menos regional sobre transações financeiras, por uma coordenação fiscal entre países, pela supressão de paraísos fiscais ou por um imposto global sobre capital (PIKETTY, 2014) se inspiram todos a partir desse raciocínio.

Seria de fato ótimo avançar nessa direção, mas essa linha de raciocínio apresenta três limitações. Em primeiro lugar, a construção de um governo mundial não está em voga hoje em dia e as atuais dificuldades da Europa não são um bom presságio para as perspectivas políticas desse ideal a curto ou médio prazo. A tendência agora é pelo menos no sentido de dividir países em regiões autônomas. Em segundo lugar, dada essa observada necessidade de autonomia local na gestão política e econômica, a centralização pode se tornar contraproducente para além de uma certa escala. Portanto, é de se debater se as instituições mundiais deveriam assumir um grande fardo e pode haver um perigo real de que elas possam assumir demasiado e acabar fazendo mais mal do que bem. Em terceiro lugar, a visão de mundo keynesiana era bastante limitada no que se refere ao progresso social. Era essencialmente uma abordagem pragmática para a gestão do capitalismo, sem muita ambição no que diz respeito ao desenvolvimento humano. De alguma forma, agora precisamos adicionar as ideias de John Rawls e Amartya Sen às de John Maynard Keynes, e isso pode exigir uma reforma mais estrutural do capitalismo, conforme já foi argumentado no capítulo anterior.

Precisamente, este capítulo se baseia no anterior para explorar como uma nova rearticulação entre o sistema de mercado e as instituições de solidariedade social pode ser concebida para o século XXI. Será que um novo Estado de Bem-estar Social pode ser inventado com a ambição de alcançar um substancial progresso social?

O Estado de Bem-estar social sob pressão

Nos últimos 150 anos as intervenções do estado nacional de bem-estar têm desempenhado um papel cada vez mais importante na prestação de solidariedade coletiva. Embora formas antigas de intervenções previdenciárias existissem na história das sociedades humanas, o contexto mudou radicalmente desde meados do século XIX. O desenvolvimento do capitalismo (que substituiu as formas tradicionais feudais, religiosas ou agropastorais de apropriação e prestações de solidariedade), a Revolução Industrial (que generalizou os modos de produção mecanizados e criou novos tipos de trabalhadores vulneráveis e fortes recompensas pelas habilidades individuais) e o surgimento dos estados-nação (que introduziu uma nova camada de autoridade e de pertencimento coletivo) criou a base para o desenvolvimento de intervenções por meio de políticas nacionais de bem-estar para aliviar a pobreza e reduzir as desigualdades sociais. O desenvolvimento generalizado dos estados de bem-estar, desde o núcleo europeu até quase todos os países em desenvolvimento (embora com variações muito significativas), é uma característica importante do desenvolvimento capitalista no século XX.

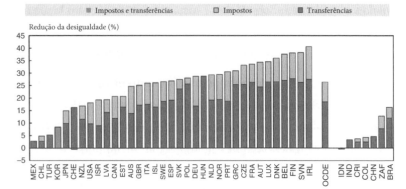

Figura 7.1 Redução da desigualdade por meio de impostos e transferêcias de renda 2013-2014
Fonte: Ocde (2017, fig. 12).

Entre as contribuições importantes do Estado de Bem-estar está a redução da desigualdade. Ao todo, os impostos e as transferências de renda reduzem substancialmente as desigualdades que as receitas do mercado geram. Como mostra a figura 7.1, as desigualdades medidas pelo coeficiente de Gini seriam muito mais altas, quase duas vezes maiores em alguns países (Irlanda, Finlândia, Bélgica), sem a redistribuição governamental. Nos Estados Unidos, a redistribuição governamental é menos eficaz e reduz apenas cerca de um quinto das desigualdades.

Por que o Estado de Bem-estar está agora sob pressão, ou mesmo em crise, como frequentemente alegado na mídia? Alguns dos desafios são meramente políticos ou mesmo ideológicos. A onda conservadora que, depois de Reagan, argumentou que "o governo é o problema, não a solução" desenvolveu um programa que visa reverter as ofertas de bem-estar e de serviços públicos sem qualquer razão objetiva, mas sim com sentimentos odiosos contra as *welfare queens*, com tons misóginos e racistas. Vale lembrar que, na realidade, o governo não encolheu tanto assim no governo de Reagan e, muito pelo contrário, os gastos com defesa estouraram o teto. Muito mais impactante foi a redução de impostos de G.W. Bush (também acompanhada por gastos com as forças armadas durante a Guerra do Iraque), como pode ser visto na figura 7.2. Para registro, a figura inclui previsões do Governo Obama para os próximos anos, o que não leva em conta a última reforma tributária de Trump.

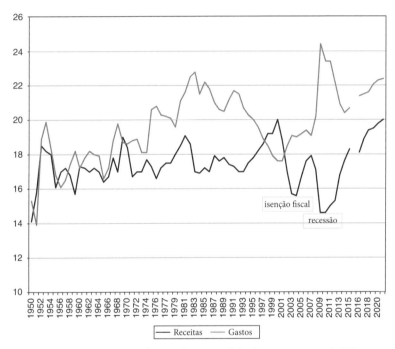

Figura 7.2 Receitas e despesas do governo federal em porcentagem do PIB, Estados Unidos 1950-2015 e previsão para 2016-2021
Fonte: https://obamawhitehouse.archives.gov/sites/default/files/omb/budget/fy2017/assets/hist01z3.xls

Esta imagem deve enterrar a conversa sobre os governos perderem suas capacidades de receita e reduzirem as intervenções do Estado. A figura 7.3 mostra que não há tendência de queda nos gastos públicos sociais nos países da Ocde, mesmo que algumas flutuações importantes tenham ocorrido, em particular na década de 1990.

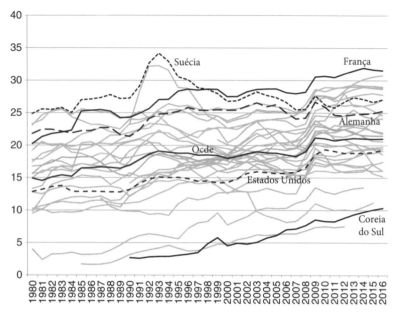

Figura 7.3 Despesa pública social na Ocde em porcentagem ao PIB, 1980-2016
Fonte: Oecd.Stat.

O apoio ao Estado de Bem-estar também é abalado por outro mal-entendido muito disseminado, relacionado ao mantra de Reagan, de que "o governo é o problema". É a ideia de que só o setor privado cria valor, enquanto o governo meramente movimenta os recursos, tirando de uns e dando aos outros, sem criar nada. Na verdade, através de sua oferta de infraestruturas e serviços, de seu apoio à segurança dos que assumem riscos, o governo é um catalisador das atividades econômicas, e a maioria das despesas do governo tem um sabor de investimento, que infelizmente não é reconhecido como tal nas contas nacionais. Algumas dessas chamadas despesas são extremamente lucrativas, conforme argumenta James Heckman a respeito da educação infantil: "Aqueles que procuram reduzir as dívidas e fortalecer a economia devem fazer investimentos significativos na educação infantil"[18]. Hoje existe um nítido consenso de que a educação e o cuidado desde a primeira infância, se de boa qualidade, trazem uma ampla gama de benefícios, incluindo maior bem-estar infantil e melhores resultados de aprendizagem, efeitos mais equitativos e redução da pobreza, maior mobilidade social intergeracional, maior igualdade de gênero e participação feminina no mercado de trabalho e melhor desenvolvimento social e econômico para a sociedade em geral. Ótimos benefícios também podem ser obtidos com investimentos no ensino superior. Em 2015, o Banco Mundial mostrou que no mundo em geral, na África em particular, as taxas de retorno do ensino superior estavam se tornando mais altas do que as do ensino fundamental ou médio. A questão não é escolher um setor em detrimento de outro, mas encontrar o equilíbrio certo entre os investimentos nos vários níveis de educação, principalmente considerando os fortes desafios colocados pela economia global do conhecimento[19].

Desafios reais

Mas existem desafios reais para o Estado de Bem-estar no século XXI. Eis uma lista dos principais problemas que já estão ocorrendo ou surgindo nas próximas décadas.

Em primeiro lugar, conforme já mostrado nos capítulos 2 (figura 2.9) e 6 (figura 6.1), as alíquotas de tributação de empresas têm diminuído. A estabilidade das receitas do governo federal nos Estados Unidos, conforme mostrado na figura 7.2, esconde um movimento de tesouras pelo qual um declínio contínuo na alíquota de tributação

---

18. Cf. https://heckmanequation.org/resource/invest-in-early-childhood-developme nt-reduce-deficits-strengthen-the-economy/

19. Cf. IPSP (2018c, cap. 19) e Salmi (2017).

efetiva de empresas foi substituído por uma parcela crescente de receitas provenientes do imposto sobre a folha de pagamento. Piketty (2014) mostra que a redução nas alíquotas mais altas de impostos nos Estados Unidos foi acompanhada pela explosão da desigualdade de renda e da concentração de riqueza observada nos últimos trinta anos. A globalização está pressionando a tributação de fatores móveis, de capital e de mão de obra altamente qualificada, o que arruína a capacidade do governo de conter as desigualdades. De fato, a eficácia de impostos e transferências de renda na redução da desigualdade fica limitada quando a redução da tributação de empresas e das alíquotas mais altas dos impostos de renda é compensada com alíquotas mais altas de impostos de renda sobre receitas mais baixas e com maior dependência de impostos sobre valor agregado. Deslocar a carga tributária do capital para a mão de obra também é imprudente em um momento de desemprego estrutural (como em alguns países europeus) e no início de uma onda de automação que substituirá muitos empregos.

Esse primeiro desafio gira em torno das receitas. Existem desafios importantes também do lado dos gastos. Um deles provém do envelhecimento, que aumenta o peso dos dependentes sobre os trabalhadores ativos, adicionando ainda mais pressão para aumentar os impostos sobre a renda. Esse desafio pode ser enfrentado investindo-se massivamente para aumentar a produtividade do trabalho e gerar renda de capital, desde que o governo se certifique de controlar ou coletar essa renda de capital por meio de um sistema obrigatório de pensões contributivas ou da constituição de um fundo soberano. A onda de automação seria bem-vinda nesse contexto se houvesse certeza de que a força de trabalho em idade produtiva pudesse encontrar bons empregos produtivos e não terminasse massivamente em empregos de serviços de baixa produtividade.

Outra maneira de enfrentar o desafio do envelhecimento seria convidar jovens trabalhadores estrangeiros de países com excesso de mão de obra. Um excesso de jovens na África, simultâneo a um envelhecendo da população na Europa, parece uma solução quase ideal para o problema. A dificuldade é que, se essa ligação assumir a forma de migrações de trabalhadores e suas famílias, a heterogeneidade rapidamente crescente nas sociedades europeias irá inflar ainda mais as tendências xenófobas e racistas. Isso também prejudicaria o apoio ao Estado de Bem-estar. Na verdade, conforme se reflete no IPSP (2018a, cap. 2; 2018c, cap. 20), a solidariedade é um valor que representa a pedra angular das sociedades humanas, e esse senso de solidariedade – ou de responsabilidade coletiva pelo bem-estar – está criticamente relacionado a um sentimento de pertencimento e identidade. Essa interação, nas sociedades humanas, entre bem-estar, solidariedade e pertencimento é um aspecto fundamental que ajuda a explicar por que os mecanismos de solidariedade são menos robustos em sociedades heterogêneas com vínculos precários entre populações diversas. Em alguns países, percepções de uma diversidade crescente podem arruinar o *ethos* de solidariedade e corroer o apoio popular ao Estado de Bem-estar.

Outra maneira ainda de fazer uso da simultaneidade de trabalhadores nos países em desenvolvimento e aposentados em países ricos é fazer o investimento maciço mencionado anteriormente para criar empregos nos próprios países em desenvolvimento. Mas muitos desses países têm dificuldade em garantir estabilidade e segurança para investimentos – na verdade, o aumento da população jovem também é uma receita para a convulsão política e para a vulnerabilidade ao recrutamento de terroristas. E essa maneira de explorar o capitalismo transnacional para resolver questões sociais nos países ricos pode não parecer atraente para os países em desenvolvimento, ansiosos por alcançar a independência econômica.

Além do envelhecimento, os gastos com a saúde também geram um sério desafio. Isso está parcialmente relacionado ao envelhecimento, uma vez que um número crescente de idosos dependentes precisará de assistência por mais anos do que em épocas anteriores. Mas tal assistência assume, em grande parte, a forma de serviços que não são tão custosos. Mais desafiadora é a transformação da inovação em saúde, que agora produz novos equipamentos e novos medicamentos que permitem examinar o corpo humano de formas extremamente detalhadas e elaborar tratamentos bastante personalizados, mas a um custo que não pode ser bancado por toda a população. Já se foi o tempo de simples antibióticos e aparelhos de raios-X e ecografia que podiam ser disponibilizados para todos. Novos tomógrafos custam milhões de dólares e novos medicamentos muitas vezes custam centenas de milhares de dólares por ano de tratamento. Também podemos estar à beira de uma nova onda de infecções bacterianas que resistem ao tratamento com antibióticos e precisam de intervenções mais caras. O principal problema para o Estado de Bem-estar é que, agora, é muito mais dolorosa do que antes a questão de escolher quais procedimentos e tratamentos são cobertos e quais não são, porque muitos pacientes acabarão sabendo de possíveis tratamentos que não serão cobertos, mesmo que possam salvá-los. O problema é agravado pela concentração da indústria farmacêutica, que lhe permite praticar uma precificação obscura e argumentar que aumentos astronômicos de preços são justificados por seus altos custos de P&D (pesquisa e desenvolvimento) – o que não pode ser verdade, visto que essa indústria é extremamente lucrativa.

Para enfrentar este desafio, deve-se provavelmente combinar uma postura agressiva para restaurar a concorrência na indústria farmacêutica, recompensando a inovação médica de outras maneiras que

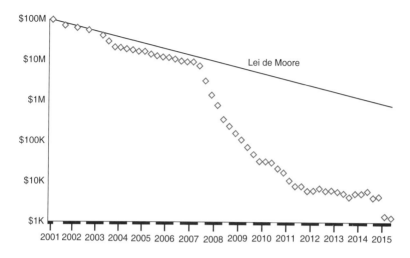

Figura 7.4 Declínio do custo do sequenciamento de DNA
Fonte: Nacional Institutes of Health (NIH).

não com aumentos de preços[20] grandes e arbitrários, e estabelecendo um sistema de pagador único que seja mais capaz de negociar preços e encorajar inovações que economizem custos. Muitos procedimentos caros viram seus custos diminuírem, o que é promissor. Por exemplo, o custo de sequenciamento de DNA do genoma humano caiu de milhões de dólares para menos de US$ 1.000 muito mais rapidamente do que a Lei de Moore (que foi proposta para a capacidade de evolução da computação), conforme ilustrado na figura 7.4.

A onda de automação desafiará tanto o lado das receitas quanto o lado dos gastos das finanças públicas. Mesmo que, como parece mais

---

20. Existem iniciativas interessantes que procuram avaliar o impacto global de inovações médicas na saúde e projetar um esquema de recompensa para inovadores que contornasse o sistema de patentes e tornasse possível incentivar a inovação para suprir as necessidades médicas (em vez da demanda do mercado) e permitir a rápida difusão por imitação de novas invenções. Cf. http://global-health-impact.org/ e http://healthimpactfund.org/

provável, isso não vá fazer desaparecer a mão de obra, mas apenas transformar a composição de empregos, a transição pode ser difícil se o ritmo dos deslocamentos de empregos for rápido. Nas próximas décadas poderemos enfrentar um número crescente de trabalhadores de meia-idade cujas habilidades tornaram-se subitamente obsoletas e cujas perspectivas de encontrar um emprego decente antes da idade de aposentadoria são escassas. Isso irá tanto reduzir as receitas fiscais quanto aumentar as despesas de apoio à renda. Este é o ponto onde é importante uma ação política determinada a direcionar o ritmo e a orientação da automação, por meio de reformas corporativas e incentivos governamentais, rumo a um processo mais suave e mais amigável ao trabalhador, conforme argumentado nos capítulos 2 e 6. Mas também é preciso reconhecer a necessidade do desenvolvimento de sistemas públicos ou subsidiados de educação ao longo da vida, ajudando os trabalhadores a navegar em uma nova era em que não é mais comum manter o mesmo tipo de emprego ao longo de toda a carreira.

Um desafio final, hoje em dia, vem do fato de que a dívida pública foi seriamente inflada pela crise financeira (figura 7.5) e que economias importantes como as dos países do G7 teriam dificuldade em suportar um choque semelhante no período próximo. Infelizmente, não é improvável que a instabilidade financeira continue, já que as regulamentações estabelecidas após a última crise são consideradas insuficientes por especialistas e estão sendo revertidas nos Estados Unidos.

Um esclarecimento importante que deve ser feito sobre o Estado de Bem-estar é que as diferenças nas ofertas de bem-estar entre os países são menos profundas do que parecem. Em países com menor oferta de serviços públicos, as famílias ainda precisam gastar com moradia, educação, saúde e previdência. De acordo com a Ocde, que tem cuidadosamente monitorado essa questão na última década, "quando os gastos privados e os sistemas tributários são incluídos, as diferenças de gastos totais diminuem entre os países". A figura 7.6 mostra que um reajuste mais espetacular afeta os Estados Unidos, que salta de uma posição baixa de despesas públicas para a segunda maior posição de despesas totais. A principal diferença entre gastos públicos e privados está muito menos na quantidade do que na distribuição de recursos e de liberdade para os cidadãos. Deixar gastos essenciais para a esfera privada piora as desigualdades. A discussão deve, então, focar menos no tamanho (exagerado) do Estado de Bem-estar e mais na eficiência dos sistemas de assistências sociais, como tais, na era global.

O bem-estar é apenas para os ricos?

Outra concepção equivocada muito disseminada é que apenas as economias mais ricas podem arcar com um ambicioso Estado de Bem-estar. Na verdade, a Inglaterra, a Alemanha, a França, a Sué-

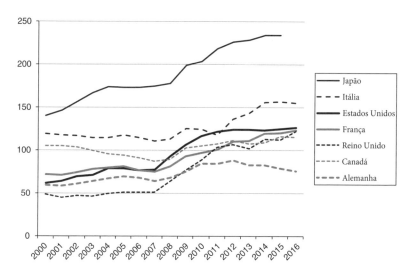

Figura 7.5 Dívida pública nos países do G7, em porcentagem do PIB
Fonte: Oecd.Stat.

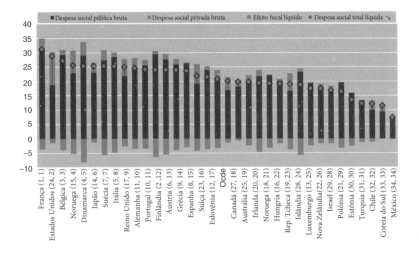

Figura 7.6 Gastos líquidos totais na Ocde em porcentagem do PIB, 2013
Fonte: Oecd (2016, fig. 4).

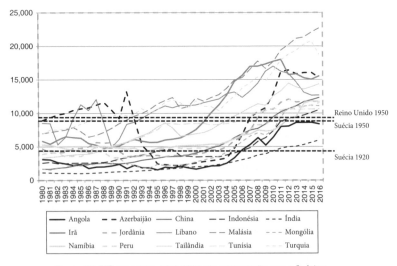

Figura 7.7 PIB *per capita*, 1960-2011 em comparação com a Suécia e o Reino Unido no início das reformas das políticas de bem-estar
Fonte: Maddison Project.

cia e os Estados Unidos aumentaram suas intervenções por meio de políticas de bem-estar com níveis de PIB *per capita* semelhantes aos níveis atuais alcançados pelos países emergentes, conforme ilustrado na figura 7.7. A Indonésia e a China estão agora mais desenvolvidas do que a América em 1935, quando aprovou a Social Security Act (Lei da Seguridade Social), ou mesmo do que a Grã-Bretanha em 1948, quando iniciou seu monumental National Health Service (NHS, o Serviço Nacional de Saúde). Os países escandinavos construíram componentes fundamentais de seus estados de bem-estar social antes da Segunda Guerra Mundial (a Suécia introduziu seu sistema universal de previdência em 1913), em um nível ainda mais baixo de desenvolvimento econômico, e seu processo de desenvolvimento foi aprimorado, e não prejudicado, por uma força de trabalho mais qualificada e produtiva e por um eficiente sistema de formação de salários por meio de negociação coletiva centralizada.

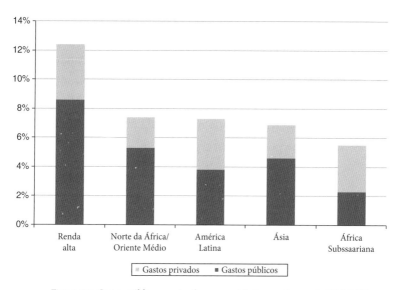

Figura 7.8 Gastos públicos e privados com saúde (porcentagem do PIB), 2015
Fonte: Banco Mundial.

De fato, o período recente viu um rápido aumento nas intervenções por meio de políticas de bem-estar nos países em desenvolvimento, embora ainda muito abaixo dos níveis observados nos países de alta renda (cf. figuras 7.8 e 7.9).

Veja o exemplo da Ásia. Em 2011, o parlamento da Indonésia aprovou uma lei estabelecendo um plano de saúde para todo o país – o maior sistema de pagador único do mundo. A mesma lei também comprometeu o governo a estender aposentadorias e pensões por morte e por invalidez decorrente de acidentes de trabalho para todo o país. Nas Filipinas, o plano de saúde do governo, PhilHealth, cobre a maior parte da população. A Tailândia alcançou a saúde universal em 2001 e introduziu aposentadorias para o setor informal uma década depois. A Índia expandiu seu programa de garantia de emprego para todos os distritos rurais em 2008, oferecendo até 100 dias de trabalho com salário-mínimo por ano para todas as famílias rurais que nele se cadastrassem. Em 2008, a Coreia introduziu um crédito para o imposto de renda sobre os recebimentos, uma pensão básica universal e um esquema de seguridade que fornece cuidados de longo prazo para os idosos. Os sistemas de seguro de saúde rural da China, que em 2003 cobria 3% da população elegível, alcançou agora quase a cobertura total, de acordo com estatísticas oficiais. A Índia também estendeu uma fórmula modesta de plano de saúde a centenas de milhões de pessoas sem seguro.

Esses esforços pretendem conter a crescente insatisfação de grandes segmentos da população em economias de transição que experimentaram um surto de crescimento econômico. Conforme relatado no IPSP (2018a, cap. 8):

> a satisfação de vida na China realmente diminuiu, em média, nas últimas décadas e isso foi acompanhado por aumentos nas taxas de suicídio e na incidência de doen-

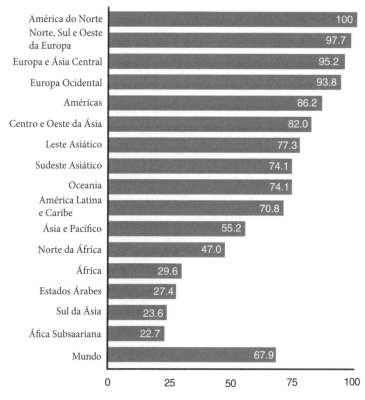

Figura 7.9 População acima da idade de aposentadoria que recebe uma pensão (porcentagem)
Fonte: OIT (2017, fig. 4.3).

ças mentais (GRAHAM et al., 2015). As respostas da pesquisa por categorias de renda em 1990 e 2007 mostram que a satisfação de vida diminuiu nas duas categorias de renda inferiores, mas aumentou na categoria de renda superior (EASTERLIN et al., 2012).

Isso levou as autoridades chinesas a aumentar os gastos sociais públicos em 50% entre 2007 e 2012, embora o nível de 2012 (9% do PIB) ainda estivesse bem abaixo da média da Ocde e da Coreia (11%). Países como o Chile, o México e a Turquia gastam menos de 15% do PIB em benefícios sociais. Embora relativamente baixos nas comparações internacionais, os gastos sociais públicos (em porcentagem do PIB) no México e na Turquia dobraram nos últimos 25 anos.

A América Latina tem uma tradição muito mais antiga de sistemas de seguridade social e intervenções por meio de políticas de bem-estar. Nos países pioneiros (Argentina, Brasil, Chile, Uruguai e Cuba), os principais sistemas de seguridade social foram implantados antes da Segunda Guerra Mundial e cresceram acompanhando o ritmo da industrialização e do crescimento econômico (com a notável exceção de Cuba, que seguiu um caminho radical após a década de 1960). Esses países pioneiros, mais a Costa Rica, alcançaram altos níveis de cobertura de saúde em 1980, com mais de 60% da população atendida (cf. HUBER; BOGLIACCINI, 2010). Nos vinte anos seguintes, no entanto, os estados de bem-estar na América Latina passaram por reformas drásticas e transformações no contexto de privatizações em larga escala e de repetidas crises fiscais. A ascensão ao poder de governos de centro-esquerda, na primeira década do século XXI, reforçou uma política social abrangente e voltada para a equidade. Alguns programas bem-sucedidos provam que os custos não precisam ser tão altos. Por exemplo, o Bolsa Família no Brasil custa menos de 0,5% do PIB e atinge 26% da população, enquanto o Progresa – Oportunidades no México custa 0,4% do PIB e atinge 5 milhões de domicílios (COMISSÃO EUROPEIA, 2010).

Na África, muitos países do sul já têm sistemas de previdência social e muitos países subsaarianos fizeram progressos notáveis rumo à institucionalização da proteção social: Burkina Faso, Gana, Quênia, Moçambique, Ruanda, Serra Leoa e Uganda, entre outros, adotaram ou estão em processo de adotar estratégias de proteção social como parte da construção de sistemas de proteção social abrangentes. Países como Benin, Burkina Faso, Costa do Marfim, Gabão, Mali, Senegal e Tanzânia vêm reformando seus mecanismos de proteção social para implementar a cobertura universal de saúde, inspirando-se nos exemplos de liderança de Gana e Ruanda. Muitos dos programas de sucesso (p. ex., o sistema nacional de saúde de Gana, o programa Vision 2020 Umurenge de Ruanda, a aposentadoria por idade do Lesoto) parecem muito eficazes em alcançar os mais pobres, o que por si só já é uma conquista, especialmente sem produzir distorções ou desestímulos significativos (COMISSÃO EUROPEIA, 2010). Há muito o que outros continentes podem aprender com essas intervenções "caseiras" de bem-estar social na África, que foram bem-sucedidas e financeiramente sustentáveis.

Repensando o Estado de Bem-estar Social

Na história do capitalismo, três concepções de Estado de Bem-estar Social, identificadas no trabalho pioneiro de Esping-Andersen (1990), fornecem uma maneira muito útil de entender as múltiplas e complexas variações das instituições de bem-estar social em países desenvolvidos e em desenvolvimento.

A primeira concepção pode ser chamada de "anglo-saxônica", mesmo que nem os Estados Unidos nem o Reino Unido ofereçam um exemplo puro disso. Ela combina uma economia livre voltada aos acionistas com um Estado de Bem-estar mínimo que restringe suas intervenções a auxílios de renda voltados para os mais pobres (pensão mínima, assistência médica mínima, vale-alimentação). Permite opções de autoexclusão e suplementos privados para os ricos. Esse modelo tem a vantagem de ser muito enxuto nos gastos, portanto, pouco suscetível a distorções fiscais da atividade econômica e favorável a alcançar um equilíbrio fiscal. Não é promissor em termos de progresso social, contudo, porque não é eficaz em combater as fortes desigualdades geradas pela economia. É vulnerável a um círculo vicioso, quando as intervenções almejadas estigmatizam os pobres e aumentam a polarização social, o que abala o apoio da classe média à redução da pobreza, porque os pobres são então percebidos como um fardo para a população que trabalha duro. Isso força o encolhimento do apoio à assistência social e polariza ainda mais a sociedade em uma espiral descendente. Essa espiral é ainda mais provável em uma sociedade dividida por diferenças étnicas correlacionadas com as desigualdades sociais. De certa forma, pode-se dizer que o ataque de Ronald Reagan às *welfare queens* deu início a tal espiral nos Estados Unidos, pelo menos no que diz respeito ao apoio à renda mínima, que é agora, especialmente após a reforma de Clinton de 1996, muito menos generoso do que costumava ser.

A segunda concepção é a "corporativista" ou bismarckiana. Ela envolve uma carga tributária maior em relação à seguridade para trabalhadores, financiada por contribuições na folha de pagamento, com tratamento favorável aos internos e mínimo apoio governamental direto aos externos. Essa forma tem sido dominante em partes da Europa continental, bem como na América Latina e em alguns países asiáticos, onde o Estado surgiu antes da sociedade, fazendo com que essa forma fosse uma opção natural. Esse modelo, assim como o anterior, também divide a sociedade e, portanto, é incapaz de realmente diminuir a lacuna entre aqueles que têm êxito no mercado de trabalho e aqueles que não conseguem começar suas carreiras ainda quando jovens ou que precisam interrompê-las abruptamente na meia-idade devido a demissões. Dada a crescente complexidade do mercado de trabalho e o fato de que as carreiras serão cada vez menos lineares com a onda de automação, essa fórmula agora parece incapaz de se adaptar ao novo imperativo de proteger pessoas em vez de empregos.

A terceira fórmula é a "social-democrata", bem-estabelecida nos países escandinavos. Ela é construída precisamente em torno do princípio de proteção de pessoas, não de empregos. Possui três pilares concretos. Em primeiro lugar, os serviços universais são amplos e investem fortemente no capital humano da população. Sua universalidade, associada à gestão eficiente das estruturas governamentais que os administram, atrai grande apoio popular ao sistema e evita estigmatizar os membros mais desfavorecidos da população. Eles também aumentam a igualdade de gênero no local de trabalho e nas famílias, graças aos amplos serviços de assistência e à licença parental sensível a questões de gênero. Em segundo lugar, a economia é aberta e a disciplina de mercado opera para selecionar e promover os negócios mais produtivos, sem nenhum esforço especial para proteger os empregos, uma vez que uma renda generosa e um suporte à capacitação tratam de ajudar na transição dos trabalhadores para novos empregos ("flexigurança"). Em terceiro lugar, a negociação centralizada envolvendo o Estado, empresas e representantes sindicais determina ganhos relativamente igualitários e estáveis, ao passo que a moderação salarial torna a economia lucrativa e competitiva no mercado mundial, enquanto a compressão salarial por toda a economia (nas empresas e entre as empresas) incentiva a adoção de tecnologia recente e impulsiona a produtividade, expulsando do mercado os retardatários que não conseguem pagar bons salários. Esse modelo tem uma coerência impressionante e oferece uma combinação notável entre concorrência de mercado e gestão cooperativa. Com o tempo, a igualdade alcançada em uma determinada geração aumenta as oportunidades para a próxima geração e a mobilidade intergeracional. Esses países têm maior mobilidade social do que países mais desiguais, conforme mostrado na figura 7.10.

Das três abordagens, a social-democrata é obviamente a mais promissora para o século XXI, considerando sua compatibilidade com mercados abertos e com rápida inovação e seu êxito mais substancial em alcançar a justiça social. Inclusive argumenta-se no IPSP (2018a, cap. 8) que a experiência dos países escandinavos, que construíram

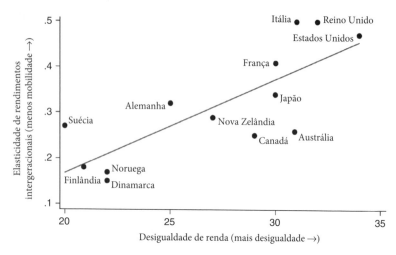

Figura 7.10 A curva do Grande Gatsby: maior desigualdade está associada a menor mobilidade social
Fonte: Corak (2013).

seu Estado de Bem-estar Social em um estágio inicial de seu desenvolvimento, prova que a igualdade, tal como alcançada por essa fórmula, é uma boa estratégia para o desenvolvimento. Isso contradiz a ideia convencional de que o desenvolvimento precisa passar por uma fase de crescente desigualdade antes que a redistribuição possa ocorrer. Esse ponto ecoa a argumentação de Heckman: um forte investimento em capital humano é muito produtivo e, portanto, um caminho de desenvolvimento desigual é na verdade um desperdício, pois não consegue explorar o potencial de sua população.

O modelo social-democrata, no entanto, provavelmente não é o "fim da história". Em primeiro lugar, pode não ser fácil transplantá-lo para países em que o sistema de negociação centralizado vá contra as tradições descentralizadas e sofra com a falta de organizações representativas. Mas é importante notar que ele não empodera trabalhadores e cidadãos tanto quanto se poderia esperar para este século. Provavelmente nenhuma das três fórmulas de Estado de

Bem-estar irá resolver efetivamente as desigualdades de poder e *status* que são típicas da economia capitalista. Muito pelo contrário, elas na verdade reforçam essas desigualdades ao torná-las compatíveis com uma igualdade substancial de recursos. A própria proteção do Estado corre o risco de ser paternalista, ao mesmo tempo em que os procedimentos de negociação centralizados podem sufocar a inovação social local, "caseira" ou de baixo para cima.

Mesmo que, na fórmula social-democrata, trabalhadores individuais e famílias tenham posições de negociação muito mais fortes em seus locais de trabalho e no mercado de trabalho, graças ao seu capital humano e à proteção do Estado, o fato é que a maioria das decisões cruciais é tomada em instâncias superiores, seja na rodada de negociação centralizada ou por seus empregadores. O sistema social-democrata é mais uma "grande barganha" entre capital e mão de obra do que uma transformação de provedores de capital e provedores de mão de obra em reais parceiros em qualquer negócio, conforme vislumbrado no capítulo 6.

É possível imaginar uma nova forma de Estado de Bem-estar que se baseie na fórmula social-democrata, mas que substitua o pilar da negociação centralizada por uma democratização descentralizada da economia, particularmente por meio da reforma da corporação e da democratização de todo negócio, nas linhas discutidas no capítulo 6.

Experimentar esse novo modelo de social-democracia descentralizada pode valer a pena. Enquanto o governo mantém sua tradicional função de fornecer bens e serviços públicos e seguridade social, permitindo aos agentes privados estarem seguros e correrem riscos, ele adquire o novo papel de garantir e fiscalizar a democracia econômica, por meio do envolvimento dos *stakeholders* em todos os órgãos de decisão que afetem substancialmente os seus interesses. As formas participativas de democracia local testadas na América

Latina e agora amplamente imitadas por toda parte (cf. cap. 8) também compartilham da mesma ideia de que as decisões devem ser tomadas sob o controle daqueles que são diretamente afetados por elas. Aplicar essa ideia à economia, não apenas à política local, seria o princípio fundamental desse quarto modelo de Estado de Bem-estar. Esse novo tipo de bem-estar social substituiria, portanto, a ideia de um Estado que provê "bem-estar" pela ideia de um Estado que "emancipa" as pessoas, dando-lhes novos direitos e capacidades e permitindo-lhes prosperar por si mesmas.

O Estado emancipador: características e desafios

O modelo proposto ocorreria em um movimento mais amplo, a fim de combater mais profundamente as desigualdades da economia capitalista e com vista a uma nova forma de economia de mercado democrática, na qual a propriedade privada permanece dominante, mas na qual as típicas desigualdades capitalistas de poder e *status* seriam contidas. Assim como a social-democracia, esse modelo reduziria a necessidade de redistribuição *após* as rendas do mercado terem sido formadas, intervindo *antes* do mercado – por meio do investimento em capital humano – e *dentro* do mercado –, melhorando a distribuição de poder nas decisões econômicas tomadas por empresas e por organizações econômicas. Em particular, empresas mais democráticas tendem a apresentar distribuições de salários muito menos desiguais do que empresas tradicionais. Dessa forma, as rendas do mercado seriam menos desiguais e, portanto, seriam necessários menos impostos e transferências, o que reduziria a carga distorcionária da tributação de renda sobre a economia[21].

---

21. A distinção entre redistribuição após, antes e no mercado está elaborada no IPSP (2018a, cap. 3).

Uma característica positiva da tradicional fórmula social-democrata é a compressão salarial obtida por meio de negociação centralizada. Em um sistema descentralizado, mesmo que as desigualdades salariais permaneçam modestas *dentro das* empresas (democráticas), elas podem alargar-se *entre as* empresas se não houver restrições sobre as decisões locais. Pode haver então o risco de um setor da economia ficar para trás em termos de produtividade e receita. Mas a centralização da negociação coletiva não é realmente necessária para afastar essa ameaça. É suficiente implementar uma política de salário-mínimo para obrigar todas as empresas a atingirem um nível mínimo de produtividade.

A onda de automação, no modelo proposto, poderia ser pelo menos parcialmente confrontada por meio de quatro mecanismos. Primeiro, as transformações do local de trabalho seriam mais amigáveis aos trabalhadores nas companhias que levam em conta os interesses dos *stakeholders*. Isso pode desacelerar o aumento da produtividade do trabalho, mas será no geral positivo para a economia, ao suavizar a transição e, portanto, reduzir seus custos sociais. Em segundo lugar, o auxílio à renda e a formação contínua ajudariam na transição dos trabalhadores a novos empregos. Terceiro, uma redução nos impostos sobre a mão de obra tornaria menos atraentes as inovações que reduzem a mão de obra. Quarto, o desenvolvimento de precificação de externalidades por meio de impostos e subsídios (que ainda serão discutidos a seguir) faria com que as empresas internalizassem, pelo menos parcialmente, os custos sociais de suas decisões.

Outro desenvolvimento que parece sensível do ponto de vista do novo modelo é a expansão da chamada *gig economy*, o mercado alternativo de empregos temporários e autônomos, como os *freelancers*. A economia de compartilhamento oferece baixa segurança e uma variedade de graus de dependência dos contratantes em relação às suas plataformas. Uma rede de segurança para todos (p. ex., na forma de uma renda básica) ajudaria de alguma forma a evitar as piores formas de exploração neste setor; mas, idealmente, também seria desejável garantir que fosse rastreada a dependência dos contratantes a um empregador de plataforma única, acionando a ativação dos direitos devidos aos *stakeholders*. Felizmente, a tecnologia que torna as plataformas possíveis pode também permitir que os contratantes coordenem e tornem os seus interesses mais visíveis e levados mais a sério pelas próprias plataformas. Mas isso exigirá novamente que as autoridades públicas se atentem para que essa coordenação ocorra.

Em tais debates sobre o futuro do trabalho, a ideia de uma renda básica universal ocupa um lugar central[22]. Há muito exagero nessa ideia, porque existem muitas formas de se garantir universalmente o fornecimento de renda e, embora não seja desprezível o fato de essa garantia ser incondicional ou baseada em critérios de renda, não é isso que irá realmente mudar o mundo. Na verdade, os rendimentos das pessoas precisam ser avaliados de qualquer maneira, quando elas pagam seus impostos. Assim, a diferença entre uma renda mínima a partir de critérios de rendimentos e uma renda básica incondicional depende do ajuste das transferências do governo a um indivíduo, em função de sua renda antes dos impostos. Esse ajuste pode ocorrer de duas formas: ao se determinar o auxílio de renda que lhe foi concedido ou ao se determinar o imposto de renda que ele deve pagar (ou o crédito fiscal que ele deve receber). Entretanto, na prática isso faz uma diferença real para as famílias pobres cujos rendimentos flutuam. Os atrasos no ajuste do auxílio à renda são um pesadelo para elas e a justificativa, aos assistentes sociais, de que lhes falta renda pode ser dolorosa e humilhante. Por este motivo, para as famílias

---

22. Van Parijs e Vanderborght (2017) fornecem uma síntese abrangente do debate sobre a renda básica.

mais necessitadas, uma renda básica universal é muito melhor do que uma forma de apoio à renda com verificação de rendimentos. Esse é um forte argumento para as formas incondicionais de auxílio.

Os elaboradores dos sistemas de assistência social do século passado não tiveram que lidar com o problema ambiental com a mesma urgência de hoje. A fim de lidar com o problema da sustentabilidade, qualquer modelo de Estado de Bem-estar deve agora incorporar um minucioso gerenciamento de externalidades. As externalidades ambientais, mas também as sociais, são pervasivas e geram alocações ineficientes de recursos. Se os impostos e subsídios ajudassem os tomadores de decisão do setor privado a internalizar os efeitos externos de suas escolhas, a economia poderia ser muito mais eficiente. Isso abre a perspectiva de reduzir a tributação distorciva, pois os impostos sobre as externalidades podem, ao mesmo tempo, gerar receita e aumentar a eficiência da economia. Na faixa recomendada por especialistas em políticas climáticas, um imposto sobre o carbono, por si só, geraria mais de 2% do PIB por várias décadas durante o processo de descarbonização. Os combustíveis fósseis ainda são subsidiados em muitos países em desenvolvimento, com impacto regressivo, porque os ricos se beneficiam mais deles, de modo que eliminá-los gradualmente e usar os recursos para políticas de redução da pobreza seria bom tanto para o meio ambiente quanto para a distribuição de recursos[23].

Outra fonte de receita que aumentaria a eficiência, em vez de distorcê-la, é a taxação de rendas geradas pelo patrimônio, ou seja, receitas que não recompensam a contribuição produtiva, mas apenas a manutenção de recursos escassos ou de posições vantajosas. Rendas de terras urbanas, que aumentam com o desenvolvimento

---

23. Sobre a política de carbono e os impactos sociais, cf. Stern e Stiglitz (2017) e Edenhofer et al. (2017), bem como as referências neles contidas.

econômico, podem ser captadas por meio de tributação adequada, incentivando um uso mais eficiente do espaço, e podem ser particularmente usadas para financiar infraestruturas. Lucros monopolistas que não se justificam pela necessidade de recompensar a inovação por patentes e que não podem ser totalmente eliminados por políticas antitruste, também poderiam ser tributados por meio de uma modulação dos tributos corporativos, o que desencorajaria a concentração excessiva. Da mesma forma, atividades de *rent-seeking* que não estejam realmente criando valor, mas que visem capturar valor, como a publicidade[24], o *lobby* e uma parcela de empresas financeiras[25] e de litígios, entre outras, poderiam ser submetidas a uma taxação destinada a conter sua expansão (cf. cap. 6).

Tudo isso não será suficiente para substituir os impostos sobre a mão de obra, mas pode reduzir substancialmente o peso morto desses tributos distorcivos. Isso contribuiria para orientar a inovação tecnológica para uma direção mais benéfica socialmente, pois os preços (incluindo impostos) refletiriam melhor os impactos sociais de decisões sobre processos e produtos.

O novo modelo de Estado de Bem-estar Social pode fazer frente à economia globalizada? Assim como a social-democracia, ele é compatível com fronteiras abertas ao comércio e ao investimento de capital. É claro que a perspectiva política dos princípios democráticos impostos às empresas pode assustar inicialmente os investidores

---

24. A publicidade é um exemplo proeminente no livro seminal de Pigou, *The Economics of Welfare* (1920), que introduziu a ideia de tributar externalidades. Na verdade, observe que a publicidade não é apenas uma atividade de *rent-seeking*, mas também um incômodo para as empresas que são levadas a uma corrida armamentista dispendiosa a fim de atrair clientes.

25. A famosa taxa Tobin, em particular, teria como alvo a especulação de curto prazo, tributando as transações financeiras e encorajando os investidores a segurar seus investimentos por mais tempo.

e gestores. No entanto, a única restrição real no que diz respeito à fuga de capitais é garantir o mesmo nível de lucratividade como em qualquer lugar, e essa restrição pode ser tratada da mesma maneira que um imposto por qualquer empresa produtiva que requeira investimento de capital ou qualquer banco que tome empréstimos nos mercados internacionais. Trabalhadores altamente qualificados, como gestores, podem ser atraídos por salários mais altos no exterior, mas existem vantagens reais em um ambiente de trabalho amigável e uma sociedade socialmente coesa, e isso convencerá muitos a ficarem – na verdade, até mesmo os gerentes de ponta geralmente ficam em seus países. Observe, por exemplo, que a política democrática não torna o trabalho do político menos atraente nas democracias do que nos governos autoritários e, certamente, o torna mais seguro. Da mesma forma, na economia capitalista atual, em que as empresas democráticas têm de competir com as empresas autoritárias tradicionais, elas não carecem particularmente de voluntários para cargos de gestão – e precisam menos de gestão intermediária. Curiosamente, o paralelo entre política e negócios se estende também ao fato de que, em ambos os contextos, as estruturas democráticas promovem um tipo diferente de gestor – menos predatório, mais humano, ainda que potencialmente demagógico.

Concluindo, o Estado de Bem-estar Social não apenas continua sendo uma ideia viável no século XXI, mas pode ser um ator-chave na promoção do progresso social, focado não apenas em garantir a subsistência das pessoas, mas também em garantir sua dignidade, sua liberdade e direitos democráticos, ao mesmo tempo que contribui para uma economia de mercado eficiente.

8
DA POLARÍTICA À POLÍTICA

Nos dois capítulos anteriores vimos como a reforma da corporação e dos mercados e o desenvolvimento de um Estado emancipador poderiam moldar os contornos de uma sociedade melhor. O sistema político também precisa de reformas?

A situação na política tem se tornado cada vez mais preocupante ultimamente devido à crescente polarização em muitos países democráticos, algo que não é um bom presságio para o futuro da democracia e que transformou o nobre confronto de plataformas em um detestável espetáculo de luta-livre, que poderia ser apelidado de "polarítica". A polarização está associada a tendências sociais que dividem populações. Em alguns países, o embate contrapõe elites bem providas (econômica e culturalmente) a populações abandonadas, que são levadas a aderir a políticas identitárias. Em outros países, o embate é uma oposição mais clássica entre esquerda/direita, trabalhadores/ elite, mas, em todos os países, as políticas identitárias e as consequências da globalização (e, em segundo plano, das mudanças tecnológicas) fazem parte da equação. Em particular, muitos cidadãos pensam agora que seu governo é uma marionete nas mãos de forças econômicas e financeiras, e que mudar o governo não traz nenhuma mudança substancial nas políticas. A aprovação da democracia permanece forte, mas parece estar se erodindo, especialmente entre as gerações mais jovens (cf. figura 8.1). De maneira associada, em muitos países, casos de corrupção poluem tanto o jogo político, que se tornam uma preocupação central para imaginar sistemas democráticos mais saudáveis.

As reformas socioeconômicas propostas nos capítulos anteriores são elas mesmas políticas, uma vez que na verdade envolvem inocular germes da boa política em atividades econômicas nas quais o poder está em jogo, bem como em políticas sociais nas quais os beneficiários são *stakeholders* cruciais. Elas envolvem reconhecer a presença da política em domínios que não estão na esfera política clássica e aprofundar a democratização como fator essencial para o progresso social na economia, na sociedade civil, nas famílias e na política social. A política está em toda parte porque o poder é onipresente.

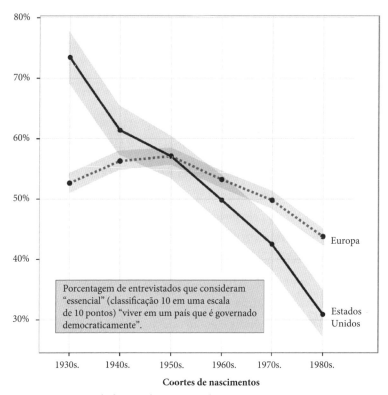

Figura 8.1 Queda do apoio de instituições democráticas nas gerações mais jovens
Fonte: Foa e Mounk (2016, fig. 1).

Ainda assim, uma boa sociedade precisa de uma boa esfera política e, em contrapartida, a política prospera quando as condições sociais são favoráveis. Neste capítulo, primeiro explicamos por que e como o progresso social e o progresso político estão entrelaçados e, a seguir, discutimos ideias para melhorar o sistema político. São necessárias reformas no financiamento das atividades políticas, na participação dos cidadãos em tomadas de decisões, na organização e gestão dos meios de comunicação e no processo eleitoral.

Definir como melhorar a política não é, entretanto, o fim da nossa história. Ainda precisamos identificar as ações e os atores que podem impulsionar e contribuir para tornar possíveis todas as mudanças descritas nesta segunda parte do livro. Esse será o tema do último capítulo, depois deste.

Progresso social e progresso político

Um só não adianta. O progresso social precisa de apoio político e o progresso político precisa de um ambiente social favorável.

Por que o progresso social precisa de política? Isso pode parecer óbvio para a visão convencional que combina progresso social e redistribuição de renda pelo governo, mas para o tipo de progresso socialmente difuso proposto neste livro isso não é tão óbvio. Considere, por exemplo, a reforma do propósito e da governança da corporação, discutida no capítulo 6. Tal reforma pode ser impulsionada por movimentos sociais e pela iniciativa da parte mais esclarecida do empresariado. Então por que invocar o apoio estatal? A razão é que, em algum momento, a generalização da reforma e sua cristalização em instituições robustas requer respaldo legal, pois, caso contrário, os desvios da democracia permanecerão pervasivos. Pode parecer suspeito que organizações mais democráticas precisem de salvaguardas jurídicas para sobreviver em um mundo competitivo. Isso poderia provar que elas na verdade são menos eficientes do que corporações tradicionais que maximizam o valor do acionista com uma gestão forte?

Na realidade, há toda razão para se pensar que a concorrência não necessariamente seleciona a melhor forma de organização. Ela normalmente seleciona as melhores organizações aos olhos daqueles que detêm as alavancas do mecanismo de seleção, com certeza, mas seus interesses podem não corresponder ao bem comum. No caso das empresas, pode parecer que a seleção seja feita principalmente pelos consumidores, ou seja, por todos. As melhores empresas são, então, aquelas mais produtivas e capazes de oferecer os preços mais baixos. Ou pode-se pensar que os trabalhadores também contribuem para a seleção das empresas, ao migrarem para aquelas com melhores salários e condições de trabalho, enquanto as empresas menos eficientes competem para atrair bons trabalhadores.

Mas não é bem o caso. Nem os consumidores nem os trabalhadores desempenham um papel tão grande na realidade. O nascimento, a vida e a morte das empresas são determinados principalmente por sua capacidade de atrair investimentos e gerar lucros. Agora, os lucros são apenas uma pequena parte do valor criado pelas contribuições coletivas de capital, suor e inteligência dadas pelos *stakeholders*. Se houver dois tipos de empresas, um tipo gerando um valor maior, mas com lucros menores que o outro, é este outro tipo, infelizmente, que será selecionado. É realmente provável que empresas mais democráticas criem mais valor, porém lucros menores, devido ao fato de que o tamanho do bolo não é independente de como ele é distribuído. Uma empresa mais democrática projeta seu sistema de recompensas de forma a reduzir a disparidade entre os executivos e os trabalhadores comuns; fornece melhores condições de trabalho, que incentivem a produtividade da mão de obra, mas também incluam vantagens para os trabalhadores na forma de estabilidade no emprego, de adequações à vida familiar e coisas assim; e adota uma política mais cautelosa quando as oportunidades lucrativas entram em conflito com preocupações ambientais. Tudo isso, em média, reduz os lucros monetários para os acionistas enquanto aumenta o valor total criado.

Imagine que, com o toque de uma varinha mágica, todas as empresas se tornassem democráticas, mas sem salvaguardas jurídicas que protegessem os direitos dos *stakeholders*. O que aconteceria? A maioria das empresas degeneraria de volta à forma clássica. A democracia sem salvaguardas não é viável e isso é verdade em todo contexto. O problema com a democracia é que ela é um bem público e, como qualquer bem público, não se pode confiar que seu surgimento e sua sobrevivência sejam espontâneos. Quando a organização da qual você é membro é democrática, você se beneficia do fato de que seus interesses estão sendo levados em consideração e, se não participar, outras pessoas como você farão isso por você. E quando a organização não é democrática, há pouco que você possa fazer para mudá-la. Portanto, seja qual for o contexto, nunca é do seu interesse pessoal despender muito esforço para criar ou proteger a democracia, a menos que você seja um idealista forte e comprometido.

Na esfera política, da mesma forma, a democracia não sobrevive quando os votos podem ser comprados livremente pelos ricos. Para os eleitores pobres, de que adianta manter um direito de voto individual que não muda em nada os resultados das eleições, quando algum dinheiro real pode ser ganho vendendo-o? No mercado de trabalho, os trabalhadores que assinam um contrato de emprego, igualmente vendem a sua dignidade de *stakeholder*, ao aceitarem a subordinação estipulada no contrato. E vendem por nada, já que a pressão do desemprego os faz aceitar trabalhar para quase qualquer tipo de organização.

Em suma, e generalizando para além do exemplo de empresas, o progresso social que tome a forma de democratização, em qualquer lugar, precisará de apoio político e jurídico e, portanto, de um sistema político favorável.

Em contrapartida, a política funciona bem somente quando o contexto social é saudável. A experiência histórica repetidamente mostra que as populações que sofrem de vulnerabilidade social e econômica são mais vulneráveis às sereias extremistas que propõem soluções rápidas e radicais, porém traiçoeiras, para sua situação precária. Além disso, quando a desigualdade cresce, torna-se mais fácil e mais lucrativo para a elite cooptar o sistema político (IPSP, 2018b, cap. 9 e 14). Torna-se mais fácil porque, com maiores recursos, é possível ter acesso à esfera pública através da mídia, corromper ou fazer *lobby* com políticos ou, ainda, apoiar suas campanhas e partidos de forma tão maciça que eles se sentem obrigados a retribuir. Além disso, os políticos frequentemente vêm eles próprios da elite e, portanto, tendem naturalmente a adotar as visões dos super-ricos quando a elite acumula para si mais super-ricos. Também se torna mais lucrativo porque os riscos são mais altos quando os interesses a se defender são estratosféricos e quando o sistema de redistribuição é permissivo e deixa cair mais ganhos nas mãos dos que extorquem. Podem então decorrer círculos viciosos, nos quais os interesses dos mais privilegiados se enraízam em um processo político distorcido que os protege e repetidamente favorece seus interesses (BARTELS, 2016).

Tirar dinheiro da política?

Para quebrar tais círculos viciosos, tirar dinheiro da política parece ser um componente-chave de qualquer estratégia efetiva. Para algumas atividades políticas, isso é uma missão impossível. Bilionários como Charles Koch e George Soros financiam *think tanks* e movimentos da sociedade civil e pouca coisa pode ser feita para evitar tal "filantropia" política. Mas a imposição de normas de transparência no financiamento de todas as atividades políticas, incluindo *think tanks* e movimentos de base, poderia contribuir muito para elucidar a situação e restringir os piores abusos – conforme já mencionado no capítulo 6.

Por exemplo, quando a indústria do tabaco nos Estados Unidos em 1998 chegou a um acordo judicial com quarenta e seis estados, tal acordo incluiu várias restrições à publicidade do tabaco e compensações financeiras para despesas médicas, porém o mais interessante é que também forçou as maiores empresas de tabaco a divulgar toneladas de documentos internos. Esses documentos recentemente revelaram como uma aliança de longo prazo entre os irmãos Koch e o dinheiro do tabaco, iniciada na era Reagan sob a Coalition for Fiscal Restraint (Coalizão pela restrição fiscal), vem operando em segredo, especialmente desde a eleição de Bill Clinton, para fabricar um movimento popular contra os impostos e contra o governo. Muitas campanhas, grupos e *think tanks*, tais como Citizens Against Regressive Taxation, Enough Is Enough, Get Government Off Our Back, Citizens for a Sound Economy (renomeado em 2006 como Americans for Prosperity) ou a Sam Adams Alliance, obtiveram milhões de dólares de uma rede completamente opaca orquestrada pela grande indústria de petróleo (os Kochs em particular) e de tabaco, ao longo de muitos anos, e por fim conseguiram criar um movimento de base, o Tea Party, que parecia emergir do nada em 2009, logo após a eleição de Obama[26]. Devido a maiorias entrincheiradas em muitos distritos eleitorais feitos sob medida para os republicanos e pelos republicanos, em ultrajante *gerrymandering* (redistribuição arbitrá-

---

26. A história dessa campanha de longo prazo é contada em Nesbit (2016).

ria de eleitores entre colégios eleitorais), o Tea Party tem sido capaz de vencer as primárias em muitos estados, criando um forte grupo ultraconservador no Congresso. O ex-vice-presidente Mike Pence é um dos poucos políticos íntimos ao círculo interno dos Koch. De muitas maneiras, o Tea Party agora está no comando, tanto na Casa Branca quanto no Capitólio. Só podemos especular o quanto a transparência sobre o financiamento desses movimentos pseudopopulares teria feito diferença, caso tivesse sido imposta; mas é provável que seu impulso político e sua legitimidade teriam sido seriamente comprometidos. Muitas pessoas dentro dos próprios movimentos teriam percebido que sua raiva contra o governo estava sendo manipulada para servir aos grandes interesses comerciais e não aos seus próprios.

Outros canais de influência do dinheiro podem ser enfrentados mais diretamente, talvez, como o financiamento de campanhas e o *lobby*. O financiamento de campanhas é regulamentado de muitas maneiras diferentes em vários países. Os países onde o financiamento importante é fornecido pelo Estado estão concentrados principalmente na Escandinávia, e ele parece reduzir a dependência dos políticos em relação aos grandes doadores. Na Rússia, entretanto, o dinheiro público é usado a favor do partido dominante, permitindo que os mandatários façam campanha em eventos oficiais e por meio de reportagens tendenciosas na mídia. No Brasil e nos Estados Unidos, assim como em países africanos como a Nigéria, os partidos políticos obtêm das corporações seu financiamento de modo esmagador. Os Estados Unidos têm limites rígidos de doações diretas para campanhas, mas não há limites para o financiamento de comitês de ação política (PACs) que produzem anúncios na TV e campanhas na mídia, favorecendo ou combatendo candidatos específicos. No ciclo eleitoral de 2016, mais de 2.000 grupos organizados como "super PACs" relataram gastos totais de mais de um bilhão de dólares.

Isso deve ser adicionado ao próprio gasto do ciclo eleitoral, em torno de 1,5 bilhão de dólares. No Brasil, as doações privadas de pessoas físicas são insignificantes e a maior parte do financiamento vem de corporações, o que cria um círculo vicioso de desconfiança entre cidadãos e políticos. A luta pela transparência e contra a corrupção parece interminável em muitos países.

A questão da influência política através da mídia é o tema de uma seção posterior deste capítulo. Com relação ao próprio financiamento político, a dificuldade de financiar atividades políticas gera uma óbvia tentação à corrupção, já que os políticos estão desesperados por dinheiro e os doadores ricos estão interessados em ganhar influência. Como é que se pode blindar a política de tais tentações? Uma maneira de pensar em soluções é ver a própria política como um bem público, como já explicado na seção anterior. A corrupção é realmente prejudicial, pois privatiza esse bem público, criando um mercado para favores políticos, solapando a busca do bem comum. Confiar em pequenas doações privadas para impulsionar o partido ou candidato favorito dos doadores ainda resvala na privatização do processo político. Se um sistema político saudável é um bem público, ele precisa de um sistema coordenado de financiamento com contribuições obrigatórias.

Supondo que tal sistema de financiamento central esteja em vigor, como alocar o dinheiro, então? O sistema russo de distribuição de dinheiro e tempo de transmissão, proporcional aos resultados da eleição anterior, convém a um partido dominante que esmaga a oposição e a maioria dos sistemas de financiamento público inclui alguma forma de cláusula de anterioridade (*grand-fathering*). Uma opção alternativa seria deixar os cidadãos indicarem como gostariam que o orçamento político fosse gasto, todo ano, e calcular a média de suas vontades. Embora os partidários engajados defendam gastar todo o orçamento com seu próprio partido, se eles se comportarem estrategicamente, os eleitores independentes podem acrescentar alguma nuança e propor ações equilibradas. Como um todo, o orçamento final refletiria os números (não a riqueza) de partidários e as preferências mais equilibradas dos independentes.

Agora nos voltemos ao *lobby*. A prática do *lobby* é uma indústria multibilionária por si só, em certos centros de decisão como Washington ou Bruxelas, e uma de suas características mais chocantes é o conflito de interesses entre o serviço público e as empresas de *lobby*, transformando funcionários públicos supostamente dedicados ao bem comum em agentes de interesse especial que vendem seus conhecimentos privilegiados e vice-versa. A linha entre o *lobby* e a corrupção é muito tênue, já que as relações pessoais desenvolvidas entre políticos e lobistas geram uma conivência que, mesmo sem subornos explícitos, destrói a objetividade do trabalho legislativo. A situação é complexa porque muitos domínios em que os políticos elaboram leis e regulamentos são bastante técnicos e exigem a experiência do próprio setor. Portanto, é difícil estabelecer a dissociação entre o necessário intercâmbio de informações e as problemáticas pressões sobre os políticos para simpatizar com os interesses da indústria. Na mesma linha, o *lobby* também opera de modo sub-reptício através de estudos especializados feitos por *think tanks* com financiamento corporativo opaco. Produtores de tabaco e álcool gastaram milhões de dólares para financiar estudos que pretendiam desmascarar os resultados epidemiológicos que mostravam os perigos dessas drogas. A concentração das indústrias em oligopólios de empresas gigantescas tem piorado as coisas, já que tais empresas têm muito mais dinheiro e capacidade de coordenar ações de *lobby*.

As medidas típicas tomadas para regular o *lobby* incluem o registro de lobistas. Nos Estados Unidos, o registro e a declaração dos valores gastos são obrigatórios, ao contrário do que acontece em Bruxelas, onde é voluntário. Como consequência, os números oficiais sugerem que a prática de *lobby* na União Europeia é muito pequena em relação à indústria de *lobby* dos Estados Unidos, mas isso provavelmente se deve apenas à subnotificação na indústria da União Europeia. Outra medida importante envolve períodos de interstício e de reflexão obrigatórios para evitar conflitos de interesse entre público e privado. Desnecessário dizer que as corporações resistem a tais medidas, tanto quanto possível, e mesmo os funcionários públicos demonstram pouco entusiasmo por períodos de reflexão que reduzem suas perspectivas de empregos bem remunerados no setor privado.

O problema com o *lobby* é que mesmo que fosse transparente e "limpo", geraria um enviesamento no processo de deliberações políticas. "Fornece às corporações um mecanismo para que suas demandas e sua visão do mundo sejam atendidas, enquanto as demandas do público não têm esse fórum." (IPSP, 2018a, cap. 6). Portanto, uma ação decisiva contra os efeitos prejudiciais do *lobby* não deve se limitar ao *lobby* em si, mas também ter em vista como a política é feita, no processo político deliberativo e de decisão. É de suma importância verificar os canais de informação e de influência nos cargos políticos e criar fóruns específicos para cidadãos comuns e, especialmente, para os grupos sociais menos favorecidos. Este é o tópico da próxima seção.

Representação, participação, deliberação

O debate sobre os prós e contras da democracia representativa em oposição à democracia direta vem ocorrendo desde sempre, isto é, pelo menos desde os gregos antigos. A democracia representativa corre o risco de os representantes se tornarem uma nova classe com interesses específicos, um tanto desconectados do cidadão médio. Mas os representantes podem também construir habilidades específicas ao tratarem de assuntos públicos e há muitos exemplos de amadorismo que azeda quando pessoas "reais" são trazidas para o terreno político. As recentes atribulações com o Movimento 5 Estrelas na Itália ilustraram a dificuldade de se improvisar na política, e o experimento semelhante de renovar a equipe política, posto em prática pelo presidente recém-eleito da França, também deve ser observado com cuidado.

A democracia direta, ao contrário, aposta na sabedoria da multidão e na possibilidade de referendos e votações similares para tomarem decisões diretamente sobre questões cruciais da política. Há obviamente uma suposição a favor da votação direta sobre as questões para melhor representar a opinião da unidade política no momento da votação. Se essa opinião é estável e razoável, evidentemente, é outra questão. Populistas geralmente gostam de promover referendos porque esperam usá-los como plebiscitos e têm a expectativa de que o eleitorado endosse suas soluções simplistas envolvendo o tratamento severo de bodes expiatórios, tais como cidadãos ricos ou pobres, criminosos, minorias e imigrantes. No entanto, parece paternalista acreditar que a multidão é geralmente ignorante e facilmente manipulável, se a alternativa é ter um grupo restrito de profissionais políticos cooptando o Estado e administrando-o em seu próprio benefício. Como ilustrado na Tabela 8.1, nos Estados Unidos, as preferências dos ricos, que têm um forte impacto sobre as dos políticos, parecem diferir substancialmente das preferências do cidadão médio, de modo que uma democracia representativa, na qual a maioria dos representantes são eles próprios ricos ou influenciados pelos ricos, pode não ser a melhor maneira de satisfazer os desejos da unidade política.

Tabela 8.1 Preferências políticas do público rico e do geral, Estados Unidos

Assuntos	Apoio dos ricos	Apoio do público geral
O governo federal deve gastar o que for necessário para garantir que todas as crianças tenham acesso a escolas públicas realmente boas.	35%	87%
O governo federal deve garantir que todos que queiram possam fazer uma faculdade.	28%	78%
Salário-mínimo suficientemente alto para que nenhuma família com um trabalhador em tempo integral fique abaixo da linha oficial de pobreza.	40%	78%
O governo de Washington deve assegurar que todos que queiram trabalhar possam encontrar um emprego.	19%	68%
O governo deve assegurar que ninguém fique sem comida, roupas ou abrigo.	43%	68%
Favorecer um sistema nacional de saúde, financiado por dinheiro de impostos, que pague a maioria das formas de assistência médica.	32%	61%
Favorecer cortes nos gastos com programas domésticos como Medicare, educação e rodovias, a fim de reduzir os déficits do orçamento federal.	58%	27%

Fonte: Bartels (2016). • Survey of Economically Successful Americans de 2011 (para os estadunidenses ricos); pesquisas públicas contemporâneas (para o público em geral).

Felizmente, é possível ir além da oposição simplista entre democracia representativa e democracia direta. A democracia deliberativa participativa é uma forma de democracia na qual representantes e cidadãos interagem não apenas durante as eleições, mas também em processos de decisão que envolvem os cidadãos, em condições semelhantes às do trabalho parlamentar. Eles desenvolvem competência, têm tempo para discutir e deliberar e fazem recomendações baseadas nesse trabalho, em vez de apenas depositar uma cédula que reflete seus sentimentos instintivos. Esse trabalho deliberativo não pode ser feito por todo o conjunto de cidadãos ao mesmo tempo e precisa contar com pequenos comitês de cidadãos que podem ser selecionados por sorteio ou voluntários, ou mesmo eleitos para um mandato curto e específico. Há uma série de fórmulas que vão desde a democracia parlamentar com rígidos limites de mandato dos representantes até múltiplos júris de cidadãos dedicados a questões específicas.

Um exemplo famoso é o orçamento participativo, iniciado em Porto Alegre, no Brasil, em 1989 e agora praticado em todo o mundo, em milhares de cidades. Ele envolve diferentes assembleias e comitês eleitos, que apresentam demandas e alocam fundos dedicados, de acordo com regras endossadas pelos cidadãos.

> A atratividade do orçamento participativo, especialmente na América Latina, está ligada particularmente à sua capacidade de gerar uma redistribuição mais equitativa dos bens públicos e de aumentar os níveis de participação entre grupos menos favorecidos, os cidadãos menos instruídos e de menor renda. Há evidências de que o orçamento participativo melhora o bem-estar social, com aumento dos gastos com a saúde e diminuição das taxas de mortalidade infantil nas 253 maiores cidades brasileiras (IPSP, 2018b, cap. 14).

A América Latina tem se mostrado na vanguarda da inovação democrática, com muitas outras formas de participação, tais como conselhos deliberativos criados para tratar de questões em particular, conselhos de gestão dedicados a áreas específicas, tais como assistência à saúde, conselhos representativos, que dão voz a minorias sub-representadas, e conferências nacionais de políticas públicas, que são estruturas de deliberação, em vários níveis, para cidadãos e organizações da sociedade civil. Países ocidentais fizeram experiências com minipúblicos em muitas áreas (incluindo questões constitucionais no Canadá, Holanda, Islândia e Irlanda). A seleção estratificada é frequentemente utilizada em minipúblicos para assegurar a presença de grupos sociais politicamente excluídos.

Por mais promissoras que sejam essas inovações democráticas, o desafio é codificá-las para assegurar sua integridade (o orçamento participativo na Europa é muitas vezes uma tímida imitação do modelo latino-americano inicial), preservando ao mesmo tempo a possibilidade de inovação. Uma fórmula interessante é a criação de organizações públicas autônomas dedicadas à participação pública. Elas são criadas por governos com a missão de organizar ou supervisionar inovações democráticas em áreas específicas da política. Exemplos incluem a Teknologiraadet na Dinamarca, a Commission Nationale du Débat Public na França, o Office de Consultation Publique em Montreal e a Autorità Regionale per la Garanzia e la Promozione della Partecipazione na Toscana. Seu "grau de autonomia e visibilidade [...] os protege, em certa medida, das pressões políticas do dia a dia, garantindo um grau de qualidade e supervisão dos acordos participativos e uma autoridade competente para promover os resultados das inovações democráticas nos processos de tomada de decisão" (IPSP, 2018b, cap. 14).

O quarto poder

A mídia desempenha um papel crucial na política e além dela. Ela fornece a base para uma compreensão coletiva das identidades de grupo e de eventos em andamento; não é possível superestimar sua responsabilidade em moldar as percepções das pessoas sobre as questões sociais. Por exemplo, as mortes por terrorismo recebem muito mais cobertura da imprensa do que as mortes de mulheres pela violência de seus parceiros, mesmo que os números destas (cerca de 10% do total de homicídios, mais ou menos uniformemente espalhados pelo mundo) se sobreponham àquelas (cerca de 5% em todo o mundo, a maioria dos quais no Oriente Médio e na Ásia; cf. IPSP, 2018b, cap. 10). Por exemplo, uma mulher nascida nos Estados

Unidos tem cerca de 500 vezes mais chances de ser morta por seu parceiro do que por um terrorista, mas a mídia raramente menciona isto[27]. Nos países em que as autoridades religiosas não intervêm muito nos debates públicos, a mídia herda uma autoridade ideológica que pode respeitar a pluralidade de perspectivas na sociedade ou promover uma visão mais unificada, servindo a quem quer que controle sua linha editorial. A mídia tem uma longa história por ser contestada, quando parecia tendenciosa e subserviente a interesses estatais ou dos ricos, mas também por ser um canal para contestação das autoridades, servindo à causa da democracia. Amartya Sen (1981), em sua análise da fome, considera a imprensa livre um dos mais importantes fatores de prevenção, devido ao seu papel em expor a má gestão e a privação social.

A imprensa tradicional está agora sofrendo a pressão das novas mídias, em particular das redes sociais como Facebook, Twitter e blogs independentes. As novas mídias reforçam o fenômeno das tribos ideológicas. É claro que sempre foi possível selecionar um jornal ou uma estação de rádio de preferência, mas o número de opções era mais limitado. Mais importante ainda: hoje em dia, o número de produtores de notícias multiplicou-se e inclui todos os tipos de pessoas, cujas intenções podem ser menos puras do que as do típico jornalista. Boatos, teorias conspiratórias e *fake news* são agora propagados com muito mais rapidez e em proporções assombrosas, impelindo a mídia séria a desviar parte de seus recursos para desmascará-los, mesmo que dificilmente possam alcançar os fregueses mais crédulos de tais boatos. Ao mesmo tempo, as novas mídias ampliam as possibilidades de coordenação de movimentos sociais e teve um papel importante

---

27. Há exceções, é claro. Cf. p. ex., www.businessinsider.fr/us/death-risk-statistics-terrorism-disease-accidents-2017-1/ e http://edition.cnn.com/2016/10/03/us/terrorism-gun-violence

na Primavera Árabe, assim como na denúncia de abusos policiais e outros escândalos que podem ser gravados em vídeo.

Outra consequência da reestruturação da mídia é um movimento de concentração em muitos países, produzindo grandes conglomerados de mídia e comunicações. Executivos da mídia e políticos tornam-se cada vez mais próximos e alguns políticos influentes têm histórico de importantes proprietários da mídia, tais como Hary Tanoesoedibjo na Indonésia e Silvio Berlusconi na Itália, ou de produtores de mídia, como Donald Trump nos Estados Unidos. Além disso, uma nova indústria digital de coleta de dados rastreia o comportamento online da população e, tendo em vista o lucro, vende-os às empresas, que podem usá-lo para direcionar publicidade e operações comerciais semelhantes. Cidadãos estão cada vez mais desconfiados de estarem sob rigorosa vigilância cibernética, seja pelo Estado ou por empresas[28].

Uma tendência negativa relacionada a isso é a pervasividade da mídia no próprio jogo político. Cada político ambicioso, cada partido e cada governo emprega cada vez mais os serviços de gurus profissionais da mídia, do pessoal de *marketing* e de publicitários. Ezrahi (1990) chamou a isso de uma virada da "arte do Estado" (*state-craft*) para a "arte do palco" (*stage-craft*). A política tornou-se um palco público, dirigido por manchetes sensacionalistas e mensagens no Twitter – uma mistura de entretenimento encenado com envio de mensagens cuidadosamente elaboradas, das quais Machiavelli teria orgulho.

---

28. P. ex., "em 2015, o governo indiano lançou a Digital India Initiative, que se baseia no uso do esquema de identidade única Aadhar para autenticação biométrica dos que recebem benefícios e serviços governamentais. O esquema Aadhar, que é a maior iniciativa de banco de dados biométricos do mundo, foi desenvolvido por parceiros de tecnologia corporativa e os críticos alegam que muito pouco se sabe sobre suas capacidades e seus potenciais usos futuros" (IPSP 2018b, cap. 13).

Esse complexo padrão evolutivo de concentração e corporatização da mídia tradicional e o crescimento difuso da produção de notícias de baixo custo e baixa qualidade gera um sério desafio para a democracia. Como proteger o cidadão contra a influência de grandes empresas que controlam a grande mídia, bem como contra os falsificadores que propagam um caldo de notícias distorcidas, às vezes com o estímulo de "estados vilões"? Ao mesmo tempo, deseja-se manter a amplificação da voz dos cidadãos que se tornou possível por meio de maior acesso à produção e ao compartilhamento de notícias.

Para combater essas tendências, a inspiração pode vir mais uma vez da América Latina. Após o escândalo (Edward) Snowden, o Brasil desenvolveu a iniciativa regulatória do Marco Civil da Internet, através de um grande processo participativo, envolvendo organizações da sociedade civil e cidadãos. Ele "considera o acesso à internet fundamental para a democracia, pois é essencial para a participação na vida política e na produção cultural e parte do direito à educação e à liberdade de expressão", e inclui "a proteção da liberdade e da privacidade, a governança aberta, a inclusão universal, a diversidade cultural e a neutralidade das redes" (IPSP, 2018, cap. 13).

O princípio orientador da reforma nessa área, então, é que, dado seu papel em educar e informar os cidadãos e em fornecer a arena central para o debate público, a mídia e a infraestrutura de comunicação devem ser consideradas um bem comum, o que dificilmente é compatível com o modelo-padrão de negócios de mídia, impulsionado pela demanda dos consumidores e pela receita publicitária. Isso significa que sua governança e sua regulamentação devem ser abertas e participativas, que a independência e a neutralidade das principais instituições e atores devem ser protegidas contra a tirania estatal e contra o estelionato corporativo, e que o acesso à produção de conteúdo deve ser garantido a todos, especialmente às minorias e aos grupos menos favorecidos. Não há uma fórmula institucional simples que implemente tudo isso de forma automática; para cada situação local deve-se imaginar e adaptar uma combinação entre financiamento público e coletivo de mídias sem fins lucrativos, mecanismos de certificação e órgãos de monitoramento independentes e participativos[29].

Que tal reformar o sistema eleitoral?

Em muitos países, a política também sofre com as regras eleitorais que decepcionam o eleitorado, traindo os desejos da população e colocando no cargo governos que não refletem as opiniões do povo.

Os Estados Unidos fornecem um exemplo interessante, com um aparente enviesamento em favor dos republicanos (tabela 8.2). Por duas vezes, na curta história do século XXI, um presidente republicano foi eleito com uma minoria do voto popular. O tão criticado colégio eleitoral é responsável por essa inconformidade. A ironia é que esse colégio foi criado para proteger o governo da tentação popular de votar em demagogos e, na verdade, permitiu a eleição de Trump a despeito do voto popular. E o Congresso é controlado pelos republicanos com mais frequência do que deveria ser, tendo em vista os votos populares. Além disso, os republicanos manipularam os distritos congressionais para obter grandes maiorias na Câmara e até mesmo serem protegidos de reversões do voto popular, como observado, por exemplo, em 2012.

O surgimento de Trump nas primárias republicanas é atribuído ao sistema de pluralidade que favorece o candidato com o maior

---

29. Um plano de ação mais detalhado é proposto no IPSP (2018b, cap. 13).

Tabela 8.2 Votos e resultados das eleições nos Estados Unidos

Data	Presidente			Senadores			Deputados		
	Dem.	Rep.	Eleito	Dem.	Rep.	Maioria	Dem.	Rep.	Maioria
2016	**48.2%**	**46.1%**	**Rep.**	**53.8%**	**42.4%**	**Rep.**	45.5%	51.2%	Rep.
2012	51.1%	47.2%	Dem.	53.7%	42.1%	Dem.	**48.3%**	**46.9%**	**Rep.**
2008	52.9%	45.6%	Dem.	50.8%	44.2%	Dem.	52.9%	42.3%	Dem
2004	48.3%	50.7%	Rep.	**50.6%**	**46.3%**	**Rep.**	46.5%	49.0%	Rep.
2000	**48.4%**	**47.9%**	**Rep.**	46.4%	46.3%	Dem.	46.8%	47.0%	Rep.

Fonte: Federal Electoral Commission para os dados de 2000 a 2012. • Wikipedia para 2016.

apoio nas urnas, mesmo que ele ou ela seja rejeitado pela maioria dos eleitores. Da mesma forma, na França, a pluralidade seleciona os dois candidatos mais votados no primeiro turno das eleições presidenciais. Como consequência, o Front National, de extrema-direita, é capaz de tumultuar as eleições presidenciais ao chegar ao segundo turno de uma eleição, embora haja uma maioria robusta de eleitores que rejeita fortemente esse partido. Isso já aconteceu duas vezes, em 2002 e 2017. O impacto do Front National no debate público é então ampliado por seu papel potencial nessa fórmula eleitoral tola. Isso amplifica o discurso xenófobo e antieuropeu em outras partes. No Reino Unido, a pluralidade com um turno único (*first past the post*) também enraizou um sistema bipartidário que restringe severamente a expressão de opiniões políticas. É possível que um partido que vença os outros por pouco e obtenha não muito mais que um terço dos votos governe o país com uma forte maioria de assentos em Westminster, como tem acontecido desde 2005.

Uma fórmula eleitoral de dois turnos é usada em quarenta países ao redor do mundo, e o sistema de turno único é usado em cinquenta e oito países. É possível evitar a instabilidade da pluralidade, que solapa a legitimidade de tais regras eleitorais? Pesquisas recentes deram um retumbante sim em resposta a essa pergunta. Além da introdução de uma representação parlamentar mais proporcional baseada na distribuição real dos votos entre os partidos políticos, existem regras de votação que permitem aos eleitores aprovar vários candidatos ou classificá-los. Tais regras parecem muito melhores em apreender as preferências políticas. A mais simples dessas regras pede ao eleitor que classifique os candidatos com apenas duas notas: aprovados e não aprovados. O vencedor da eleição é o candidato que obtiver mais aprovações (BRAMS; FISHBURN, 1983). Uma regra mais sofisticada oferece uma lista mais diversificada de notas, tais como excelente, bom, aceitável, regular, fraco e ruim, e atribui a cada candidato a nota mais alta de tal forma que a maioria do eleitorado tenha dado ao candidato essa nota ou uma melhor. O candidato selecionado é aquele com a maior porcentagem de apoio entre aqueles com a nota mais alta (BALINSKI; LARAKI, 2011 propõem uma variante desta regra). Por exemplo, se o candidato X recebe de 52% dos eleitores a nota "aceitável" ou melhor, enquanto o candidato Y recebe de 53% a nota "aceitável" ou melhor e nenhum candidato recebe uma nota melhor de mais de 50%, então o candidato Y é eleito. O que é interessante nessa regra é que os eleitores têm incentivos limitados para deturpar suas opiniões, já que isso geralmente não mudará o resultado (o candidato Y não tem mais chances de ser eleito se um apoiador lhe der um "excelente" em vez de "bom" ou "aceitável"). Além disso, o candidato eleito recebe não apenas o cargo, mas também uma nota de aprovação na forma de uma nota, indicando como ele ou ela se posiciona na estima dos eleitores.

Essas regras foram experimentadas e os resultados mostram que elas diminuem o papel de candidatos minoritários, como os do Front

National na França, e tendem a favorecer os candidatos centristas, oferecendo assim uma maneira de reduzir a polarização da política.

Outra questão espinhosa é a abstenção e o registro de eleitores. Nos Estados Unidos, essa é uma questão muito estratégica. Busca-se cinicamente a supressão do voto negro, ao se dificultar o registro e a votação de pessoas trabalhadoras em distritos pobres (a votação sempre ocorre durante um dia útil, os requisitos de identificação penalizam as pessoas sem um passaporte ou carteira de motorista e as filas longas são mais frequentes em distritos pobres), bem como através do encarceramento em massa de negros, além da exclusão de criminosos e ex-criminosos dos registros. Em muitos países, as vozes dos pobres são menos influentes porque eles participam menos das eleições. Há uma solução simples para esse problema: tornar o voto obrigatório e facilitar a votação. Atualmente, apenas 22% dos países têm regras de votação obrigatória e somente a metade deles aplica essas regras. Não há argumentos convincentes contra o voto obrigatório, pois é sempre possível emitir um voto em branco caso não se esteja satisfeito com nenhuma das opções.

Outras mudanças nas regras eleitorais que podem ter um impacto significativo envolvem limites rígidos de mandato para reduzir os números da casta de políticos profissionais. Isso já foi mencionado em uma seção anterior.

Concluindo, mesmo que o melhor serviço que poderíamos fazer para a democracia política fosse dar a ela um ambiente social saudável na forma de uma sociedade justa, há muitas reformas específicas que poderiam ser implementadas para melhorar a política nacional: combate à corrupção e ao *lobby*, reforma do financiamento de campanhas, aumento da participação dos cidadãos na tomada de decisões, democratização da mídia e das comunicações, vistas como um bem comum, e adoção de melhores sistemas eleitorais.

Além do rejuvenescimento da política nacional e local, deveríamos também almejar a construção de uma democracia global? Grandes sistemas federais, como no Brasil e nos Estados Unidos, ou sindicatos internacionais, como na Europa, sofrem com o fato de que muitos cidadãos se sentem afastados do centro. No entanto, muitas decisões requerem cooperação e coordenação global, de modo que um órgão permanente de tomadores de decisão, representando os cidadãos do mundo, seria indiscutivelmente melhor do que as rasas arenas de consulta organizadas pelas Nações Unidas. Seria de se esperar que a participação direta dos cidadãos nas eleições centrais oferecesse uma perspectiva melhor do que sistemas multicamadas nos quais os eleitores não têm influência direta sobre a seleção dos tomadores de decisão no centro. Entretanto, o Parlamento Europeu, por exemplo, não parece uma história de sucesso, uma vez que o comparecimento nas eleições ficou abaixo de 50% desde 1999, e sua taxa de aprovação não é muito melhor do que a da Comissão Europeia não eleita ou do Conselho de Ministros indiretamente representativo (cf. figura 8.2). A democracia em grande escala continua sendo uma área desafiadora, na qual novas instituições devem ser imaginadas.

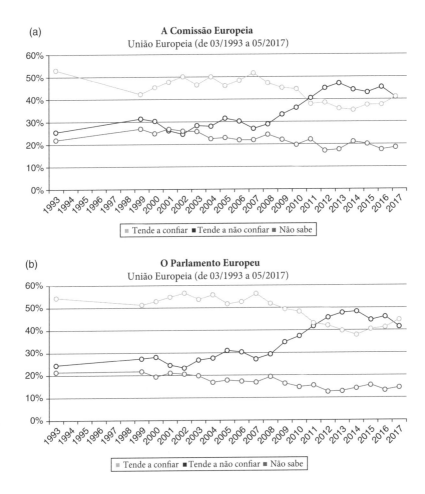

Figura 8.2 Queda da confiança nas instituições europeias
Fonte: Eurobaromete [http://ec.europa.eu/commfrontoffice/publicopinion/index.cfm/Chart/index].

Conclusão
Mobilizando agentes de mudança

Este livro celebrou as grandes conquistas de desenvolvimento dos séculos passados, alertou contra os perigos que ameaçam os fundamentos de nossas sociedades e ecossistemas e ofereceu uma visão positiva de um futuro possível, no qual a economia de mercado seria rearticulada com instituições sociais que buscam a justiça social e a sustentabilidade. Se conseguirmos superar o precipício aberto pelas catástrofes que se aproximam e a transição para um novo conjunto de instituições que, de modo combinado, promovam a equidade, a sustentabilidade e a democracia, podemos ter a esperança de uma continuação do progresso social num futuro previsível.

Mas a ponte sobre o precipício não se construirá assim simplesmente, se algumas ou mesmo a maioria das pessoas enxergarem a visão brilhante do outro lado. Um futuro desejável pode ser realista e viável, mas pode permanecer uma utopia se os obstáculos para a transição forem muito grandes. E os obstáculos são realmente formidáveis. Eles assumem a forma de poderosos interesses constituídos que promovem um discurso persistentemente forte de que "não há alternativa"; de uma cultura dominante que geralmente favorece o curto prazo; de multidões hipnotizadas seguindo demagogos; de fracassos na cooperação devido ao egoísmo obtuso; de sistemas educacionais que replicam as suposições e as estruturas mentais do passado; e de pura estupidez e intolerância.

Portanto, precisamos não apenas de uma visão, mas também de uma estratégia. Os autores deste livro não são estrategistas políticos, mas não se trata do lançamento de um novo partido. O que está em jogo é maior e mais profundo. E a mensagem que queremos transmitir neste capítulo é que *todos* podem contribuir para a transformação desejada. Acreditamos que a transformação necessária só acontecerá através de um impulso pelo movimento de base. Este capítulo final explica por que e como.

Quem manda no mundo?

Who Rules the World? (Quem manda no mundo?) é o título de um dos livros de Noam Chomsky, no qual ele critica o papel nefasto dos Estados Unidos, especialmente da CIA, na geopolítica internacional. A questão mais ampla, a de quem realmente detém o poder nos assuntos mundiais, não apenas na geopolítica, mas também nos assuntos econômicos e sociais, tem incomodado muitos pensadores e permanece largamente aberta. Adeptos de conspirações da esquerda estavam de olho não só na CIA, mas também no Fórum Econômico Mundial, na Comissão Trilateral e em *think tanks* semelhantes, enquanto os adeptos de conspirações da direita enxergam os centros financeiros na tradição sombria das fantasias antissemitas. Em *Who Governs?* (Quem governa?), o cientista político Robert Dahl faz uma pergunta semelhante sobre a cidade de New Haven em Connecticut: "Em um sistema político onde quase todos os adultos podem votar, mas onde o conhecimento, a riqueza, a posição social, o acesso às autoridades e outros recursos são desigualmente distribuídos, quem governa realmente?" (1961, p. 1). Talvez de modo surpreendente, ele descobriu que o poder estava de fato espalhado por muitos grupos e não nas mãos de uma pequena oligarquia. Ele cunhou a palavra "poliarquia" para descrever a situação na qual o poder não está concentrado dentro de nenhum grupo único bem costurado.

É mais provável que a distribuição do poder no mundo, hoje em dia, seja uma poliarquia, mesmo que os interesses comerciais tenham vantagem em muitas questões ou, pelo menos, como em New Haven nos anos de 1950, possam bloquear desenvolvimentos que eles percebem como potencialmente prejudiciais aos seus lucros. Porém, mesmo que o poder esteja concentrado, de todo modo, o que interessa aqui é uma outra questão: quem pode mudar a sociedade? Aqueles que detêm o poder na verdade podem não ser capazes de mudar a sociedade. Mais provavelmente, eles podem apenas – e muitos deles querem apenas – preservar um certo *status quo*. E, em contrapartida, aqueles que podem mudar a sociedade não precisam pertencer à hipotética oligarquia que teria poder sobre os assuntos atuais.

Como pode ocorrer esse paradoxo? Em parte, é uma questão de sincronia. Aqueles que detêm o poder sobre os assuntos atuais têm um horizonte de curto a médio prazo e não podem controlar as mudanças mais profundas em estruturas, culturas e comportamentos que se desenvolvem lentamente nas camadas da sociedade. No longo prazo, a sociedade segue movimentos que são largamente iniciados por grandes grupos de pessoas com interesses semelhantes e que pressionam para mudar, pouco a pouco, até a barragem romper ou a terra deslizar.

Vamos tomar, por exemplo, a espetacular mudança da condição das mulheres em muitos países ao longo do século passado. Há um século, a maioria das mulheres não tinha direito ao voto, eram consideradas juridicamente incapazes, em pé de igualdade com os filhos em suas casas, e eram quase completamente dependentes dos homens para sua sobrevivência e sua vida reprodutiva, a menos que entrassem para uma ordem religiosa feminina, onde a liberdade também era muito limitada. Mesmo que sua situação hoje permaneça muito imperfeita e que alguns países tenham ficado para trás, a transformação tem sido absolutamente transformadora para muitas mulheres. Ultimamente, até mesmo o desrespeito e o assédio diário que as mulheres têm sofrido estão seriamente sob pressão. Será que tal mudança, pelo menos quando começou, poderia ter sido iniciada pela oligarquia hipotética, certamente composta de homens velhos? Parece bastante improvável. Foi a pressão implacável das próprias mulheres que mudou as normas. É verdade, elas tiveram ajuda da inovação tecnológica (contracepção) e de acidentes históricos (esforços de guerra que requeriam a força de trabalho feminina), mas estavam na linha de frente das batalhas históricas pelos direitos de voto, pelos direitos reprodutivos e pelo acesso às profissões. A recente onda *#MeToo* (#EuTambém) foi todo o tempo conduzida por iniciativa das mulheres.

A lição dessas observações é, portanto, nítida: mesmo que você não pertença à oligarquia (real ou imaginária), você pode dar uma contribuição para melhorar a sociedade, não apenas ao seu redor, mas indiretamente em grande escala.

Duas razões a mais para aderir a movimentos de base

Muitas mudanças profundas na sociedade envolvem a evolução, a longo prazo, de comportamentos e normas. Por exemplo, a adoção de idiomas específicos para a comunicação internacional raramente é uma decisão de cima para baixo; ela emerge lentamente através de múltiplas decisões e ocasiões em que várias práticas são testadas. Uma vez que uma língua emerge como a *língua franca* mais comum, ela se torna atrativa para mais pessoas a aprenderem, reforçando a preeminência dessa língua em particular.

Mas a mudança que nos interessa aqui é especialmente propensa a exigir o envolvimento dos *stakeholders*. De fato, a visão de progresso social que propomos neste livro é, em grande medida, uma questão de empoderamento de indivíduos e grupos, expandindo o alcance da democracia e aprofundando seus mecanismos. Isto não pode ser plenamente realizado sem a participação dos próprios *stakeholders*. Além disso, é improvável que seja sequer iniciado sem um impulso por parte deles. Podem existir exemplos de autocratas generosos que, por benevolência, decidem compartilhar seu poder. Mas não nos aventuraremos a dar muitos exemplos aqui, porque sempre há a suspeita de que tais ações também se destinam a tentar evitar uma crise iminente, na qual sua posição poderia ser contestada abertamente. Talvez o mundo dos negócios seja onde tais exemplos plausíveis possam ser encontrados, porque nesse mundo a cultura autoritária é tão dominante que os empreendedores que decidem democratizar sua gestão dificilmente teriam sido submetidos a alguma pressão séria para fazê-lo. Dane Atkinson, fundador de uma empresa de *big data*, escreve:

> Quando meus cofundadores e eu lançamos a *SumAll* há quatro anos, decidimos que não queríamos trabalhar em um ambiente ruim e infeliz. Quando as pessoas têm gerentes desagradáveis e executivos desonestos, elas começam a odiar a vida e as coisas rapidamente vão ficando bem ruins.
>
> Então, chegamos a uma solução: deixar os funcionários elegerem seus próprios líderes e tornar todos os gerentes responsáveis perante as pessoas que administram; se os líderes não conseguem ganhar respeito e lealdade, eles não deveriam estar liderando uma equipe[1].

Esse tipo de exemplo não é raro, mas, com maior frequência, a democratização vem da pressão efervescente da multidão. Em outras

---

1. Cf. https://techcrunch.com/2015/07/21/executives-and-managers-should-all-be-elected/

palavras, é especialmente provável que haja um tipo de progresso social que exija um processo de baixo para cima – e é precisamente esse o tipo de progresso que propomos aqui.

Outra razão para acreditar num processo de baixo para cima é que há tantas possibilidades de melhorar as instituições que a experimentação social dificilmente viria de uma direção central. É muito mais realista imaginar um cenário em que muitas iniciativas locais testem ideias provenientes de sua região e que aquelas bem-sucedidas possam então servir de modelos, inspirando seguidores e inovações secundárias. As cidades, principalmente as maiores, podem desempenhar um papel significativo, como vimos com o Grupo C40 que debateu a mudança climática ou em muitos países que trataram questões de migração. Nos capítulos anteriores, este livro não propôs um sistema único, mas apenas ideias gerais de direções que podem ser seguidas em diferentes domínios. Essas ideias podem ser concretizadas de múltiplas formas e é tremendamente necessário melhorar nosso conhecimento sobre o que funciona por meio de experimentos sociais. Muitas dessas experiências podem ser locais – no nível da comunidade ou da cidade – mesmo que algumas exijam realmente uma coordenação mais geral. Além disso, contextos diferentes demandam soluções diferentes devido a culturas e tradições específicas ou a possibilidades tecnológicas e econômicas específicas. A diversidade de soluções adaptadas aos contextos locais não pode ser desvendada por uma liderança central e ela requer iniciativa e controle de baixo para cima[2].

Assim, identificamos três razões para incentivar a todos a tomarem a iniciativa: (1) Mudanças sociais profundas vêm das pessoas,

---

2. P. ex., grupos religiosos, devido a suas redes e sua dedicação a causas sociais, podem ser parceiros valiosos de outras organizações e de autoridades públicas no desenvolvimento de ações sociais (IPSP, 2018c, cap. 16).

movimentos sociais e organizações da sociedade civil, raramente dos líderes supremos; (2) Isso é especialmente verdadeiro para a democratização e o empoderamento, que requerem a participação e, geralmente, um impulso dos *stakeholders*; (3) Muitos experimentos são necessários para explorar como implementar e adaptar ideias gerais às necessidades e possibilidades locais.

Pense global

Uma ressalva essencial é que não se deve entender o significado de "base" como "pequeno" e "local". Pelo contrário, é cada vez mais importante pensar grande e global. O *slogan* "pense global, aja local" já é conhecido há muito tempo e encoraja iniciativas locais por sustentabilidade, especialmente no projeto urbano. Mas agora está desatualizado. Ao coordenar iniciativas, não é apenas o pensamento, mas também a ação que pode se tornar global e ter seu impacto amplificado. "Pense global" agora teria que significar: pense em ação global sempre que possível.

Eis uma das principais desigualdades que hoje geram um considerável desequilíbrio de poder e de oportunidades: a elite é global e está à vontade em todos os lugares, enquanto aqueles deixados para trás estão fincados em um mundo local, incapazes de entender as pessoas além de um círculo restrito. Na verdade, é simplista essa visão que opõe as pessoas "em todos os lugares" às pessoas "aqui". Na realidade, as pessoas simples sabem que a elite está à vontade somente em lugares do mundo que se conformem às suas normas de conforto e comunicação, mas que ela fica mais desajeitada do que qualquer um, quando deixada em meio a um ambiente desfavorável. Em contrapartida, as pessoas pobres acostumadas às circunstâncias adversas são mais capazes de se adaptar às mudanças nas condições de vida e de enfrentar o perigo. A superioridade das elites é, em grande medida, uma projeção de sua arrogância.

O que é verdade, porém, é que as elites globais são capazes de coordenar seus esforços para defender seus interesses numa escala maior do que as pessoas comuns, os movimentos sociais ou as organizações da sociedade civil, o que os deixa claramente em desvantagem. Por exemplo, companhias empreenderam atividades globais durante décadas antes que a ação coletiva dos trabalhadores começasse a alcançar outros países. Assim, foi fácil para as companhias jogar os interesses dos trabalhadores locais contra os de outros países, o que por outro lado era dificultado entre fábricas do mesmo país, por possíveis coalizões entre trabalhadores de fábricas da mesma empresa. Para companhias que operam no âmbito europeu, por exemplo, a criação de um comitê da companhia para informar e consultar os funcionários foi oficialmente incentivada (não obrigada) apenas em uma diretriz de 1994. É bem verdade que existe uma Confederação Sindical Internacional (criada em 2006, através da fusão de duas associações mundiais) que ostenta uma descendência da Primeira Internacional e que celebrou 150 anos de associação global de trabalhadores em 2014, mas que não faz nenhuma contribuição operacional para a negociação cotidiana e atua principalmente como uma agência de *lobby*.

As ONGs e as iniciativas da sociedade civil também têm grande necessidade de coordenação internacional para aumentar sua efetividade e compartilhar ideias, e ainda há muito progresso a ser feito no domínio da coordenação global e do compartilhamento de informações. Há bancos de dados úteis, como um que cobre ONGs internacionais por meio do Conselho da Europa[3] e um que cobre ini-

---

3. Cf. http://coe-ngo.org/#/ingos

ciativas de bem-estar e sustentabilidade por meio do Wikiprogress (inicialmente lançado pela Ocde e agora independente)[4]. Há encontros internacionais de iniciativas da sociedade civil, tais como o Fórum Social Mundial, eventos da sociedade civil em torno das reuniões do G20 e uma conferência de ONGs internacionais organizada pelo Conselho da Europa. ONGs internacionais como a Oxfam, que trabalham com auxílio ao desenvolvimento, tendem agora a fazer parcerias com associações locais para melhor adaptar suas intervenções às necessidades locais e respeitar a dignidade dos beneficiários do auxílio. Há também plataformas de campanha na internet, tais como Avaaz.org, MoveOn.org e Change.org, que são incrivelmente eficientes em reunir um grande número de assinaturas para petições em poucas horas.

No capítulo 5, a Associação de Mulheres Trabalhadoras Autônomas (Sewa) foi descrita como uma interessante ONG indiana, que promove um ideal de dignidade e empoderamento e é muito efetiva em nível nacional. Essa organização faz parte de uma rede internacional de ONGs similares, chamada Wiego (Women in Informal Employment: Globalizing and Organizing – Mulheres com emprego informal: globalizando e organizando), fundada em 1997 e agora atuando em mais de cinquenta países. Em seu manifesto, ela proclama: "Nenhum volume de inclusão social dos trabalhadores pobres compensará sua exclusão – ou sua inclusão em termos desfavoráveis – das oportunidades econômicas, dos mercados financeiros e de produtos e do planejamento econômico". E nenhum volume de inclusão social dos trabalhadores pobres compensará sua falta de poder econômico e de direitos econômicos". Essa rede aumenta a efetividade de cada associação-membro, compartilhando experiências, fornecendo apoio técnico e pedagógico, ajudando a promover sua agenda

---

4. Cf. http://wikiprogress.org/

em fóruns políticos internacionais e coletando conhecimentos de um grupo de estudiosos internacionais. Esse tipo de rede parece muito promissor por aumentar a efetividade de ONGs que lutam por agendas semelhantes em diferentes países. O exemplo da Wiego prova que a coordenação internacional é possível mesmo para as populações mais desfavorecidas, tais como as trabalhadoras informais.

Às vezes a coordenação internacional das iniciativas locais é realmente crucial para torná-las poderosas. Por exemplo, o problema da mudança climática não pode ser combatido apenas localmente. Se um campus universitário decide fazer grandes esforços para reduzir emissões, qual é o impacto sobre as emissões globais? É insignificante ou mesmo prejudicial, se a redução do consumo de combustíveis fósseis por essa universidade deixar esses combustíveis mais acessíveis aos consumidores que forem mais sensíveis aos preços. Mas se todas as universidades do mundo decidissem fazer um esforço conjunto, isso seria menos insignificante e elas poderiam influenciar a política de mitigação das mudanças climáticas. Infelizmente, tal esforço internacional por parte das universidades não parece estar acontecendo por enquanto. A coordenação permanece nacional neste estágio[5], o que é estranho, dado o quanto é fácil para as instituições de ensino superior construir redes internacionais quando se trata de pesquisa. Noventa e uma grandes cidades de todos os continentes, cobrindo cerca de 8% da população mundial, lançaram essa coordenação internacional na rede C40, o que é significativo devido à sua proximidade com os círculos governamentais.

Universidades e prefeitos podem se conectar através das fronteiras nacionais. O que continua sendo um sério obstáculo para as

---

5. P. ex., nos Estados Unidos, a Second Nature (http://secondnature.org/) reúne 589 (a partir de 22 de agosto de 2017) faculdades e universidades.

pessoas desfavorecidas é a dificuldade de se comunicar com grandes círculos devido a restrições linguísticas e acesso limitado a redes de contato. Mas essa limitação se torna cada vez menos uma desvantagem com as tecnologias modernas e a disponibilidade de organizações da sociedade civil e voluntários dispostos a ajudar. Por exemplo, o lançamento da Sewa na Índia beneficiou-se muito da iniciativa de alguém como Ela Bhatt, que veio de uma família abastada (seu pai era advogado, sua mãe ativista em associações de mulheres) e foi bem-educada e inspirada por sua experiência internacional. Mas, uma vez que a iniciativa esteja implementada e ajude a superar as lacunas entre as pessoas carentes, elas investem na estrutura e a fazem permanecer viva.

Concluindo, sempre que possível, tente se conectar com iniciativas internacionais semelhantes ao que você faz e pense em ações coordenadas que amplifiquem o impacto de sua ação. E se você tiver a oportunidade de ajudar a coordenar pessoas menos favorecidas, que não podem facilmente se comunicar ou acessar a rede, não hesite; ao mesmo tempo, deixe para elas o controle geral da iniciativa.

Cinco ideias que podem mudar sua vida, e o mundo

Agora vamos ao concreto. Aqui estão algumas ideias de coisas que você pode fazer para iniciar o progresso social ao seu redor.

1 Traga mudança através de sua família

Conforme enfatizado no capítulo introdutório, a situação da mulher continua longe de ser perfeita em todo o mundo e devemos continuar e expandir a mudança que já foi alcançada. A educação das meninas, a saúde das mulheres e a divisão das tarefas domésticas são três pontos em que o esforço ainda é necessário e para os quais a contribuição de todos pode fazer a diferença. Dependendo do contexto, isso pode assumir muitas formas diferentes. Em alguns lugares, mandar meninas para a escola é uma ação heroica, enquanto em outros o que falta fazer é incentivar as meninas a estudarem em campos especializados e se prepararem para ocupações que eram monopolizadas pelos meninos. É muito difícil, para ambos os sexos, libertar-se dos estereótipos e parar de projetar em meninas e mulheres papéis específicos, mas não é impossível; e é gratificante ver seres humanos terem acesso a coisas novas das quais foram artificialmente barrados. Embora a assistência à saúde materna e feminina seja principalmente uma questão política, é também uma questão familiar permitir que as mulheres tenham acesso à sua justa parcela de alimentos e de conforto, ajudá-las nos esforços de contracepção e encorajá-las a receber o nível desejável de assistência à saúde.

A divisão de tarefas é uma área em que o progresso é desalentadoramente lento (IPSP, 2018, cap. 17), produzindo uma situação na qual dar acesso a mais oportunidades de trabalho para as mulheres significa sobrecarregar seu dia com múltiplas responsabilidades. Não é apenas uma questão de política pública, mas também uma questão de negociação familiar, forçar os homens a dedicarem mais tempo com seus filhos e assumirem uma parte maior na limpeza, na preparação de refeições e no cuidado de parentes idosos. Onde quer que você esteja, quebre regras e convenções que enraízam as desigualdades.

Além da questão de gênero, há também a questão da orientação sexual e identidade de gênero. A família, onde há respeito ou repressão da orientação sexual e da identidade de gênero, é um lugar crucial; é muito importante, portanto, que os membros da família tenham a mente aberta e respeitem a diferença. Uma necessidade semelhante de mentes abertas e respeito surge quando as relações amorosas entre religiões ou raças rompem com as convenções tradicionais.

Não acredite em que o que acontece na família não é uma séria questão de justiça social. A família é um dos lugares das injustiças mais flagrantes, e um lugar estratégico onde meninas e mulheres podem ser encorajadas e preparadas para ocupar seu lugar na sociedade, ou então condicionadas a permanecer em papéis secundários; onde as diferenças de orientação sexual, raça ou religião podem ser bem-vindas ou suprimidas, refletindo atitudes que fomentam ou dificultam a prosperidade das diferenças na sociedade em geral. Fundamentalmente, a família é a primeira e mais importante forma de comportamento cooperativo na evolução humana, e ainda envolve mecanismos de poder e distribuição absolutamente primordiais, que moldam a vida das pessoas de hoje. Sua família pode ser um agente de mudança não apenas para seus familiares, mas também como exemplo e inspiração para outras famílias ao redor da sua.

2 Traga mudança através de seu trabalho

O outro lugar que molda as injustiças mais profundas é o trabalho. O trabalho é um empreendimento cooperativo em que diferentes participantes trazem seu conhecimento e sua energia para produzir algo em conjunto e obter uma recompensa. No trabalho não há apenas uma luta para dividir os ganhos, mas também uma luta por funções, posições, reconhecimento, poder, responsabilidade e autonomia. As hierarquias tradicionais persistem e dividem os trabalhadores em categorias e também separam os trabalhadores de outros contribuidores, como credores e acionistas. Conforme explicado no capítulo 6, um local de trabalho justo trataria a todos como parceiros, como contribuidores para o empreendimento coletivo.

É fácil pensar que não se pode mudar muito, a este respeito, por iniciativa individual ou local. A globalização reforçou o sentimento de que as decisões são tomadas em algum lugar muito distante e acima das cabeças dos trabalhadores comuns. A tendência de diminuição da sindicalização em muitos países deixa muitos trabalhadores sem poder e sem voz.

Entretanto, a mudança não é tão difícil de implementar em alguns contextos. Primeiro, em firmas pequenas, onde é fácil se comunicar, também é fácil para os proprietários e para os empregados discutir melhores arranjos. Em geral, firmas pequenas têm menor cobertura sindical, mas estudos realizados em vários países sugerem que as condições de trabalho e as relações de gestão de mão de obra nas pequenas empresas são melhores. Organizações de "tamanho humano" são naturalmente mais favoráveis à prosperidade e, seja um gerente ou um trabalhador comum, vale a pena algum esforço para melhorar o *status* dos trabalhadores. Com isso não se pretende sugerir que não haja alguma esperança para as grandes firmas. Conforme escreve Dane Atkinson sobre seu esquema democrático:

> Esse modelo de equipe que elege a si mesma poderia funcionar em quase todas as empresas. Organizações maiores precisariam de mais pessoas para desempenhar papéis intermediários, como nosso vice-presidente de engenharia[6], mas ainda assim eu limitaria o tamanho da equipe a dez pessoas, em prol da comunicação. Esse modelo ajusta-se bem porque cria uma fila de funcionários experientes que podem subir ao topo de novas equipes e evitar que os atuais gerentes fiquem sobrecarregados.

Também é possível que os trabalhadores recuperem sua dignidade mudando-se para outras firmas, ou tornando-se autônomos. Isso

---

6. "O vice-presidente de engenharia supervisiona várias equipes. Então, toda a empresa teve que votar sim ou não, antes que pudéssemos contratá-lo."

pode não ser fácil para todos; mas aqueles para quem é fácil podem querer pensar duas vezes sobre sua situação atual, na qual se pode ter algumas vantagens e garantias materiais, mas à custa de relações sociais deploráveis no trabalho. Mesmo se, e especialmente se, você não for uma vítima em um local de trabalho cheio de práticas injustas, você tem uma responsabilidade especial de fazer as coisas mudarem ou, se isso não for possível, de expressar seu desacordo pedindo demissão. Busque firmas com fins sociais e propósitos ambientais, cooperativas e B-Corps e incentive-as, sinalizando seu interesse em se juntar a elas.

Não é normal tratar os trabalhadores como seres humanos inferiores, e as normas estão mudando lentamente pelos esforços conjuntos de vítimas, movimentos sociais, organizações da sociedade civil e empreendedores com uma visão melhor. O local de trabalho é também um local crucial onde as relações de gênero e raça podem ser muito injustas e reforçar a discriminação que ocorre na sociedade em geral. Ainda que as relações sociais no trabalho sejam em parte uma questão de política pública, as práticas e iniciativas individuais podem fazer a diferença e mudar a vida de muitos trabalhadores.

Pense nisso. Se você contribui para tornar justo seu local de trabalho, isso vira um elemento central de justiça em sua vida. Não importa quão injustos outros locais de trabalho possam permanecer, pelo menos sua vida é um exemplo do que se pode conseguir em uma sociedade melhor.

3 Traga mudança através de suas escolhas de consumo e investimento

Você também pode mudar os locais de trabalho em suas decisões de consumo, e isso traz vantagem até mesmo para aqueles que não trabalham. Infelizmente, para os consumidores "éticos", continua sendo difícil obter informações precisas e confiáveis sobre os produtos. Websites que fornecem classificações de responsabilidade social corporativa permanecem arcanos ou caros, além de serem concebidos mais para companhias que buscam fazer referência a seus desempenhos do que para famílias. Alguns websites e até mesmo aplicativos de celular fornecem ao consumidor orientações sobre produtos, mas continua sendo complicado obter uma imagem sintética de um produto ou serviço. Assumindo que tais ferramentas se expandam e melhorem, você pode recorrer a elas para obter ajuda ao navegar pelo labirinto de rótulos e anúncios, o que não apenas lhe dá a satisfação de consumir produtos que foram feitos em boas condições, mas também faz de você um contribuidor para a boa causa geral de incentivar as companhias a melhorarem suas classificações, a fim de manterem os clientes. Da mesma forma, fundos de investimento "éticos" possibilitam que as famílias comuns façam bom uso de suas economias e, novamente, influenciem as companhias dando preferência àquelas que demonstrem o comportamento desejado.

A maioria das pessoas diz que está disposta a fazer um esforço, inclusive financeiro, para ser ética em seu consumo e seus investimentos. O que é necessário é um movimento real em favor do consumo e do investimento éticos, o que irá desencadear a emergência de um suprimento melhor de dados abertos sobre o desempenho social e ambiental das empresas.

4 Traga mudança através de sua comunidade

Aqui o *slogan* "pense global, aja local" permanece válido. Há milhares de maneiras de melhorar a vida da comunidade e muitas fontes de ideias sobre como criar ocasiões de interação social, como revitalizar bairros, como cultivar alimentos juntos em quase todos os ambientes ou como tornar a vida mais sustentável. A simples participação em um clube local já contribui para manter a vida e a coesão da comunidade. Há também inovações fascinantes. Entre as muitas histórias inspiradoras, vamos mencionar apenas o *Incredible Edible* (incrível comestível), um movimento que começou em 2008 na pequena cidade de Todmorden, na Inglaterra, e agora já foi implantado em muitos países em todos os continentes. Esses grupos desenvolvem a vida da comunidade em torno do projeto de cultivar alimentos localmente, elevando a consciência ambiental e ajudando a integrar várias partes da comunidade. Com frequência, eles deixam as pessoas coletarem alimentos livremente, mudando a relação entre participação e trabalho e transformando a visão das pessoas sobre os espaços públicos. Outra iniciativa importante é a rede de Mother Centers (Centros Mãe), também espalhados pelo mundo (nos Estados Unidos, na Alemanha e nos países europeus antigamente socialistas, mas também em países como Ruanda e Camarões), que oferece serviços básicos, incluindo cuidados à criança, aulas para educação de adultos e requalificação profissional, e conta com a filosofia de empoderamento de fazer com que as pessoas participem e contribuam em vez de serem receptoras passivas de ajuda (IPSP, 2018a, cap. 5). Gawad Kalinga[7] é mais uma história interessante. Essa fundação de desenvolvimento comunitário, baseada inicialmente nas Filipinas, contribuiu significativamente nos últimos dez anos para a redução da pobreza naquela região ao empoderar os atores locais e mobilizar empresas e organizações globais em torno do projeto comum de incentivar o surgimento de muitas comunidades locais saudáveis, produtivas e solidárias.

---

7. Cf. www.gk1world.com/NewOurVision

A vida em comunidade não se trata apenas do que as pessoas fazem em determinadas configurações, mas também do projeto urbano e da infraestrutura. Pode ser muito importante participar de decisões locais sobre o planejamento urbano, que afeta o alojamento das pessoas, o acesso a recursos e as opções de mobilidade, uma vez que a maioria dos investimentos molda a vida do bairro nas próximas décadas. Há um desenvolvimento interessante nos mecanismos participativos, parcialmente inspirados em Porto Alegre e em iniciativas semelhantes, descritas no capítulo 8. Uma deficiência de tais iniciativas é que elas às vezes contribuem para dividir ainda mais os grupos sociais, entre aqueles que estão engajados e capazes de influenciar as decisões e aqueles que se sentem privados de direitos e não conseguem realmente se inserir. Portanto, pode valer a pena não apenas fazer um esforço para participar, mas também buscar maneiras de encorajar mais pessoas, de diferentes grupos sociais, a participarem. Associações muitas vezes têm pessoas comunicativas, que podem então transmitir a mensagem de encorajar a participação. Às vezes, a ação para uma cidade justa envolve resistir à renovação urbana quando tal "renovação" apaga bairros mistos e reforça a segregação.

5 Seja um líder inspirador

Muitas pessoas agora tendem a acompanhar as notícias a partir das mídias sociais e de canais não profissionais, gerando uma proliferação de visões sectárias que veem o mundo de formas distorcidas, frequentemente cheias de histórias imaginárias e teorias conspiratórias. Isso torna as pessoas crédulas e vulneráveis aos demagogos. Como explicado no capítulo 8, a sociedade ideal deveria tratar a informação da mídia mais como um bem público do que como um produto comercial, proporcionando livre-acesso a notícias de boa qualidade. Ainda não estamos num mundo tão ideal e, portanto, todos devem fazer um esforço para se manterem informados de forma responsável, o que envolve contribuir para a sobrevivência financeira do jornalismo profissional e selecionar as fontes de notícias de forma cuidadosa, procurando simultaneamente evitar o controle estatal, a influência corporativa e as sereias sectárias. Apenas manter-se razoavelmente bem-informado é agora um ato de militância.

Um novo desdobramento apareceu agora com a disseminação de novas tecnologias de comunicação. As pessoas agora contribuem para a mídia de várias maneiras. Em particular, toda pessoa equipada com um smartphone pode estar atenta aos eventos e gravá-los no local, a fim de reportá-los aos meios de comunicação adequados. Isso tem sido transformador ao combater a impunidade de pessoas abusivas, como policiais brutais ou estupradores. O simples fato de haver uma maior possibilidade de comprovar delitos por meio de vídeos está mudando as normas sociais. É claro que algumas pessoas reclamam que essa é uma forma de vigilância no estilo *Big Brother*, mas, de modo geral, parece ser melhor para nós, especialmente para os mais vulneráveis entre nós, uma multiplicação de provas gráficas de atos repreensíveis.

Mais básico e mais importante é que uma pessoa também pode ser um líder inspirador ao escolher o tipo e o conteúdo da educação para si e para seus filhos, certificando-se de que ela não se limite ao cumprimento de qualificações profissionais, mas que também confira ao estudante a competência cívica e cultural de que os cidadãos responsáveis necessitam para poder entender como o mundo está indo e onde está o bem comum.

Seja um cidadão ativo

Há uma sexta ideia que merece uma seção separada. Os movimentos de base precisam exercer pressão sobre os governos e muitas mudanças devem por fim ser consagradas na lei. Todas as mudanças na legislação corporativa, no Estado de Bem-estar Social e nas regras políticas que foram apresentadas nos capítulos 6 a 8 requerem implementação legal. Transformar a vida comunitária e o projeto urbano para obter maior justiça envolve a política local. E muitas das mudanças que você pode trazer à sua vida pessoal, conforme descrito na seção anterior, seriam facilitadas com o suporte apropriado dos serviços governamentais. O papel das mulheres na família e na sociedade pode ser melhorado com a ajuda de serviços públicos adequados de educação, assistência médica, cuidado à criança e assistência a idosos, bem como regras para licença parental equilibrada em termos de gênero, igualdade salarial, paridade em cargos eletivos e assim por diante. Tornar as relações de trabalho mais horizontais e democráticas seria mais fácil com exigências legais que eliminariam a concorrência desleal baseada na exploração dos trabalhadores. O maior acesso ao ensino superior e à formação contínua capacita e empodera trabalhadores e cidadãos em suas vidas. As transformações da comunidade podem ser fomentadas por políticas públicas que incentivem as associações e criem mecanismos de participação. Um melhor sistema de mídia exigiria uma regulamentação rigorosa da propriedade e do controle da mídia para preservar a independência do jornalismo profissional contra a influência estatal e corporativa.

Ser um cidadão ativo pode ajudar na realização dessas mudanças legais. Em muitos países hoje em dia a política é muito volátil e pode ser movida pela ação dos movimentos populares e de iniciativa dos cidadãos. Mas há uma séria dificuldade. Muitas reformas podem ser impostas nacionalmente. Mas algumas ações requerem coordenação internacional, ou pelo menos seriam facilitadas por elas. Aqui estão dois exemplos.

A política climática não pode realmente ser iniciada por um só país, porque é um problema global e a redução das emissões de gases de efeito estufa em nível mundial, na suficiente medida, não pode ser alcançada por um único país apenas. Portanto, é importante promover a cooperação internacional de todos os atores que podem dar as mãos através das fronteiras e apoiar os esforços globais definidos pela Convenção-Quadro das Nações Unidas sobre a Mudança do Clima. O Acordo de Paris alcançado em 2015 é apenas um ponto de partida imperfeito; os esforços precisam ser intensificados nas próximas duas décadas, após o que será tarde demais para implementar os esforços de mitigação de uma forma efetiva e relativamente sem custos. As chances de que o Acordo de Paris seja suficientemente efetivo são pequenas, infelizmente, e o coringa que poderia salvar o mundo é o progresso tecnológico. Se as tecnologias verdes se tornarem baratas rápido o suficiente, elas poderão substituir os combustíveis fósseis. Entretanto, a ação pública na forma de pesquisa, impostos e subsídios pode acelerar a transição tecnológica. O apoio dos cidadãos a todos esses esforços será provavelmente crucial nos próximos anos.

O outro exemplo para o qual a coordenação seria útil é a governança corporativa. A governança democrática na economia não se tornará a regra se não houver restrições jurídicas, conforme explicado nos capítulos 6 e 8. Mas os estados nacionais são submetidos à chantagem de empresas que ameaçam transferir operações para o exterior se as políticas não forem suficientemente favoráveis aos negócios. Salários-mínimos, impostos e regulamentação da concorrência e da governança podem ser usados pelas empresas como argumentos quando ameaçam a fuga de capitais. A Ocde e a União Europeia têm levado essas questões em devida consideração, de forma lenta mas crescente. É importante que os trabalhadores e os empreendedores de espírito democrático unam forças em nível global e trabalhem juntos para impor novas normas de conduta. A OIT lançou uma iniciativa de "trabalho digno" que poderia apoiar as iniciativas locais que vão nesta direção, mas a OIT sozinha é relativamente impotente na atual conjuntura.

É necessário um impulso de base vindo de empresas, da mão de obra, dos movimentos sociais e das organizações da sociedade civil.

Seja aberto e adaptável

Como tem sido repetidamente martelado neste livro, não há um modelo único, nenhuma receita para a transformação. É muito importante adaptar os princípios gerais da dignidade e das necessidades humanas aos contextos e possibilidades locais, bem como excluir todas as formas de dogmatismo.

O que é fascinante sobre o período atual é a transição de um mundo antigo para um mundo novo. Os partidos e sindicatos à moda antiga, assim como as cooperativas de consumo, estão em declínio. Novas formas de ação estão em ascensão e incluem organizações e movimentos que são mais fluidos, mais capazes de se comunicar e coordenar em larga escala, mas também menos fixos na estrutura institucional e menos resilientes às flutuações de filiação e de interesse. Os novos agentes de mudança devem ser capazes de aproveitar as oportunidades para novas formas de ação e novas coalizões de atores.

Diante deste mundo complexo, muitos pensadores simplesmente abandonam as velhas ideias e princípios de justiça social e imaginam que causas totalmente novas têm que ser abraçadas. Esse é o grande equívoco. As causas das mulheres, dos trabalhadores e dos grupos étnicos dominados ainda estão conosco e devem permanecer no centro do esforço pelo progresso social, ao passo que as questões de orientação sexual e identidade de gênero também merecem atenção crescente. Mas as perspectivas para uma sociedade melhor são novas e envolvem novas combinações de mecanismos de mercado e outras formas de interações sociais e regulamentações. Trabalhar em prol dessa nova sociedade é a tarefa estimulante da nossa geração e das que estão por vir.

Apêndice
Repensando a sociedade para o século XXI – Relatório do Painel Internacional sobre Progresso Social (conteúdo)

VOLUME 1: TRANSFORMAÇÕES SOCIOECONÔMICAS

Introdução ao Volume 1   1
Autores:
Olivier Bouin • Marie-Laure Djelic • Marc Fleurbaey • Ravi Kanbur • Elisa Reis

Capítulos introdutórios

Capítulo 1   Tendências sociais e novas geografias   9
Autores principais coordenadores:
Marcel van der Linden • Elisa Reis
Autores principais:
Massimo Livi Bacci • Stephen Castles • Raul Delgado-Wise • Naila Kabeer • K.P. Kannan • Ronaldo Munck • Adrienne Roberts • Johan Schot • Göran Therborn • Peter Wagner
Autores colaboradores:
Tim Foxon • Laur Kanger

Capítulo 2   Progresso social: uma bússola   41
Autores principais coordenadores:
Henry S. Richardson • Erik Schokkaert
Autores principais:
Stefano Bartolini • Geoffrey Brennan • Paula Casal • Matthew Clayton • Rahel Jaeggi • Niraja Gopal Jayal • Workineh Kelbessa • Debra Satz
Autores colaboradores:
Gustaf Arrhenius • Tim Campbell • Simon Caney • John Roemer

Transformações socioeconômicas

Capítulo 3   Desigualdade econômica e progresso social   83
Autores principais coordenadores:
Stephan Klasen • Giovanni Andrea Cornia • Rebeca Grynspan • Luis F. López-Calva • Nora Lustig
Autores principais:
Augustin Fosu • Sripad Motiram • Flora Myamba • Andreas Peichl • Sanjay Reddy • Eldar Shafir • Ana Sojo • Ingrid Woolard
Autores colaboradores:
Shai Davidai • Michael Förster • Rahul Lahoti • Judith Sutz • Rainer Thiele

Capítulo 4   Crescimento econômico, desenvolvimento humano e bem-estar social   141
Autores principais coordenadores:
Purnamita Dasgupta • Ottmar Edenhofer
Autores principais:
Adriana Mercedes Avendano Amezquita • Antonio Bento • Simon Caney • David De la Croix • Augustin Fosu • Michael Jakob • Marianne Saam • Kristin Shrader-Frechette • John Weyant • Liangzhi You
Autores colaboradores:
Gian Carlo Delgado-Ramos • Marcel J. Dorsch • Christian Flachsland • David Klenert • Robert Lempert • Justin Leroux • Kai Lessmann • Junguo Liu • Linus Mattauch • Charles Perrings • Gregor Schwerhoff • Kristin Seyboth • Jan Steckel • Jessica Streffler
Gestão do capítulo
Kristin Seyboth

Capítulo 5   Cidades e progresso social   187
Autores principais coordenadores:
Saskia Sassen • Edgar Pieterse
Autores principais:
Gautam Bhan • Max Hirsh • Ana Falú • Hiroo Ichikawa

Capítulo 6   Mercados, finanças e corporações: o capitalismo tem futuro?   225
Autores principais coordenadores:
Simon Deakin • Fabian Muniesa • Scott Stern • Lorraine Talbot
Autores principais:
Raphie Kaplinsky • Martin O Índice remissivo Neill • Horacio Ortiz • Kerstin Sahlin • Anke Schwittay

Capítulo 7	O futuro do trabalho – bons empregos para todos	255

Autores principais coordenadores:
Werner Eichhorst • André Portela Souza
Autores principais:
Pierre Cahuc • Didier Demazière • Colette Fagan • Nadya Araujo Guimarães • Huiyan Fu • Arne Kalleberg • Alan Manning • Frances McGinnity • Hillel Rapoport • Phil Scranton • Johannes Siegrist • Kathleen Thelen • Marie--Anne Valfort • Jelle Visser

Capítulo 8	Justiça social, bem-estar e organização econômica	313

Autores principais coordenadores:
Gianluca Grimalda • Kalle Moene
Fernando Filgueira • Marc Fleurbaey • Katherine Gibson • Carol Graham • Rubén Lo Vuolo • Reema Nanavaty • Hiroshi Ono • John Roemer • Alain Trannoy
Autores principais:
Olivier Bouin • Marie-Laure Djelic • Marc Fleurbaey • Ravi Kanbur • Elisa Reis

Autores	357
Índice	361

VOLUME 2: REGULAMENTAÇÃO POLÍTICA, GOVERNANÇA E TRANSFORMAÇÕES SOCIAIS

	Introdução ao Volume 2	367

Autores:
Olivier Bouin • Marie-Laure Djelic • Marc Fleurbaey • Ravi Kanbur • Elisa Reis

Capítulo 9	Os paradoxos da democracia e o Estado de Direito	373

Autores principais coordenadores:
Donatella della Porta • Michael Keating
Autores principais:
Gianpaolo Baiocchi • Colin Crouch • Sheila Jasanoff • Erika Kraemer-Mbula • Dina Kiwan • Abby Peterson • Kenneth M. Roberts • Philippe C. Schmitter • Alberto Vannucci • Antoine Vauchez • Asanga Welikala

| Capítulo 10 | Violência, guerras, paz, segurança | 411 |

Autores principais coordenadores:
Peter Wallensteen • Michel Wieviorka
Autores principais:
Itty Abraham • Karin Aggestam • Alexander Bellamy • Lars-Erik Cederman • Jerôme Ferret • Jean Baptiste Jeangène Vilmer • Wilhelm Heitmeyer • Angela Muvumba-Sellström • Laurie Nathan • Hideaki Shinoda • Ekaterina Stepanova
Autor colaborador:
Olga Odgers Ortiz

| Capítulo 11 | Organizações internacionais e as tecnologias de governança | 457 |

Autores principais coordenadores:
Hilary Charlesworth • Sally Engle Merry
Autores principais:
B.S. Chimni • Javier Couso • Terence Halliday • Outi Korhonen • Vivian Lin • Eden Medina • Leslye Obiora • César Rodríguez-Garavito • Gregory Shaffer • Rene Urueña
Autor colaborador:
Ruth Okediji

| Capítulo 12 | Governando capital, mão de obra e natureza num mundo em transformação | 491 |

Autores principais coordenadores:
G. Balachandran • Grégoire Mallard
Autores principais:
Olufunmilayo Arewa • Lucio Baccaro • Tim Büthe • Andrea Nightingale • Pierre Pénet • Dominique Pestre • Anthea Roberts

| Capítulo 13 | Mídias e comunicações | 523 |

Autores principais coordenadores:
Nick Couldry • Clemencia Rodriguez
Autores principais:
Göran Bolin • Julie Cohen • Gerard Goggin • Marwan Kraidy • Koichi Iwabuchi • Kwang-Suk Lee • Jack Qiu • Ingrid Volkmer • Herman Wasserman • Yuezhi Zhao
Autores colaboradores:
Olessia Koltsova • Inaya Rakhmani • Omar Rincón • Claudia Magallanes-Blanco • Pradip Thomas

| Capítulo 14 | Desafios da desigualdade para a democracia | 563 |

Autores principais coordenadores:
Richard Bellamy • Wolfgang Merkel
Autores principais:
Rajeev Bhargava • Juliana Bidadanure • Thomas Christiano • Ulrike Felt • Colin Hay • Lily Lamboy • Thamy Pogrebinschi • Graham Smith • Gayil Talshir • Nadia Urbinati • Mieke Verloo

| Autores | 597 |
| Índice | 601 |

VOLUME 3: TRANSFORMAÇÕES EM VALORES, NORMAS, CULTURAS

Introdução ao Volume 3   605
Autores:
Olivier Bouin • Marie-Laure Djelic • Marc Fleurbaey • Ravi Kanbur • Elisa Reis

Transformações em valores, normas, culturas

Capítulo 15   Progresso social e mudança cultural   611
Autores principais coordenadores:
John Bowen • Will Kymlicka
Autores principais:
Martin Hopenhayn • Takyiwaa Manuh • Abdul Raufu Mustapha
Autores colaboradores:
Faisal Garba • Jan Willem Duyvendak

Capítulo 16   Religiões e progresso social: avaliações críticas e parcerias criativas   641
Autores principais coordenadores:
Grace Davie • Nancy T. Ammerman
Autores principais:
Samia Huq • Lucian N. Leustean • Tarek Masoud • Suzanne Moon • Jacob K. Olupona • Vineeta Sinha • David A. Smilde • Linda Woodhead • Fenggang Yang
Autor colaborador:
Gina Zurlo

Capítulo 17	Pluralização de famílias	677

Autores principais coordenadores:
Merike Blofield • Fernando Filgueira
Autores principais:
Carmen Diana Deere • Maxine Eichner • Guðný Björk
Eydal • Rhacel Parreñas • Neetha Pillai • Frances
Rosenbluth • Tine Rostgaard • Lynn Welchman
Autores colaboradores:
Annabelle Hutchinson • William McGrew • Tee Zhuo

Capítulo 18	Saúde global e as mudanças	713

Autores principais:
Pascale Allotey • Gustaf Arrhenius • Uli Beisel • Melinda
Cooper • Nir Eyal • Dan Hausman • Wolfgang Lutz • Ole F.
Norheim • Elizabeth Roberts • Denny Vågerö
Autor colaborador:
Karim Jebari

Capítulo 19	A contribuição da educação para o progresso social

Autores principais coordenadores:
Christiane Spiel • Simon Schwartzman
Autores principais:
Marius Busemeyer • Nico Cloete • Gili Drori • Lorenz
Lassnigg • Barbara Schober • Michele Schweisfurth • Suman
Verma
Autores colaboradores:
Bilal Bakarat • Peter Maassen • Rob Reich

Capítulo 20	Pertencimento	779

Autores principais coordenadores:
Akeel Bilgrami • Prabhat Patnaik
Autores principais:
Faisal Devji • Michele Lamont • Ernesto Ottone • James
Tully • Nira Wickramasinghe • Sue Wright

Capítulos de conclusão

Capítulo 21	As múltiplas direções do progresso social: caminhos adiante	815

Autores principais coordenadores:
Nancy Folbre • Erik Olin Wright
Autores principais:
Jenny Andersson • Jeff Hearn • Susan Himmelweit •
Andrew Stirling

Capítulo 22   A contribuição das ciências sociais à mudança política e institucional   847

Autores principais coordenadores:
Matthew Adler • Helga Nowotny
Autores principais:
Cary Coglianese • Sheila Jasanoff • Ravi Kanbur • Brian Levy • Ole F. Norheim • Johan Schot • Simon Schwartzman • Christiane Spiel • Shana Starobin

Autores   887

Índice   891

Referências

ACEMOGLU, D.; RESTREPO, P. "Robots and Jobs: Evidence from US Labor Markets". *NBER* Working Paper 23.285, 2017 [Disponível em www.nber.org/papers/w23285.pdf].

ALVAREDO, F.; CHANCEL, L.; PIKETTY, T.; SAEZ, E.; ZUCMAN, G. *The World Inequality Report*. Cambridge: Belknap Press, 2018.

ASIAN DEVELOPMENT BANK. *Outlook 2012 – Confronting Rising Inequality in Asia*. Mandaluyong: Asian Development Bank [Disponível em www.adb .org/sites/default/files/publication/29704/ado2012.pdf].

ASKENAZY, P. *Tous rentiers!* Paris: Odile Jacob, 2016.

ATD. "Extreme Poverty is Violence – Breaking the Silence. Searching for Peace". *Revue Quart Monde Documents*, 20, 2013.

ATKINSON, A.B. *Inequality: What Can Be Done?* Cambridge: Harvard University Press, 2015.

AUSUBEL, J.H.; CURRY, A.S.; WERNICK, I.K. "Reconsidering Resources: Matter, Labor, Information, and Capital in the Future Security Environment". Program for the Human Environment. Nova York: The Rockefeller University, 2015.

AUTOR, D. *The Polarization of Job Opportunities in the U.S. Labor Market*. Washington: The Center for American Progress and The Hamilton Project, 2010.

AUTOR, D.H.; DORN, D.; HANSON, G.H. "The China Shock: Learning from Labor Market Adjustment to Large Changes in Trade". *NBER*, Working Paper 21.906, 2016.

BABB, S. "The Washington Consensus as Transnational Policy Paradigm: Its Origins, Trajectory and Likely Successor". *Review of International Political Economy*, v. 20 (2), p. 268-297, 2012.

BALINSKI, M.; LARAKI, R. *Majority Judgement: Measuring, Ranking and Electing*. Cambridge: MIT Press, 2011.

BARKAI, S. "Declining Labor and Capital Shares". London Business School, 2017 [mimeo.].

BARTELS, L. 2016, *Unequal Democracy: The Political Economy of the New Gilded Age*. 2. ed. Nova York/Princeton: Russell Sage Foundation/Princeton University Press, 2016.

BRAMS, P.; FISHBURN, C. *Approval Voting*. Boston: Birkhauser, 1983.

CARNEY, B.M.; GETZ, I. *Freedom, Inc. How Corporate Liberation Unleashes Employee Potential and Enhances Business Performance*. 2. ed. Somme Valley House, 2016.

CASE, A. "Mortality and Morbidity in the 21st Century". Brookings Papers on Economic Activity, BPEA Conference Drafts, 2017.

CASE, A.; DEATON, A. "Rising Morbidity and Mortality in Midlife among White Non-Hispanics Americans in the 21st century". *PNAS*, v. 112 (49), 2015, p. 15.078-15.083.

CASEY, G.; GALOR, O. "Is Faster Economic Growth Compatible with Reductions in Carbon Emissions? The Role of Diminished Population Growth". *Environmental Research Letters*, v. 12 (1), 2017.

COLLOMB, J.D. "The Ideology of Climate Change Denial in the United States". *European Journal of American Studies*, v. 9 (1), p. 1-17, 2014.

CORAK, M. "Income Inequality, Equality of Opportunity and Intergenerational Mobility". *Journal of Economic Perspectives*, v. 27, p. 79-102, 2013.

DAHL, R.A. *Who Governs? – Democracy and Power in an American City*. New Haven: Yale University Press, 1961.

DAHL, R.A. *On Political Equality*. New Haven: Yale University Press, 2006.

EASTERLIN, R.A.; MORGAN, R.; SWITEK, M.; WANG, F. "China's Life Satisfaction, 1990-2010". *Proceedings of the National Academy of Sciences*, v. 109, p. 9.775-9780, 2012.

EDENHOFER, O.; KNOPF, B.; BAK, C.; BHATTACHARYA, A. "Aligning Climate Policy with Finance Ministers' G20 Agenda". *Nature Climate Change*, v. 7, p. 463-465, 2017.

EDGERTON, D. *The Shock of the Old*. Oxford: Oxford University Press, 2006.

ESPING-ANDERSEN, G. *The Three Worlds of Welfare Capitalism*. Cambridge: Polity, 1990.

EUROPEAN COMMISSION. *Social Protection for Inclusive Development –* A New Perspective in EU Cooperation with Africa, European Report on Development. Bruxelas: European Commission, 2010.

EZRAHI, Y. *The Descent of Icarus: Science and the Transformation of Contemporary Democracy*. Cambridge: Harvard University Press, 1990.

FOA, R.S.; MOUNK, Y. "The Democratic Disconnect". *Journal of Democracy*, v. 27 (3), p. 5-17, 2016.

FRANCIS, A.M.; TANNURI-PIANTO, M. "Endogenous Race in Brazil: Affirmative Action and the Construction of Racial Identity among Young Adults". *Economic Development and Cultural Change*, v. 61 (4), p. 731-753, 2013.

FREEMAN, R. *Strategic Management: A Stakeholder Approach,*. Cambridge: Cambridge University Press, 1984.

FRIEDMAN, M. "The Social Responsibility of Business is to Increase Its Profits". *The New York Times Magazine*, 13/09/1970.

FUKUYAMA, F. *The End of History and the Last Man*. Nova York: Free Press, 1992.

GIDDENS, A. *The Third Way: The Renewal of Social Democracy*. Cambridge/Malden: Polity, 1998.

GOLDSTEIN, J.S. *Winning the War on War: The Decline of Armed Conflict Worldwide*. Nova York: Penguin, 2011.

GRAHAM, C.; ZHOU, S.; ZHANG, J. "Happiness and Health in China: The Paradox of Progress". *Global Economy and Development Working*. Paper Series n. 89. Washington: Brookings Institution, 2015.

HALLEGATTE, S.; BANGALORE, M.; BONZANIGO, L.; FAY, M.; KANE, T.; NARLOCH, U.; ROZENBERG, J.; TREGUER, D.; VOGT-SCHILB, A. *Shock Waves: Managing the Impacts of Climate Change on Poverty*. Washington: World Bank, 2016.

HAYEK, F. *The Road to Serfdom*. Chicago: University of Chicago Press, 1944.

HELD, D. *Global Covenant – The Social Democratic Alternative to the Washington Consensus*. Cambridge/Malden: Polity, 2004.

HUBER, E.; BOGLIACCINI, J. Latin America. In: CASTLES, F.G.; LEIBFRIED, S.; LEWIS, J.; OBINGER, H.; Pierson, C. *The Oxford Handbook of the Welfare State*. Oxford: Oxford University Press, 2010.

HYUNG-SIK, E. *Cooperatives and Employment – Second Global Report*. Genebra: Cicopa, 2017.

ILO. *World Social Protection Report*. Genebra: ILO, 2017.

IPSP. *Rethinking Society for the 21st Century: Report of the International Panel on Social Progress – Vol. 1: Socio-Economic Transformations*. Cambridge: Cambridge University Press, 2018a.

IPSP. *Rethinking Society for the 21st Century: Report of the International Panel on Social Progress – Vol. 2: Political Regulation, Governance, and Societal Transformations*. Cambridge: Cambridge University Press, 2018b.

IPSP. *Rethinking Society for the 21st Century: Report of the International Panel on Social Progress – Vol. 3: Transformations in Values, Norms, Cultures*. Cambridge: Cambridge University Press, 2018c.

JACQUES, P.J.; DUNLAP, R.E.; FREEMAN, M. "The Organisation of Denial: Conservative Think Tanks and Environmental Scepticism". *Environmental Politics*, v. 17 (3), p. 349-385, 2008.

JAWOREK, M.; KUZEL, M. "Transnational Corporations in the World Economy. Formation, Development and Present Position". *Copernican Journal of Finance and Accounting*, v. 4 (1), p. 55-70, 2015.

JENSEN, M.; MECKLING, W. "Theory of the Firm: Managerial Behavior, Agency Costs and Ownership Structure". *Journal of Financial Economics*, v. 3 (4), p. 305-360, 1976.

KOLSTAD, I.; WIIG, A. "Does Democracy Reduce Corruption?" *Democratization*, v. 23 (7), p. 1.198-1.215, 2016.

KRIPPNER, G. "The Financialization of the American Economy". *Socio Economic Review*, v. 3 (2), p. 173-208, 2005.

LAKNER, C.; MILANOVIC, B. "Global Income Distribution: From the Fall of the Berlin Wall to the Great Recession". *Revista de Economía Institucional*, v. 17 (32), p. 71-128, 2015.

MAZZUCATO, M. *The Entrepreneurial State: Debunking Public vs. Private Sector Myths*. Londres: Anthem Press, 2013.

McCULLOCH, J.R. *Considerations on Partnerships with Limited Liability*. Londres: Longman/Brown, 1856.

MEADE, J.E. *Efficiency, Equality and the Ownership of Property*. Londres: Allen & Unwin, 1964.

NESBIT, J. *Poison Tea: How Big Oil and Big Tobacco Invented the Tea Party and Captured the GOP*. Nova York: Macmillan, 2016.

OECD. "Social Spending Stays at Historically High Levels in Oecd Countries". *Social Expenditure Update*. Paris: Oecd, 2016.

OECD. *Bridging the Gap: Inclusive Growth 2017 Update Report*. Paris: Oecd, 2017.

O'NEILL, B.C.; LIDDLE, B.; JIANG, L.; SMITH, K.R.; PACHAURI, S.; DALTON, M.; FUCHS, R. "Demographic Change and Carbon Dioxide Emissions". *Lancet*, v. 380 (9.837), p. 157-164, 2012.

PALLEY, T. *Financialization*. Londres: Palgrave MacMillan, 2013.

PIGOU, A.C. *The Economics of Welfare*. Nova York: Palgrave MacMillan, 1920.

PIKETTY, T. *Capital in the 21st Century*. Cambridge: Harvard University Press, 2014.

PIKETTY, T.; SAEZ, E.; ZUCMAN, G. "Distributional National Accounts: Methods and Estimates for the United States". NBER Working Paper 22.945, 2016.

PIKETTY, T.; ZUCMAN, G. "Capital is Back: Wealth–Income Ratios in Rich Countries, 1700-2010". *Quarterly Journal of Economics*, v. 129 (3), p. 1.255-1.310, 2014.

PINKER, S. *The Better Angels of Our Nature: Why Violence has Declined*. Nova York: Viking, 2011.

POLANYI, K. *The Great Transformation*. Nova York: Farrar and Rinehart, 1944.

REEVES, R.V. *Dream Hoarders: How the American Upper Middle Class Is Leaving Everyone Else in the Dust, Why That Is a Problem, and What to Do About It*. Washington, DC: Brookings Institution Press, 2017.

REICH, R. *Saving Capitalism*. Nova York: Vintage, 2015.

SALMI, J. *The Tertiary Education Imperative – Knowledge, Skills and Values for Development*. Roterdã: Springer, 2017.

SANDEL, M. *What Money Can't Buy: The Moral Limits of Markets*. Londres: Penguin, 2013.

SATZ, D. *Why Some Things Should Not Be For Sale*. Oxford: Oxford University Press, 2010.

SEN, A. *Poverty and Famines: An Essay on Entitlement and Deprivation*. Oxford: Oxford University Press, 1981.

SINN, H.W. *Casino Capitalism: How the Financial Crisis Came About and What Needs to be Done Now*. Nova York: Oxford University Press, 2010.

SMITH, A. *An Inquiry into the Nature and Causes of the Wealth of Nations*. Chicago: University of Chicago Press, 2012 [1776].

SPRINGMANN, M.; GODFRAY, H.C.J.; RAYNER, M.; SCARBOROUGH, P. "Analysis and Valuation of the Health and Climate Change Cobenefits of Dietary Change". *PNAS*, v. 113 (12), p. 4.146-4.151, 2016.

STERN, N.; STIGLITZ, J.E. *Report of the High – Level Commission on Carbon Prices*. Washington: Carbon Pricing Leadership Coalition, 2017.

STIGLITZ, J.E. *Rewriting the Rules of the American Economy*. Nova York: Roosevelt Institute, 2015.

STOUT, L. *The Shareholder Value Myth*. Oakland: Berrett-Koehler, 2012.

TELLES, E. *Race in Another America: The Significance of Skin Color in Brazil*. Princeton: Princeton University Press, 2004.

UNRISD. *Policy Innovations for Transformative Change – Implementing the 2030 Agenda for Sustainable Development*. Genebra: Unrisd, 2016.

VAN BENTHEM, A.A. "Energy Leapfrogging". *Jeare*, v. 2 (1), p. 93-132, 2015.

VAN PARIJS, P.; VANDERBORGHT, Y. *Basic Income – A Radical Proposal for a Free Society and a Sane Economy*. Cambridge, MA: Harvard University Press, 2017.

VON NEUMANN, J. "Can We Survive Technology?" [1955]. *Fortune Editors*, 13/01/2013 [Disponível em http://fortune.com/2013/01/13/can-we-survive-technology].

WEBER, M. *The Protestant Ethic and the Spirit of Capitalism*. Nova York: Taylor & Francis, 2001 [1904].

WORLD BANK. *Governance and the Law*. World Development Report, Washington: World Bank, 2017.

WORLD BANK. *Distributional Tensions and A New Social Contract*. Washington: World Bank, 2018.

WRIGHT, E.O.; DWYER, R.E. "A Half-Century of Job Growth: From Upgrading to Polarization in the American Jobs Structure from the 1960s to the 2010s", 2017 [não publicado].

ÍNDICE REMISSIVO

Acemoglu, D. 70
África
  Estado de Bem-estar Social na 203
  pobreza na África Subsaariana 48
Agência de Proteção Ambiental (EPA) 121
Agentes de mudança
  abertura e adaptação 260-261
  cidadania ativa 257-260
  de baixo para cima 242-244
  em locais de trabalho 251-253
  escolhas de consumo 253-254
  escolhas de investimentos 253-254
  experimentação social 244
  líderes inspiradores 256-257
  movimentos de base como origem de 242-244
  movimentos de base globais 245-249
  mudança por meio das famílias 249-251
  nas comunidades 254-256
  notícias e informações 256-257
  poder para trazer mudança 241
  posição das mulheres 241-242

Alimentos no cenário autoritário 130
Ameaça de extinção em massa 21, 32
América Latina
  bem-estar social na 202
  democracia deliberativa participativa 227-228
  desigualdade na 49
  Marco Civil da Internet, Brasil 231
Antropoceno 20-21, 21n. 3, 32
Ascensão do fascismo 41
Ásia
  bem-estar social na 197-201
  desigualdade na 49
Assédio sexual 155
Atividades econômicas de famílias/firmas 146-147
Atkinson, D. 243, 252
Atkinson, T. 78
Atores pela mudança; cf. Agentes de mudança
Aumento
  da interdependência financeira 65-66
  de viagens internacionais 68
  do PIB *per capita* 41-43
Automação 69, 72, 195-196, 209

Barkai, S. 170-171
Bem-estar Social
  na Coreia 200
  na Tailândia 200
  nas Filipinas 200
Brasil 102
  Marco Civil da Internet 231

Capitalismo
  alternativas à variante atual
    do 18-19
  impacto da falta de propriedade
    privada 140-141
  lucro 140
  tipo dominante de capitalismo
    contemporâneo 160-161
  visão marxista do 138
  cf. tb. Corporações
Case, A. 149
Celulares 69-70
Cenário(s)
  autoritário 127-132
  como alertas, e não previsões 133
  de *apartheid* 114-120
  "fim da história" 120-127
Centralização do governo 185-186
  democracia global 236
Centros Mãe 206
China
  aumento do PIB *per capita* 42-43
  bem-estar social na 199-202
  redução da pobreza 43
Chomsky, N. 240
Cidadania 99-100
  ativa 257-260
Cidades 101
  cenário autoritário 130-130
  projeto urbano 131, 256, 258

Comoditização de tudo 179
Concepção
  anglo-saxã de Estado de Bem-
    -estar 203-204
  corporativista do Estado de Bem-
    -estar Social 204
Concorrência
  corporações democráticas/
    tradicionais 216-218
  reinjeção de verdadeira
    concorrência 180
  vs. cooperação 152-154
Conflitos
  estado atual no mundo 56-57
  pequena escala, de 40
Consciência do destino comum dos
  humanos 110
Controle
  emprego e 147, 148
  relações sociais 154-155
Cooperação *vs.* concorrência
  152-154
Corporações
  acionistas 164-165, 166-167
  agentes de mudança em 251-253
  apoio estatal para reforma das
    216-219
  características contemporâneas
    das 162-163
  cidadania ativa e 257-260
  como ameaça à democracia
    172-177
  como "indivíduos artificiais" 162
  como pessoas jurídicas 162
  contribuição para desigualdades
    172
  críticas às 163-165
  democratização das 176-177,
    243-245

desigualdade estrutural 174-176
e acionistas 164-165, 166-167
e concorrências democráticas/
 tradicionais 216-218
escolha de jurisdições legais 171
estruturas jurídicas alternativas
 167
expansão do alcance 168
governança 164-165, 259
incentivos para *start-ups* 181
influência política das 174, 176,
 219-223
multinacionais 169-171
numa sociedade melhor 23-24
origem das 161
poder e mobilidade das 170
propriedade e gestão de 162,
 164-165
reforma de 164-168, 175-177
responsabilidade fiscal 176
responsabilidade limitada
 162-164, 166
stakeholders 164-165, 166-167,
 174
think-tanks/pesquisa financiada
 por 174
transnacionais 168-172
tributação 169, 170, 175, 191-192
cf. tb. Economia de mercado;
 Instituições produtivas
Corrupção
 cenário autoritário 132
 lobby e 223
 na política 222
Crenças antigas
 em camadas sociais 91
 em nobres e plebeus 91
Crescimento da renda *per capita* 47

Crescimento econômico
 cenário autoritário 129
 cenário de "fim da história"
 120-127
Cultura(s)
 ascensão da sociedade civil 95-98
 como central para entender a
 sociedade 89
 convergência como falácia 107
 desigualdade e diferença 98-103
 diferentes e valores humanos 104
 dinâmicas da 106
 educação 111
 influências interculturais 104-105
 mudança de atitude em relação
 aos animais 93-94
 mudança de imagens da
 sociedade 90-92
 mudança e continuidade na 90
 mudança na percepção da
 natureza 92-94
 viés etnocêntrico 104
Cultura local
 convergência de cultura(s) como
 falácia 107
 importância da 86
 cf. tb. Iniciativas de base
 (*grassroots*)

Dahl, R. 240
Deaton, A. 149
Democracia
 apoio à 214-215
 corporações como ameaça à
 173-177
 deliberativa participativa 227
 democratização das corporações
 176-177

direta 30, 224
global 236
minipúblicos 227
organizações públicas autônomas
228
preferências comparadas de ricos
e pobres 226
renascimento do debate 182
representativa 224
tendências na 45, 47
cf. tb. Estado emancipador;
Política
Democratização de corporações
176-177, 243-244
Descolonização 46
Desconfiança nas instituições 83,
87
Desempenho global
êxitos 41-47
progresso desde a Segunda
Guerra Mundial 39
progresso lento/reverso desde a
Segunda Guerra Mundial 39-41
tendências e padrões alarmantes
47-57
Desigualdade(s)
bem-estar social 187
bem-estar social e mudança
tecnológica 84-85
cenário autoritário 127-132
cenário de *apartheid* 114-120
cenário de "fim da história"
120-127
concepção anglo-saxã de bem-
-estar social 203-204
concepção corporativista do
Estado de Bem-estar Social 204
contribuição das corporações
para a 172

crescente 61
crescimento da 40, 48-49
diferentes concepções de bem-
-estar social 203-204, 206-207
dinâmicas da(s) cultura(s) 106
e diferença 98-103
estrutural 175-176
papel na globalização 83-85
Despesas com saúde 194-196
Determinismo histórico como erro
133-134
Diferença
dinâmicas da(s) cultura(s) 106
educação 111
igualdade e desigualdade 98-103
respeito compartilhado pela 106
Dignidade
direito à 16-17
expansão do "círculo de respeito
e dignidade" 23
status social e 155
Dinheiro
financiamento público de
campanha 221-222
influência corporativa na política
173, 176, 219-223
lobby de corporações 173, 176,
221-222
na economia de mercado 184
Direito(s)
a igual dignidade 16-17
à riqueza 145, 146
Distribuição
cenário de *apartheid* 114-120
economia de mercado 178-180
Estado emancipador 208
impacto da globalização 68
mudança global na 49-51

pré-distribuição no Estado
emancipador 208
redistribuição no Estado
emancipador 27
Dívida pública 196-197

Ecologia
aumento das preocupações com
93-94
cf. tb. Meio ambiente
Economia de mercado
alternativas à variante atual da
18-19
articulada em mecanismos
sociais 185
atividades econômicas de
famílias/firmas 146-147
aumento da abertura 65-68
cenário de "fim da história"
120-127
comoditização de tudo 179
debate sobre limites da 182
distribuição de riqueza 178-180
e governo, ambos necessários no
Estado emancipador 31
equilíbrio oligopolístico 178
financeirização 182-183
incentivos para start-ups 181
mercantilização 177-180, 182
nova forma de democrática 33-34
numa sociedade melhor 24-25
reinjeção de concorrência
verdadeira na 181-182
terra, trabalho e dinheiro 184
cf. tb. Corporações
Educação
como investimento 190-191
igualdade 110-111

Efeitos retroativos 59-62
Emissão
de gases de efeito estufa 54
de metano 130
Empregos
automação no local de trabalho
69-71, 195-196, 209
choques de 73-76
controle e status 147
e lucro de corporações
multinacionais 168-171
taxas de mortalidade e 149
tecnologia e 68-73
Empresas sociais
como terceira via 143, 145
relações sociais 159
Encolhimento da classe média 83
Envelhecimento da população
192-193
Equilíbrio oligopolístico 178
Escolha(s)
de consumo 253-254
de investimentos 253-254
de jurisdições legais por
corporações 171
Esping-Andersen, G. 203
Esquema de proteção social 78
Estado de Bem-estar Social
África 201-203
América Latina 202
Ásia 199-201
automação no local de trabalho
192, 195
como catalisador da atividade
econômica 190-191
como máquina redistributiva 142
concepção anglo-saxã de 203-204

concepção corporativista de 204
concepção social-democrata de 204-206
concepções de 203-207
desafios para 191-197
desenvolvimento do 187
desmantelamento de provisões e serviços 188-190
democrata descentralizado 207
despesas com saúde como desafio 194-195
diferenças entre países 196-197
dívida pública como desafio 196-197
educação como investimento 190-191
e efeitos da mudança tecnológica 84-85
envelhecimento da população como desafio 192-193
e solidariedade e pertencimento 193
países em desenvolvimento 200-203
pensões e aposentadorias 192
redução da desigualdade 188
sabor de investimento de atividades 190-191
social-democrata como opção para uma sociedade melhor 25-27
tributação como desafio 191-192
cf. tb. Estado emancipador
Estado emancipador
automação no local de trabalho 209
características e desafios 208-213
gestão de externalidades 211

gig economy 209-210
globalização 27, 31, 212
ideal de 26
infusão por toda a sociedade política 29-30
iniciativas de base (*grassroots*) 31
mercado e governo, ambos necessários 30-31
países desenvolvidos 27
política de salário-mínimo 209
potencial da coleta e processamento de dados 31
pré-distribuição 208
prevenção via tributos 28
questões ambientais 211
redução da redistribuição 27
renda básica universal 210
status e conhecimento, direitos a poder 26-27
tecnologia e 27
transformação da política-padrão 29
tributação de externalidades e rendas geradas pelo patrimônio 28-29
tributação de rendas geradas pelo patrimônio 211-212
visão realizadora do 31
Estados-nação
e diferenças entre humanos 98-101
cf. tb. Estado emancipador; Governo; Estado de Bem-estar Social
Estados Unidos
desigualdade nos 49
sistema eleitoral dos 232-233
Exclusão digital 74

Expansão
  da vida urbana 100
  do "círculo de respeito e
    dignidade" 23
Expectativa de vida 43
Experiência concreta e tendências
  sociais 149-150
Experimentação social 244

Falsas ideias
  causas sociais tradicionais como
    substituídas 18-20
  "não há alternativa" 18-19
  salvação pela via política 20
Falta de alternativas
  como falsa ideia 18-19
Famílias
  atividades econômicas das
    146-147
  chefiadas por mulheres 150
  cooperação *vs.* concorrência
    152-154
  importância do que acontece nas
    149-150
  orientação sexual e 250, 251, 261
  trazendo a mudança através das
    249-251
"Fim da história"
  cenário de 120-127
  tese do 18
Financeirização 179-181, 182-183
  Financeirização especulativa 181
Firmas; cf. Corporações;
  Instituições produtivas
Futuro do planeta
  cenário autoritário 127-132
  cenários como alertas, e não
    previsões 133

cenário de *apartheid* 114-120
cenário de "fim da história"
  120-127
objetivos 112-113

Gaward Kalinga 255
Gênero
  famílias e 250-251
  igualdade e 103
  trazendo mudança por meio das
    famílias 249-251
Giddens, A. 142
Gig economy 209-210
Globalização
  ataques ao populismo e
    nacionalismo 82
  aumento da abertura de mercado
    65-66
  aumento da interdependência
    financeira 65-66
  aumento de viagens
    internacionais 68
  aumento nos fluxos de bens e
    capitais 65-66
  choques de emprego 75-76
  como força disruptiva 63
  conexão entre globalização e
    tecnologia 76-82
  convergência de cultura(s) como
    falácia 107
  crescimento da desigualdade 39-40
  domando a 43-44
  Estado emancipador 27, 29, 31,
    214
  estresse distributivo devido à 68
  importância do contexto local 86
  inclusão social e 22
  migração 68

movimentos de base como
globais 245-248
não é força externa à sociedade
86
narrativa antiglobalização 81-85
ondas históricas de 64
Organizações Não
Governamentais (ONGs)
246-248
padrões ambientais e 68
reorientação para necessidades
humanas 33
Governo
e mercado, ambos necessários no
Estado emancipador 30-31
tecnologia como preocupação
da 78
cf. tb. Estado emancipador;
Estado de Bem-estar Social
Governo internacional 186
democracia global 236
cf. tb. Globalização
Governo mundial 186
democracia global 236

Heckman, J. 190
História
ascensão da sociedade civil 95-98
desigualdade e diferença 95-103
mudança de atitude em relação
aos animais 93-94
mudança de imagens da
sociedade 90-92
mudança na percepção da
natureza 92-95

Igualdade
alcançando liberdade e
sustentabilidade ambiental 21-22

cenário autoritário 127-132
cenário de *apartheid* 114-120
cenário de "fim da história"
120-127
como legítima 89-90
como objetivo a se buscar 112-113
dinâmicas da(s) cultura(s) 106
e diferença 98-103
educação 111
futuro promissor para igualdade
108
gênero e 102-103
influências interculturais 104-105
necessidade de em alcançar
atores sociais 104, 107, 109-110
reivindicações de por aqueles
privados de 104
resistência à 106-109
respeito compartilhado pela
diferença 106
cf. tb. Desigualdade
Imaginários sociais e tecnológicos
85-86
Imigração 193
Impacto do aumento de
temperatura em países ricos/
pobres 60
Importância dos mecanismos de
construção 88
Incentivos para *start-ups* 181
Inclusão social
globalização e 22
tecnologia e 22
Incredible Edible
Índia
aumento do PIB *per capita* 42
bem-estar social na 200
disparidade de desenvolvimento

com os Estados Unidos 58-59
Self-Employed Women
Association (Sewa) 247
Indonésia
bem-estar social na 200
Indústria farmacêutica 194-195
Informação
circulação de 156
mudança na importância da 87
responsabilidade diante da
256-257
Iniciativas de base (*grassroots*)
como globais 245-249
como origem de mudanças
241-244
Estado emancipador 31
importância de 23
revolução "faça você mesmo" 34
Instituições produtivas
atividades econômicas das 146
conduzidas por *stakeholders* 150
cooperação *vs.* concorrência
152-154
importância do que acontece nas
149-150
reforma das 143, 145
cf. tb. Corporações
Investimento Estrangeiro Direto
(IED)
aumento do 65-66

Karasek, R. 148

Liberdade
alcançando equidade e
sustentabilidade ambiental
21-22

cenário autoritário 127-132
cenário de *apartheid* 114-120
cenário de "fim da história"
120-127
como objetivo a se buscar
112-113
Líderes inspiradores 256-257
Lobby
e corrupção 222-224
por corporações 147, 173,
221-222
reforma do 222-224
regulamentação do 223-224
Locais de trabalho
agentes de mudança em 251-253
automação em 69, 72, 192, 195,
209
democratização dos 176, 243-245
Lucro 140, 169-170

Manifesto Comunista 139
Mão de obra na economia de
mercado 184
Marco Civil da Internet, Brasil 231
Marx, K. 133
Marxismo 138, 140
McCulloch, J.R. 163
Meade, J. 145
Meio ambiente
aumento das preocupações com
93-94
aumento da temperatura,
impacto em países ricos/pobres
60
aumento nos problemas 22-23
cenário autoritário 127-132
cenário de *apartheid* 114-120

287

cenário de "fim da história"
120-127
coordenação internacional de
iniciativas locais 248
degradação levando à migração
60
emissão de gases de efeito estufa
54
emissões de metano 130
equidade e liberdade alcançando
sustentabilidade 21-22
Estado emancipador 211
gestão de externalidades 211
globalização e padrões para 68
mudança climática, impacto em
países ricos/pobres 60-61
mudança na percepção da
natureza 92-93
nacionalismo, impacto em
acordos 61-62
necessidade de cooperação
internacional 259
perdas e poluição de recursos
naturais 52-54
sustentabilidade como objetivo a
se buscar 112-113
Meritocracia 87-88
Mídia(s)
agentes de mudança e 257
como bem comum 231-232
impacto das novas 229-231
Marco Civil da Internet, Brasil
231
papel na política 228-230
pervasividade na política 30, 230
sociais 229-231
Migração 40, 55-56, 83, 193
cenário de *apartheid* 116

degradação ambiental levando à
globalização 68
Minipúblicos 227
Mortalidade materna 43-45
Morte das ideologias 15
Mudança
de atitude em relação aos animais
93-94
de baixo para cima 242-245
na percepção da natureza 92-95
Mudança climática
impacto em países ricos/pobres
60-61
cf. tb. Meio ambiente
Mudança social
tecnologia como fator de 75-76
cf. tb. Agentes de mudança
Mulheres trazendo mudança por
meio das famílias 249-251

Nacionalismo
impacto em acordos ambientais
61-62
"Não há alternativa" como falsa
ideia 18-19
Narrativa antiglobalização 82-83
Necessidade de explorar a inovação
institucional 21

Objetivos
cenário autoritário 127-132
cenário de *apartheid* 114-120
cenário de "fim da história"
120-127
cenários como alertas, e não
previsões 133
de Desenvolvimento Sustentável
(SDGs) 16, 31, 81, 88, 108, 113

equidade 113-114
governança corporativa 164-165,
259-260
liberdade 113-114
sustentabilidade 113-114
Oportunismo
prevenção via tributos 29
Orçamento Participativo 227
Organizações autônomas públicas
228
Organizações Não Governamentais
(ONGs) 96-97, 246-247
Organizações sem fins lucrativos 96
Ouvindo as vozes dos pobres
150-152

Painel Internacional sobre
Progresso Social 10-11
Países
em desenvolvimento como
estados emancipadores 26
escandinavos 143, 204-206
Parcerias de trabalhadores 145
Passado
ascensão da sociedade civil
95-98
desigualdade e diferença 98-103
mudança de atitude em relação
aos animais 93-94
mudança de imagens da
sociedade 90
mudança na percepção da
natureza 92-95
Penetração da internet 68-69
Pensões e aposentadorias 192
Perda(s)
de esperança no futuro 15

e poluição de recursos naturais
52-54
Pertencimento 193
Pesquisas financiadas por
corporações 174
PIB *per capita*, aumento do 41-43
Piketty, T. 133, 170, 192
Pobres
cenário de *apartheid* 114-120
e ricos, disparidade crescente
entre 83
ouvir as vozes dos 150-152
preferências comparadas às dos
ricos 224-225
tratamento dado aos 150
cf. tb. Desigualdade
Pobreza
redução da 39, 43
Poder
direitos à riqueza 146
pela mudança 240-241
relações sociais 154-157
Polanyi, K. 177, 184, 185
Polarização
na política 214
na sociedade 87-88
Política
alocação de financiamento
central 222
apoio à democracia 214-215
apoio estatal para reforma das
corporações 216-219
cidadania ativa 258-260
corrupção 222
democracia direta 224, 225
democracia global 236
democracia representativa 224, 225

democracia deliberativa participativa 226-227

de salário-mínimo 209

financiamento de campanha e *lobby* 221

influência de corporações 174, 176, 220-223

lobby 223-225

mídia e 228-231

necessidade de contexto social saudável 219

organizações públicas autônomas 228

participação cidadã em instituições políticas 34

pervasividade da política na mídia 30, 230

polarização 214

progresso social e progresso político 216-219

reformas socioeconômicas e 215

renascimento do debate sobre 182

salvação pela política como falsa ideia 20

sistemas eleitorais 232-236

transparência no financiamento 219-222

cf. tb. Estado emancipador

População

cenário autoritário 127-129

crescimento da 50

perfil etário 50-52

Potencial de coleta e processamento de dados 31

Pré-distribuição no Estado emancipador 208

Princípio da responsabilidade limitada 163-164, 166

Progresso

desde a Segunda Guerra Mundial 39

efeitos retroativos 59-62

êxitos globais 41-47

falso senso de 59

lento/reverso desde a Segunda Guerra Mundial 39-41

tendências e padrões alarmantes 47-57

cf. tb. Agentes de mudança

Progresso social

e progresso político 216-219

três passos rumo ao 137-138

cf. tb. Agentes de mudança

Projeto urbano 245, 256, 258

cenário autoritário 130-132

Propriedade

socialismo e 138-141

Propriedade privada

direitos à riqueza 145-146

impacto da falta de 140-142

Queda nas tarifas comerciais 65-66

Reagan, R. 121

Recursos, conversão em poder/*status* 145

Redistribuição no Estado emancipador 27

cf. tb. Distribuição

Reino Unido

aumento do PIB *per capita* 41-43

sistema eleitoral 233

Relações sociais

bem-estar e 152-154

circulação de informação 156-157

combatendo más relações 157
cooperação *vs.* concorrência
152-154
interações influenciando outras
interações 156
mudando as regras do jogo 158
poder e controle 154-157
prejudiciais 153-157
terceira via 158
Relatório de Brundtland 120
Renascimento do debate 181-182
Renda básica universal 210
Respeito compartilhado 106
Responsabilidade Social
Corporativa (RSC) 174-175
Restrepo, P. 70
Ricos e pobres
cenário de *apartheid* 114-120
disparidade crescente entre 83
preferências comparadas 226
cf. tb. Desigualdade
Robôs 70-71
Roubo de salários 141

Self-Employed Women Association
(Sewa) (Índia) 151, 247, 249
Sen, A. 229
Setor cooperativo
como terceira via 143-145
relações sociais 159
Siegrist, J. 148
Sistemas eleitorais
abstenção do voto 235
classificação dos candidatos 234
Estados Unidos 232-233
falhas dos 232-233
França 233

registro de eleitores 235
Reino Unido 235
Smith, A. 163
Socialismo e propriedade 138-141
Sociedade
civil 95-97, 245-247
como repositório de recursos
próprios 95-97
Solidariedade 97, 99, 193
Stakeholders
corporações e 164-165, 166-168
movimentos de base como
origem de mudanças 242-244
Status
como direito à riqueza 146
Status social
e dignidade 155
emprego e 148
Substituição de causas sociais
tradicionais falsa ideia 19-20
Sucessos globais 41-47
Sustentabilidade
cenário autoritário 126-132
cenário de *apartheid* 114-120
cenário de "fim da história"
120-127
como objetivo a se buscar 112-113
Estado emancipador 211
cf. tb. Meio ambiente

Taxa(s)
de conclusão do ensino
fundamental 44
de mortalidade 149
Tecnologia
automação 69-71, 195-196, 209
como fator de mudança social 76

como força disruptiva 63
como preocupação
  governamental/política 78
conexão entre tecnologia e
  globalização 79-82
crescimento da desigualdade 40
domando a 63-64
emprego e 69-70, 72-73, 75, 76
escolhas desencadeadas pela 76
Estado emancipador 27
e uso da mão de obra 69-71
exclusão digital 74
importância do contexto local
  85-86
inclusão social e 22
intensidade de trabalho da
  produção 70
internet e celulares 68-69
não é força externa na sociedade
  86
ondas de mudança 68-69
reorientação para necessidades
  humanas 33
robôs 70-71
transformações previstas 72-75
uso da para fins não lucrativos 34
Teoria da agência 165
Terceira via
  bem-estar social como máquina
    redistributiva 142
  países escandinavos 143-145
  parcerias de 143-146
  preparação de indivíduos para o
    mercado 142
  reforma das instituições
    produtivas 143, 145
  relações sociais e 159
  setor cooperativo 143-145

Terra em uma economia de
  mercado 184
Terrorismo 40, 57
Thatcher, M. 18
The Great Transformation (Polanyi)
  177, 184-185
Theorell, T. 148
Think tanks financiados por
  corporações 174
Transparência no financiamento de
  atividades políticas 220
Tributação
  carbono 211
  como desafio para o Estado de
    Bem-estar 191-193
  corporações 169, 170, 175, 191-192
  de rendas geradas pelo
    patrimônio 211-212
  Estado emancipador 208
  global 186
  onda de automação 209
  oportunismo, prevenção via
    tributos 29
  paraísos fiscais 171, 176
  progressiva 142
  redução das desigualdades 187

Unidade política
  salvação pela, como falsa ideia 20
  tecnologia como preocupação
    da 78

Van Benthem, A.A. 123-124
Variabilidade de chuvas, impacto
  em países ricos/pobres 60
Voluntariado 96
Von Neumann, J. 79-81

Votação; cf. Sistemas eleitorais

Weber, M. 161
Who Governs? (Dahl) 240
Who Rules the World? (Chomsky)
  240
Women in Informal Employment:
  Globalizing and Organizing
  (Wiego) 247

Conecte-se conosco:

 facebook.com/editoravozes

 @editoravozes

 @editora_vozes

 youtube.com/editoravozes

 +55 24 2233-9033

www.vozes.com.br

Conheça nossas lojas:

www.livrariavozes.com.br

Belo Horizonte – Brasília – Campinas – Cuiabá – Curitiba
Fortaleza – Juiz de Fora – Petrópolis – Recife – São Paulo

EDITORA VOZES LTDA.
Rua Frei Luís, 100 – Centro – Cep 25689-900 – Petrópolis, RJ
Tel.: (24) 2233-9000 – E-mail: vendas@vozes.com.br